〈映画の見方〉がわかる本

# ブレードランナーの未来世紀

町山智浩



朝日文庫

本書は、二〇一七年十一月に新潮文庫より刊行されたものです。

（単行本は二〇〇六年洋泉社刊『〈映画の見方〉がわかる本　80年代アメリカ映画　カルト・ムービー篇　ブレードランナーの未来世紀』）

# はじめに

「『素晴らしき哉《かな》、人生！』をハートウォーミングなコメディだと考えている人々は、いったい何を見てるのやら」

——デヴィッド・クローネンバーグ

毎年クリスマスになると、アメリカのテレビでは必ず『素晴らしき哉、人生！』が放送されます。フランク・キャプラ監督が第二次世界大戦直後の一九四六年に作った映画です。

主人公はベッドフォード・フォールズという田舎町でローン会社を営むジョージ（ジェームズ・スチュワート）。ジョージは、貧しい人々に低金利でローンを組んで零細企業や自営業を支援し、移民労働者や黒人のために郊外の住宅地を開発しているので、町中の人たちから慕われています。でも、面白くないのは大地主のポッター氏。貧乏人の足元を見て高利で金を貸し、家賃を吊《つ》り上げるポッター氏は、商売の邪魔をするジョージをあの手この手で妨害し、ついにはクリスマスイブの夜にジョージの会社から紛失した八千ドルの小切手を隠して、彼を破産に追い込んでしまいます。

絶望したジョージは「僕なんか生まれてこなければよかったんだ」と、橋の上から冷たい川に身を投げようとします。ところが、その直前に現れた見習い天使によって「自分が生まれてこなかった世界」に連れていかれるのです。

そこではベッドフォード・フォールズはポッター氏に支配されてポッターズヴィルという名に変わっていました。自営業者はみんなポッター氏に潰《つぶ》されて、代わりに酒場やキャバレーやストリップ・バーが乱立しています。町にはけばけばしいネオンがきらめき、娼婦《しょうふ》とギャングと酔っ払いであふれています。人の心も荒《すさ》み切っていて、ジョージの親友だったタクシー運転手のアーニーは女房に逃げられてアル中になり、ジョージの愛妻メアリーは暗く孤独なオールドミスになっていました。

「生まれてこなければよかったなんてもう二度と言いません！」

ジョージが叫ぶと、彼は元のベッドフォード・フォールズに戻っていました。そしてジョージの家には、彼の世話になった人々がお金を持って集まってきました。負債はたちまちにして消えて、全員で「蛍の光」を合唱するなか、ジョージは自分を救ってくれた天使に感謝します。

The End の文字はリバティ・ベル（アメリカ独立のときに打ち鳴らされた鐘）の上に出ます。この鐘はキャプラ監督が設立したインデペンデント映画会社リバティ・フィルムのトレードマークです。リバティ・フィルムはこの『素晴らしき哉、人生！』一本のみで消えました。なぜなら、この映画は公開当時、興行的に大失敗し、私財を投じたキャプラ監督のキャリアを事実上終わらせてしまったからです。しかし、その後、テレビで何度か放送されるうちに少しずつアメリカ人の心をつかみ、今ではクリスマスに一家全員で『素晴らしき哉、人生！』を観《み》て、人生とアメリカを祝福するのが一種の国民的行事になっています。

『素晴らしき哉、人生！』が奇妙なのは、荒廃したポッターーズヴィルでジョージが画面に映っていないシーンでも別の人物たちの間でドラマが続く点です。つまりポッターズヴィルはジョージが見た夢ではなく、客観的な現実なのです。実は一九四〇年代当時はポッターーズヴィルのようなセックスと暴力と欲望が渦巻く夜の都会を描く「フィルム・ノワール」というペシミスティックな映画の全盛期でもありました。それに比べるとベッドフォード・フォールズのハッピーエンドのほうがジョージが見た甘い夢のように思えてしまいます。つまりキャプラは残酷な現実を見せたうえで、ハッピーエンドでアメリカが目指すべき理想を示したのです。

さて、一九八〇年代の映画の本の最初に、なぜ四〇年代の映画の話をしたかといいますと、この本で扱った八〇年代の映画のルーツがそこにあるからなのです。

二〇〇二年に出した『〈映画の見方〉がわかる本―『2001年宇宙の旅』から『未知との遭遇』まで』では、一九六八年から七八年にかけての十年間に作られたアメリカ映画を取り上げました。ちょっとおさらいすると、七〇年代のハリウッドは「映画作家の時代」でした。映画作家というのは、その映画の脚本から完成までをコントロールする監督のことをいいます。

五〇年代のハリウッドで映画作家と呼べるのはヒッチコックやジョン・フォードなど一部の監督だけで、それ以外の監督は渡された脚本を演出するだけで編集権すらない雇われ職人にすぎませんでした。ハリウッド映画の主導権はスタジオとプロデューサーが握っていました。また、五〇年代のハリウッドは、キャプラのような現実社会を告発するメッセージを込めた映画を避けました。社会主義的であるとされてアカ狩りの標的にされたからです。そこで、ポッターズヴィルが出てこない『素晴らしき哉、人生!』のような、甘く美しく現実逃避的なお伽噺《とぎばなし》が多くなりました。

ところが、六〇年代になって、ヒッピー、学生運動、フリー・セックス、人種暴動という激動の時代になると、映画会社創立時から君臨する年老いた経営陣では時代についていけず、若者の観客を失って経営が破綻《はたん》しました。その混乱期に若い映画監督たちが入り込み、ヨーロッパや日本の映画、それにロック・ミュージックに影響された映画を作って若い観客を取り戻しました。フランシス・フォード・コッポラ、ロバート・アルトマン、スティーヴン・スピルバーグ、ジョージ・ルーカス……。彼ら監督たちは、俳優よりも客を呼ぶ力があるスターでした。こうして七〇年代は「映画作家の時代」になったのです。

七〇年代映画の最大の特徴はリアリズムです。七〇年代の映画作家たちは、弱く貧しい反逆者たちが権力や資本家に屈していく現実のアメリカを殺伐としたロケ撮影で観客に突きつけたのです。天使がジョージにポッターズヴィルを見せたように。

七〇年代映画のリアリズムに、観客は最初、目を開かれましたが、すぐに「嫌な現実をわざわざ映画館で観たくない」と思うようになりました。そこに登場したのが『ロッキー』です。『ロッキー』(七六年)は、七〇年代の他の映画のように荒み切った街の風景で始まります。しかし、一人の負け犬ボクサー、ロッキーが勝ち目のない試合に命を懸けることで、人々の心を繋《つな》いでいくのです。街をランニングするロッキーが人々の励ましを受けて両腕を空に突き上げるシーンは明らかに『素晴らしき哉、人生！』の最後にジョージが町を駆け抜けるシーンの再現です。『ロッキー』の国民的ヒットによってハリウッドでは再びFeel Good Movie（幸福な気持ちになる映画）が蘇《よみがえ》り、家族向けの娯楽として観客数を取り戻していきます。

一九八〇年、天才と呼ばれたスター監督マイケル・チミノが思う存分予算を使って作った超大作『天国の門』が興行的にも批評的にも大失敗してユナイテッド・アーチストが倒産。これをきっかけに、コングロマリットの傘下《さんか》に収められてようやく経営的に安定したハリウッドは映画作家たちを追い出し、五〇年代のきらびやかな「夢工場」に戻りました。それはちょうどレーガン政権が五〇年代への回帰を掲げた新保守主義と、バブル経済の快楽主義とマッチしていました。

そんな保守的で能天気な八〇年代ハリウッド映画の陰で、スタジオから締め出された映画作家たちは異様な映画を作っていました。それがこの本に集めた作品です。ハリウッド製の映画は『グレムリン』くらいで、他は全部インデペンデントの製作です。書名には「アメリカ映画」と銘打っていますが、それも微妙なところで、『ターミネーター』『プラトーン』はイギリスの出資、『未来世紀ブラジル』はアメリカ出身の監督によるイギリス製作の映画、『ブレードランナー』はイギリス人監督がアメリカで撮った映画、『ビデオドローム』はカナダ映画です。とはいえ、どれもアメリカを描いた映画なのは間違いありません。

クローネンバーグやリンチやダンテやギリアムなどが描いたアメリカは、七〇年代映画のような現実のアメリカでも、五〇年代映画のような理想のアメリカでもありませんでした。奇妙なことに、彼らの映画の多くが『素晴らしき哉、人生!』から深い影響を受けているのですが、画面に展開するのはベッドフォード・フォールズがそのままポッターズヴィルと混じり合ったような悪夢の世界なのです。

一九八〇年代の何がこんな悪夢を見させたのか、この本では、手に入る限りの資料と監督自身の言葉を手がかりに解きほどいていきます。二一世紀の今も、我々はその悪夢から覚めていないのです。

〈映画の見方〉がわかる本

# ブレードランナーの未来世紀

目次

〈映画の見方〉がわかる本

# ブレードランナーの未来世紀

# 第1章
# デヴィッド・クローネンバーグ『ビデオドローム』
## メディア・セックス革命

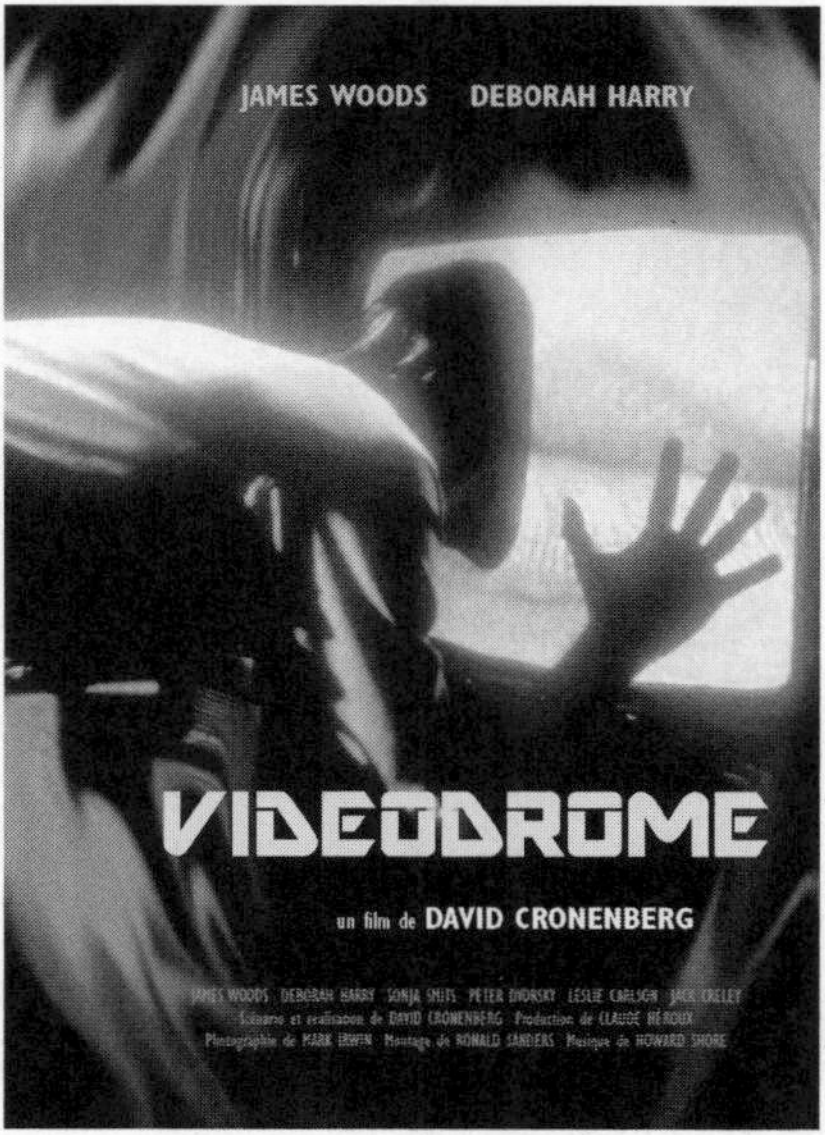


© Capital Pictures/amanaimages

「私たちはこの社会、この宇宙、この現実による支配からの解放を求めて闘わねばならない。たとえそれが絶望的でも。自由に近づくにはより独創的に極限まで突き抜けることだ。たしかに危険なやり方だが、私はあえてそれを探求しているのだ」

――デヴィッド・クローネンバーグ

真っ暗な部屋に置かれたテレビが生きているかのように息づいている。テレビの表面には血管が浮き出して脈打っている。ブラウン管いっぱいに映った真っ赤な唇が艶《なまめ》かしく動き、「来て」と囁《ささや》く。テレビを観《み》ていた男はその柔らかいブラウン管の唇に顔をうずめる。

一九八四年頃、大学生だった筆者は東京・早稲田通りにあった中古テレビ屋の片隅で『ビデオドローム』と出合った。当時はまだレンタルビデオ・ビジネスの黎明《れいめい》期で、大型店は一軒もなく、町の電気屋が商売の傍ら、自分で買ったビデオを貸し出すという程度だった。ほとんどがエロビデオで、黒い箱にタイトル・ラベルだけの得体の知れないビデオも多かった。そこで見つけた『ビデオドローム』(ベータマックスだった!)

も、アメリカ版のレーザーディスクから作られた海賊版だった。

『ビデオドローム』については、特殊メイクの神様リック・ベイカーが凄《すさ》まじいエフェクトを作ったことだけを『スターログ』誌の速報で知っていたが、アメリカで興行に失敗したため、日本では公開の見込みがなかった。だから、そのビデオを思わず借りて、深夜に一人で観た。まったく意味がわからなかった。

英語のせいではない。丁寧な日本語字幕がついていたのだ。しかし、映画自体が訳がわからなかった。ダビングして、その後も何度も観たが、何度観てもわからない。いや、観れば観るほどわからなくなる。でも何度でも観たくなるのだ。あのテレビとのセックスを。

## カフカと昆虫とエンジン

『ビデオドローム』（八二年）はおそらく、八〇年代で最も難解な映画だ。『2001年宇宙の旅』（六八年）はスタンリー・キューブリックが意図的にわかりにくくした映画だからまだマシだ。ところが『ビデオドローム』は、作ったデヴィッド・クローネンバーグ監督本人ですら完璧《かんぺき》には理解できず、「わかった、と思うとすぐにその手からすり抜けてしまう。つかみどころがない」と言うほどの難物なのだ。「私はいかなるわからない理由の一つは、他のどんな映画にも似ていないからだ。「私は熱狂的な映画ファン映画の影響も受けていない」とクローネンバーグは言う。「私は熱狂的な映画ファンだったことは一度もない。私の映画には他の映画からの引用はない。私の映画が言及しているのは私自身だ」

では、その「私自身」とはどんなものだろう？

一九四三年、デヴィッド・クローネンバーグは、カナダに住むジャーナリストの父とピアニストの母の間に生まれた。両親はユダヤ系だったが、クローネンバーグは「まったくの無宗教に育てられた」と言う。

読書家だった父の影響でクローネンバーグは小説を読み始めた。彼はとくに「異端」と「不条理」の作家たちを耽読《たんどく》した。カフカにはじまり、ベケット、ナボコフ、バロウズ、J・G・バラード、そしてフィリップ・K・ディックの異常な世界にクローネンバーグは夢中になっていった。当時、SF小説の世界では「外宇宙より内宇宙（つまり人間の心）を探求せよ」と提唱する「ニューウェーブSF」が一大ムーヴメントを起こしていた。高校時代のクローネンバーグは『ファンタジー&SF』誌に短編を投稿して採用された。

文学と同時にクローネンバーグを魅了したのは、科学だった。「顕微鏡で生物を覗《のぞ》くのが大好きだった。カマキリがバッタを食べるのを見ることは視覚的にも知的にも素晴らしい快楽だった。普通の人にはわかってもらえないが」。八八年のクローネンバーグ監督作『戦慄《せんりつ》の絆《きずな》』は双子の産婦人科医の物語だが、主人公が子どもの頃に生物の解剖に耽溺《たんでき》する描写はクローネンバーグ自身の子ども時代の再現だという。

続いて、クローネンバーグは機械に魅せられた。とくにオートバイとレースカーは生涯の趣味になった。エンジンやサスペンションなどのメカニックが剝《む》き出しになっているからだ。「エンジンの美しさは美的センスからではなく、あくまで機能の追求によって生み出されたものだ。そこに私は魅《ひ》かれる」。それは生態機能が剝き出しになった昆虫への偏愛と同じだろう。

初めて8ミリ・カメラを持ったクローネンバーグ少年はカー・レースを撮りに行ったが、目の前でトライアンフTR3がクラッシュした。彼の生まれて初めての映画はマシンで人が死ぬ瞬間の記録だったのだ。

## エロティックな科学、セックスとしての映画

大学進学時、文学と科学のどちらを専攻するか迷ったクローネンバーグは、「アイザック・アシモフのように科学者をしながら小説を書けばいい」と、まずは科学の道を選んだ。

しかし、大学の勉強は期待していたものと違っていた。

「私が科学に求めたのは発見と創造と熱狂だ。しかし科学者の勉強はまったく無味乾燥で息が詰まった」

とくにつらかったのは「一人の友達もできなかった」ことだった。

このときの疎《そ》外《がい》感は、初期の実験映画『ステレオ／均衡の遺失』（六九年）や『クライム・オブ・ザ・フューチャー／未来犯罪の確立』（七〇年）に表れている。両方とも研究所の無機的な施設の中で地味な実験を日々続ける研究者たちが主人公だ。とくに『クライム・オブ・ザ・フューチャー』は、世界中の女性が化粧品の汚染で死滅した後に残された男たちが主人公だ。

「科学のクラスには女の子は二人しかいなかった。一人は魅力的だったけど、ガリ勉野郎とつきあってた。イチャイチャする二人は私から見ると異星の生物のようだった」

『ステレオ』の舞台となる科学研究所は「エロティック研究学会」と名づけられてい

る。クローネンバーグ自身が「セックスは私にとってつねに重要な問題だ」と言っているように、彼の興味はいつもエロティックな欲望と結びついている。

生物に対するクローネンバーグの興味も実は性的だ。『戦慄の絆』の主人公の産婦人科医はセックスそのものよりも女性器への解剖学的探求から快楽を得る。

エンジンへの偏愛もまたクローネンバーグにとってはセックスだ。『ラビッド』（七七年）の冒頭で黒いジャンプスーツに身を包んだマリリン・チェンバース（史上二人目のハードコア・ポルノ・スター）がバイクを疾走させるシーンは、セックスよりも官能的に撮影されている。

彼にとって科学はもっとエロティックでエキサイティングなはずだった。

「素晴らしい科学者は、優れた作家や芸術家と同じくらい、創造的で狂ってるべきだと思う。私の映画には必ずといっていいほど科学者が登場するが、彼らはみんな私の投影だ」

現実の科学者に失望したクローネンバーグは文学部に転向し、実験映画作りにのめり込んでいく。映画に興味はないと言う彼にも実は好きな映画はあった。

「私はブリジット・バルドーが大好きだった」。ヘイズ・コードで映画のヌードが禁じられていた当時、バルドーのフランス映画は北米人にとって裸が見られる宝物だったのだ。

「私にとって映画とはセックスを意味する。他の何にもまして。映画とは性的なファンタジーだ。肉感的でエロティックな快楽の夢だ」

当時のカナダには、ポルノ映画を作るシネピックスというプロダクション以外に商業映画を製作する会社はなかった。でも、ポルノこそは「私にとっては疑いもなく、本物の映画だったんだ」と言うクローネンバーグはシネピックスの門を叩《たた》いた。

そしてシネピックスのポルノ映画として『血まみれ寄生虫のオージー（乱交）』のシナリオを書いた。しかし、シネピックスのプロデューサーは、どこがポルノなのか理解できなかった。クローネンバーグはこう言われた。「君の映画がセクシャルなのはなんとなくわかる。でもね、それがいったいどんな種類のセクシャルなのか、まったく見当もつかないんだよ!」。結局そのシナリオは『シーバース／人喰い生物の島』（七五年）というホラー映画として製作されることになった。

**これはホラーではない**

『シーバース』『ラビッド』『ザ・ブルード／怒りのメタファー』の三作でクローネンバーグは「カナダのホラー映画作家」と呼ばれるようになった。しかし彼自身は「私の映画はホラーと呼ばれるが、そのつもりはない」と言っている。「私はホラー映画という看板を利用しているだけだ。芸術家が芸術で暮らしていくのはたいへんだ。たとえばバロウズは文学として世間に評価されるまで長い間、不遇だった。でも、ホラー映画のふりをしていれば、芸術として評価されなくても食うには困らない」

たしかに、よく観ると彼の映画は普通のホラーとは違う。

たとえば『シーバース』では、科学者の実験によって生み出された寄生虫が高層マンションの住人たちを次々と欲情させ乱交させるが、監督にとってそれは不幸ではない。

「実験される側の視点で描いているのでホラー映画に見えるかもしれない。たしかに彼らは泣き叫んで寄生虫を拒否する。しかし、ラストシーンを観てくれ。すっかり改造された彼らは幸福そうだ」

『ラビッド』では、バイク事故に遭ったヒロインが「皮膚の中性化」手術を受けるが、その副作用で脇《わき》の下からペニス状の器官が生え、それに噛《か》まれた者は凶暴化し、ついには大暴動に発展する。しかし、それはクローネンバーグにとって悲劇ではない。彼は「混沌《カオス》に共感する」と言う。それは抑圧されてきたセックスと暴力の祝祭、「精神に対する肉体の反乱だ」と。

『ザ・ブルード／怒りのメタファー』（七九年）では、主人公の別れた妻が医学実験によって子どもの形をした「怒り」を生み出すようになる。その妻を主人公は絞め殺す。これもクローネンバーグにとって悲劇ではない。「あのシーンで私がどれほど満たされたことか」。なぜなら彼は当時、離婚した妻と娘の親権を争い、「妻を絞め殺してやりたかった」からだ。

『ザ・フライ』（八六年）は、電送実験で蠅《はえ》の細胞と交じり合った科学者の体が醜い怪物へと変形していく物語だ。「これはエイズの暗喩《あんゆ》ではないか」と批評されたが、クローネンバーグは「違う」と否定する。「彼は醜くなったのではない。新しい美しさを手に入れたのだ」と。

ホラー映画の科学者は、『フランケンシュタイン』（三一年）の昔から、神に挑戦して罰せられる罪人だが、クローネンバーグは「私の映画に登場する科学者たちはみんなヒーローだよ」と言う。

「彼らは限界を超えるために、危険を冒し、傷つき、他人を傷つける。それが人間というものだ。科学者に限らない。芸術家や作家も同じことをする。あえて危険を冒すんだ。私もその一人なんだよ」

「人々は〝革命が必要だ〟と言いながらも、それが愚行に終わるのを恐れている。しかし、革命はつねに殺戮《さつりく》と破壊がつきものなんだ」

「神を信じる人は人間には知ってはいけない領域があると言うが、私は人は何でも知るべきだと思う」

「この世には善も悪もないと考える」

そう語るクローネンバーグの映画は、悪を憎み、カオスや死を恐れる通常人の理解を超えている。彼自身も「だから私は自分がアウトサイダーだと感じるのだ」と言っている。

「私の映画はどんなジャンルにも属していない。それだけで一つのジャンルなのだ」

## スナッフ・ビデオの罠《わな》

クローネンバーグは深夜に一人でテレビを観ながら『ビデオドローム』のアイデアを得たという。

「手で回転できる室内アンテナでテレビの電波を受信していた時代だよ。真夜中を過ぎてメジャーな局の放送が終了すると、それまで消されていた弱い弱い電波をテレビが受信する。そして、普通では決して放送されるはずのないものが映し出される」

一九八〇年十一月、ソ連の人工衛星墜落の可能性があるため、すべての旅客機が欠航した日、カナダのトロントに住むクローネンバーグはバイクを飛ばしてモントリオールに住む映画プロデューサーに会いに行き、まだ『血のネットワーク』というタイトルだった『ビデオドローム』のアイデアを語った。

アイデアを話しただけで製作は決定した。当時のカナダでは国産映画に出資すると税金を免除する法律があり、資産家たちは税金対策のため、八一年内に撮影される映画に投資したがったからだ。このチャンスを逃さずに何でもいいから映画を撮らなくては。

クローネンバーグはシナリオに集中するため、机しかない部屋を借りた。書いているうちにありとあらゆる狂ったアイデアが浮かんで、「とても一本の映画には収まりきらなくなってしまった」と言う。「ずっと一人で書いているうちに頭がおかしくなったのかと思った」

シナリオは収拾がつかなくなった。しかし年内に撮影しなければ。八一年十月、結末のない未完成のシナリオで『ビデオドローム』はクランクインした。

現場では俳優は自分のセリフの意味がわからなかったし、スタッフはどの場面を撮影しているのかわからなかった。クローネンバーグ自身も絶えず方針を変更し、撮影したシーンを破棄しては撮り直し、また破棄するという試行錯誤を繰り返した。税金免除の期限である十二月末、クローネンバーグは結末を決められないまま、いったん撮了にし、翌年三月にラストシーンを撮り直した。

かくして『ビデオドローム』はシーンやセリフが互いに矛盾したり、説明のために必要な描写が欠落したりしてわかりにくい映画になった。しかし、それはこの映画のわかりにくさの序の口にすぎない。クローネンバーグは言う。

「私は曖昧《あいまい》さや不明瞭《ふめいりよう》さを気にしない。いや、実はこの映画にはそれが必要なんだ」

では、二〇〇四年にクライテリオンから発売された『ビデオドローム』完全版DVDのクローネンバーグによる副音声の解説を聞きながら「謎《なぞ》解き」をしていこう。

## シビックTV

“VIDEODROME”というタイトルがノイズとともに浮かんで消えると、「シビックTV」というテレビ局のテストパターンが流れる。シビックTVは七二年に創立されたトロント初のUHF局「シティTV」をモデルにしている。シティTVは都会の洗練された視聴者だけに特化した「ヒップ」なテレビ局で、政治的にラジカルなテーマスを対象としたメジャー局の隙間《すきま》を狙《ねら》うシティTVの戦術は、その後、ケーブルや衛星放送でテレビが多チャンネル化して細分化する時代を先取りしていた。シティTVの創立者はモーゼス・ズナイマーという男で、クローネンバーグは『ビデオドローム』のシビックTVの経営者にもモーゼスと名づけた。

『ビデオドローム』の主人公は、シビックTVで深夜に放送するポルノ映画の買い付けを担当するプロデューサー、マックス・レン（ジェームズ・ウッズ）。マックスはホテルの一室で日本の「広島ビデオ」の倉田さんが持ってきたポルノビデオのセールスを受ける。

『サムライ・ドリームス』というそのビデオでは、日本髪の女性（実はフランス系カナダ人）がこけし状張り型でオナニーする。張り型はクローネンバーグが自分で木を削って作った（彼は『戦慄の絆』でも産婦人科の手術用具を自分でデザインした）。『サムライ・ドリームス』を観たシビックTVの幹部たちは「上品すぎるな」と不満げだ。マックスは言う。「もっと凄いものが欲しい。突破口になるような」

**赤い拷問《ごうもん》部屋**

を扱ういっぽうで、深夜にはソフト・コアのポルノを放送して視聴率を伸ばした。ママックスは「電波海賊」のハーランを訪ねる。ハーランはマックスのために、巨大なパラボラアンテナで人工衛星からのテレビ電波を傍受して面白い番組を探している。「この頃は何もかもアナログだね」。DVDの副音声でクローネンバーグは回顧して言う。「当時はまだパソコンは普及してなかったし、インターネットなんて想像すらされてなかった時代だけど、ハーランはハッカーの先駆者だ」

ハーランは「五十八秒だけ凄いものを拾った」とマックスに言う。彼が見せた映像は、真っ赤に塗られた部屋でゴムの服をすっぽり被《かぶ》った男が二人で女性を拷問する映像だった。女性が押しつけられる濡《ぬ》れた粘土の壁には電気が流れており、犠牲者たちの手形や顔の跡が残っている。「粘土の壁は、題名は思い出せないけど、ナチの拷問映画で観て、ずっと頭に残っていたんだ」とクローネンバーグは言う。

マックスは戦慄する。「これは……本物にしか見えない」

「本物の殺人がテレビに映ったらどうする？　という発想が基本だった」とクローネンバーグは言う。「あなたはすぐに警察に通報するか？　それとも、もっと見たいと思うか？」。ハーランは前者の人間らしくビデオから不快そうに目をそらして決して見ようとはしない。しかし、マックスは食い入るように拷問を見つめる。

「セックスと暴力のどこが悪い？」

マックスは大手テレビ局の討論会に呼び出される。司会者は「なぜ、セックスや暴力を表現するんですか？」とマックスを問い詰める。マックスは「商売ですよ。ウチのような弱小テレビ局は他がやらないことをやるしかないんです」と面倒くさそうに答える。実際、シティTVのポルノ放送は当時、保守的な層から激しい批判を浴びていた。さらに、クローネンバーグもテレビに呼び出されてセックスと暴力描写を批判されたことがあるという。彼はとくにフェミニストから激しく糾弾《ざんぎやく》された。『シーバース』や『ラビッド』『ザ・ブルード』には女性に対する暴力や残虐行為があふれているからだ。

「クローネンバーグの映画は女性恐怖の裏返しだと批評されれば私は言ってやるよ。『だから何だってんだ。それのどこが悪い？』って」

マックスを演じるジェームズ・ウッズは当時ほとんど無名だった。

「彼がスクリーンに現れると私自身が映っているように感じた」。クローネンバーグは言う。これ以降、彼は自分に似た痩《や》せぎすで神経症的な風貌《ふうぼう》の男優ばかり主役に使うことになる。『デッドゾーン』（八三年）のクリストファー・ウォーケン、『ザ・フライ』のジェフ・ゴールドブラム、『戦慄の絆』『Mバタフライ』（九三年）のジェレミー・

アイアンズ、『裸のランチ』（九一年）のピーター・ウェラー、『クラッシュ』（九六年）のジェームズ・スペイダー。

「彼らはみんな私の分身なんだ」

テレビの司会者は別の出席者、メディア論の導師、ブライアン・オブリビオン博士に質問する。博士はスタジオではなく、自分のオフィスからの中継で参加している。「テレビにおける暴力やセックス描写は人々にどんな影響を与えるのでしょう?」。モニターの中の博士はまず「今や、テレビのスクリーンは現代人の心の網膜になっています」と答えるが、その後は支離滅裂で、何が言いたいのかわからない。

「いつか人々は特別な名前を持つようになるでしょう。CRT（陰極線管＝ブラウン管）を共振させる名前を」

もう一人の出席者はラジオで身の上相談をしている美人パーソナリティ、ニッキー・ブランド（ブロンディのデボラ・ハリー）。ニッキーは「私たちはメディアからの刺激の大きすぎる社会に生きています」と最初は批判的だが、「でも、私はこの刺激に興奮しています。もっともっと刺激が欲しいと求めています」。そう言って誘惑するようにマックスを見る。

## ニッキー・ブランド

マックスはニッキーを自分のアパートに招き入れるが、ニッキーは部屋に入るなりマックスのビデオテープを漁《あさ》る。「ポルノ持ってないの？　セックスのムード作りに」。ニッキーは「ビデオドローム」と書かれたテープを見つける。それは例の拷問ビデオだが、なぜそれを「ビデオドローム」と呼ぶようになったか、説明するシーンが欠落している。また、この映画では「ビデオドローム」という言葉が指し示すものが状況によってコロコロ変わる。未完成のシナリオで撮影されたのが原因だと思われるが、それがこの映画をややこしくしている。

赤い拷問部屋で女性が鞭《むち》打たれるビデオドロームを観ているうちにニッキーは興奮してくる。

「ナイフで私をちょっと切ってくれる？」

そう言う彼女の肩にマックスはナイフの傷を発見する。「誰にやられた？」「友達よ。彼はビデオドロームを気に入ると思うわ」。ニッキーという名前は「悪魔 Old Nick」を思わせる。「ちょっと試してみる？」

ニッキーは裸になってマックスに針で耳にピアスの穴を開けさせる。これもクローネンバーグの体験がもとになっている。「(二番目の）妻に頼まれてピアシングしたとき、異様な戦慄を感じたんだよ」。おそるおそる針を刺すマックス。気がつくと二人はあの赤い拷問部屋にいる。これはマックスの幻覚だ。幻覚はだんだんマックスの現実を、『ビデオドローム』という映画を侵食していく。

数日後、ニッキーは「私、ビデオドロームに出演したいの。オーディションを受けに行くのよ」と言い出す。驚いて止めようとするマックスにニッキーは何も答えず、火のついたタバコを自分の乳房に押しつける。ジュッという音がして煙が立ち昇る。彼女の姓ブランドは「焼印」という意味だ。

## マクルーハンの亡霊

「ビデオドロームには近づかないで」

マックスはポルノ配給業者のマーシャから警告される。彼女はマックスの長年の親友だ。

「ビデオドロームは危険なの。あなたにはないものがあるから。……思想があるのよ」

「イデオロギーや信仰は歴史的に多くの人を殺してきた」とクローネンバーグは言う。彼自身は、どんな思想も宗教も信じたことはないそうだ。たんにドギツい映像を求めるテレビマンのマックスは「思想って、誰の？」とマーシャに訊《き》き返す。

「オブリビオン博士よ」

オブリビオン博士は「私が通っていたトロント大学の教授、マーシャル・マクルーハンをモデルにしている」とクローネンバーグは解説する。マクルーハンは六四年の著書『メディアの理解／人間拡張の原理』で、人間は電子メディア（この当時はテレビのこと）によって中枢《ちゆうすう》神経を拡張されると説いた。望遠鏡が眼の機能の延長であるように、テレビによって世界のどこの出来事も瞬時に見たり聴いたりできるようになることは、感覚器官、そして脳の機能の進化としてとらえられるというのだ。

また、マクルーハンは、グーテンベルクが発明した活版印刷技術が人類を文字という壁で分断してしまったと主張する。しかし、テレビという視覚的な電子メディアが世界をネットワークで包み込むことによって、文字によって分断された人類は一つになり、地球は一つの村、グローバル・ヴィレッジ（地球村）になるだろうとマクルーハンは唱えた。

「電子メディアによる人間の能力の拡張」「電子ネットワークによるグローバル・ヴィレッジ」というマクルーハンの主張は、科学的根拠が薄いのでもはや宗教に近いと学界からは批判されたが、一般的にはセンセーションを起こした。ちょうどＬＳＤによって人間の精神を拡張して人々が一つになると唱えた大学教授ティモシー・リアリーと同じように、マクルーハンはカウンター・カルチャーとメディア世代の導師になったのだ。

『ビデオドローム』のオブリビオン博士はCRM（陰極線教会）という宗教団体を主宰している。CRMとはブラウン管＝CRTからの命名だ。マックスはビデオドロームの正体を突き止めようと教会を訪れた。教会にはホームレスの人々が行列を作っていた。彼らは食事と引き換えにモノクロの小型のテレビを見せられていた（一つの画面に映っているのは、七九年のイタリア製ホラー映画『ドクター・モリスの島／フィッシュマン』）。

「ホームレスの人々は、ブラウン管と接する機会が少ないという病弊を受けています」

教会を仕切っているオブリビオン博士の娘ビアンカはマックスに言う。

「テレビを観ることで彼らは世界のミキシング・ボードに接続することができます」

CRMは、マクルーハンが言った電子メディア（テレビ）による「人間の拡張」と「グローバル・ヴィレッジ」を教義とするカルト集団なのだ。

ソフト・マシーン

「オブリビオン博士はいませんか?」というマックスの問いに、ビアンカはイエスともノーとも答えずに「私は父のブラウン管です」と言う。博士はビデオレターで信者にメッセージを送っているそうだ。

「博士に『ビデオドローム』とだけ伝えてください」。そう言い残してマックスはCRMを出た。

自宅に帰ったマックスのもとに秘書がビデオを届けに来た。CRMから送られてきたのだという。オブリビオン博士のビデオレターだろう。そのテープを勝手にビデオデッキに入れた秘書をマックスは思わず殴ってしまう。一瞬、秘書がニッキーに見える。

「す、すまない。殴ったりして」

「え? 私、殴られてませんよ」

これも幻覚だ。ビデオドロームを見て以来、幻覚がひどくなっている。

秘書を帰してから、ビデオテープを手に取るマックス。

ドクン。

カセットが生き物のように脈打った。

また、幻覚か？　おそるおそる、マックスはカセットをデッキに入れた。ＣＲＭのオフィスに座ったオブリビオン博士の映像が入っていた。

「アメリカの心をめぐる闘いは、ビデオという戦場で行われるだろう。ビデオドロームだ。テレビのスクリーンはもはや人の心の目の網膜になっている。さらに脳の一部であるともいえよう」。マクルーハンの「人間拡張の理論」だ。

「テレビに映るすべての事象は視聴者にとって生の体験なのだ。テレビこそが現実であり、現実はテレビに劣る。……マックス」

ブラウン管の中の博士に名前を呼ばれて驚くマックス。

「会いに来てくれて嬉《うれ》しいよ。すべては私が仕組んだことだ。君の現実はすでに半分が幻覚になっている」

では、これは何だ？　幻覚か？

「私は脳腫瘍《のうしゅよう》を患《わずら》った。それでヴィジョン（幻覚・未来）が見えるようになった。ヴィジョンが融合して腫瘍を作ったのだ」

その腫瘍は脳の能力を拡張する器官だというのか？　実際にマクルーハンは八〇年十二月に脳腫瘍で死亡した。

ここで、ビデオドロームの刑吏が画面に登場し、オブリビオン博士を絞殺する。

「私はビデオドローム の最初の犠牲者だ！」

刑吏がマスクを取るとニッキーだった。

「あなたが欲しいの。マックス」

テレビ受像機が生き物のように息づき始めた。真っ赤に濡れたニッキーの唇がクロース・アップになり、それを映すブラウン管が膨らんでいく（歯科用ゴムで作った風船に映像を映写したもの）。

「来て」

マックスは柔らかいブラウン管の唇に顔を埋める。これはテレビとのセックスだ。

### ビデオドロームの正体

翌日、マックスはビアンカにビデオを突きつけた。

「このビデオのせいで幻覚を見たぞ」

「あなたを敵だと思ったからよ。これはビデオドロームよ」

マックスはビデオドロームとは拷問ビデオのことかと思っていたが、ビアンカによるとビデオドロームとは人間の脳に腫瘍を作り出す信号だという。この腫瘍によって人間は今まで見えなかったヴィジョンが見えるようになる。

「これはただの腫瘍ではない」と録画のオブリビオン博士は言う。「これは新しい器官なのだ。幻覚を作り出してコントロールする。これは人間にとっての現実を変えるだろう」

マクルーハンが比喩として言った「電子メディアは中枢神経の拡張だ」という言葉が脳腫瘍として実体化したのだ。クローネンバーグの『ザ・ブルード』も腫瘍が重要なモチーフになっていた。「怒り」が腫瘍を作り、それが「怒り」の感情を赤ん坊として生み出す器官になる。クローネンバーグは「ストレスによって腫瘍ができると確認されている。ならば、その腫瘍は心が生み出した新しい器官だと考えられないか?」と言っている。

「病気だと思われていることが実は進化の新しい段階かもしれない」。クローネンバーグは寄生虫や環境汚染による人間の変化も「進化」の一つだと考えている。

「テクノロジーが変えるのは人間の心だけではない。我々は肉体的にも自分を変化させてきた。たとえば摂取するもの（食べ物や薬物）によっても変わったし、メガネだって機械の器官化だ」

ビアンカは「ビデオドロームのシグナルは画面の内容と無関係だから、テストパターンでも何でも送れるのよ」と言う。これは重要だ。ビデオドロームそのものは電気信号にすぎない。画面に映るコンテンツは本当は何でもいいわけだ。

「メディアはメッセージだ」

それはマクルーハンの最も有名な言葉だ。通常、メディアとはメッセージを運ぶ容《い》れ物だと思われている。しかし、マクルーハンはコンテンツは重要ではないと言う。中身よりも、それを運ぶメディアそのもののほうが人間の生活や考え方への影響力が大きい。つまりメディアそのものがメッセージなのだ。その説の正しさは、インターネットや携帯電話のことを考えればすぐわかるだろう。

「しかしメディア自体には脳味噌《のうみそ》がない」とクローネンバーグは言う。マックスと同じくメディア自体には思想がない。人々の欲望を拡大するだけだ。「そこで生まれるのはカオスだ」

オブリビオン博士は「人間を進化させるもの」としてビデオドロームを研究していたが、それを別の目的に利用しようと企《たくら》む「パートナー」に裏切られて殺されたとビアンカは言う。博士が死んだのは十一カ月前、撮影時八一年十一月から逆算するとちょうどマクルーハンが死亡した頃だ。

「でも父は死を恐れなかったわ」

博士は大量のビデオを残していた。テレビに出演するときにはビアンカがそれを再生していた。だからテレビ討論では会話が噛み合わなかったのだ。オブリビオン博士はメディアの中で生き続けている。オブリビオンとは「忘却」という意味である。

これはクローネンバーグの父が体内でカルシウムを作れなくなる病気で死んだ後の体験に基づいている。

「父さんの声が聞こえてきて、そばに彼がいるような気がして振り向くことがあった。朝、目が覚めると父さんの存在を感じた。そして私は彼の仕草そっくりに立ち振る舞うようになった。父の死を受け入れられなかったんだろう。転生とか憑依《ひょうい》というものの心理学的な正体がわかったよ」

メディアとは本来、「霊媒」という意味なのだ。

## ヴァーチャル・ウォーズ

自宅でオブリビオン博士のビデオを観るマックスの腹に、いつの間にか巨大な女性器のような裂け目ができている。粘液を分泌《ぶんぴつ》しながら蠢《うごめ》くその穴に、マックスはなんとなく手に持っていた護身用の拳銃《けんじゅう》ワルサーPPKを突っ込んでしまう。まるでオートセックス（一人性交）だ。慌《あわ》てて手を抜くと拳銃も裂け目も消えていた。「すべてのマシンは人間の体に入りたがっていると思う」。クローネンバーグは言う。「なぜなら、どのマシンも人間の体の延長として作られたのだから」

「(腹の裂け目は)幻覚か現実か判別できない」。クローネンバーグは言う。「普通の映画では、特殊なレンズなどを使った画面の加工で、そのシーンが現実ではないことを観客に示すが、私はしない。妄想を見ている側からすれば妄想は現実にしか感じられないからだ」。オブリビオン博士は「私たちは自分で感覚できるものしか現実と思えない」と言う。『ビデオドローム』は最初から最後までマックスの主観だけで描かれている。だから観客は、それが彼の妄想なのか客観的事実なのかわからない。

この手法をクローネンバーグは後の作品でさらに追求していく。『裸のランチ』(九一年)では、主人公リー(ピーター・ウェラー)の麻薬中毒が進むにしたがって現実は怪物だらけの異世界に変形していく。

また、フィリップ・K・ディックの小説『追憶売ります』の映画化『トータル・リコール』もクローネンバーグ監督でしばらく企画が進んでいた。ポール・ヴァーホーヴェン監督で完成した映画はアーノルド・シュワルツェネッガー主演の活劇になったが、クローネンバーグ版は記憶書き換えマシンのために何が現実なのかわからなくなる悪夢のような映画になる予定だった。自分の脳の中身が他人にいじられているという妄想は統合失調症の症状の一つで、ディック自身も統合失調症だった。クローネンバーグは『スパイダー／少年は蜘蛛《くも》にキスをする』（二〇〇二年）で統合失調症患者の妄想を客観的事実として見せている。

そもそも「客観的事実」など存在しないのだ、とクローネンバーグは言う。

「一人なら妄想でも、それを八億人が信じれば現実になる」

彼は宗教やイデオロギーのことを言っている。たとえば世界に数十億人いるキリスト教徒にとっては、この現実世界は神が創《つく》ったもので、ノアの方舟《はこぶね》もマリアの処女懐胎もキリストの復活も最後の審判もすべて確かな現実で、逆にビッグバンや進化論はウソだ。マックスの妄想と似た例では、キリストが磔《はりつけ》にされたときに釘《くぎ》を打たれた掌《てのひら》から出血する「聖痕《せいこん》」がある。本当は磔刑《たっけい》の時に釘を打たれるのは手首なので、掌の傷は無意識の自傷行為にすぎないが、信者にとっては現実の奇跡だ。「現実」とは「多数派が信じていること」にすぎない。だから「現実」の奪い合いが始まる。

**アキューミコン・ヘルメット**

マックスに電話がかかってくる。

「バリー・コンヴェックスさんがビデオドロームについて話したいそうです」

コンヴェックスなる人物が用意したリムジンにマックスは乗り込む。車内のテレビ・モニターにコンヴェックス（凸レンズという意味）が登場し、「スペクタクラー光学」の経営者だと自己紹介する。それはメガネ会社から出発し、現在はＮＡＴＯ軍のためのミサイル誘導装置まで開発する軍需産業だ。

「それにビデオドロームも作った」

オブリビオン博士に資金援助してビデオドロームを開発させた「パートナー」とはコンヴェックスだったのだ。ビアンカの言葉が正しければ、彼こそオブリビオンを殺した黒幕だ。

しかし、スペクタクラー光学本社でマックスを迎えたコンヴェックスはセールスマンのような笑顔の紳士だった。彼は「アキューミコン・ヘルメット」の試作品をマックスに試着させる。それをつけるとビデオドロームの生み出す幻覚をビデオに録画できるという。

「今までこれをつけた被験者はみんな発狂してしまった」

コンヴェックスはビデオドロームの影響を受けても正気でいる（ように見える）マックスの幻覚を記録して分析したいという。

「このヘルメットは要するにヴァーチャル・リアリティだ」とクローネンバーグはDVDでコメントする。「その言葉が生まれる何年も前だけどね」

撮影中、マックス役のウッズはヘルメットを被《かぶ》るのは怖いと言い出した。「陰謀に翻弄《ほんろう》される役に入り込みすぎたんだな」と笑うクローネンバーグは、自分でヘルメットを被ってマックスを演じた（そもそもマックスはクローネンバーグの投影なのだ）。

ヘルメットを被ると視界の中にニッキーが現れた。

「さあ、演じましょう。神経の水門を開けるのよ」

マックスはいつの間にか赤い拷問部屋にいる。部屋にはドクンドクンと脈打つテレビが置かれ、そこにはニッキーが映っている。その生きたテレビを鞭で叩く。テレビとのSM、これは映画史上最も異常な変態行為だろう。クローネンバーグは鞭打たれたテレビの傷口から柔らかい肉が剝き出しになるという描写を考えたが技術的に実現しなかった。ブラウン管のニッキーはいつの間にかマーシャに変わっている。マックスにオブリビオン博士のことを教えてくれたビデオ業者だ。

「はっ」とマックスが目を覚ますと、彼は自宅のベッドで寝ていた。隣ではマーシャが死んでいる。マーシャはコンヴェックスに処刑されたのか？　しかし、その死体もいつの間にか消えてしまう。もう何がなんだかわからない。

## テレビ伝道師の野望

ところが、意外な者が真実を語り始める。「電波海賊」のハーランがマックスに「ビデオドロームをパラボラで受信したというのはウソだ」と告白したのだ。

「ビデオドロームはまだ放送されていない。これから放送するんだ」

そこにコンヴェックスが現れた。彼に雇われてハーランはあの拷問ビデオをマックスに見せ、彼をビデオドロームに感染させたのだ。マックスを利用してシビックTVを乗っ取り、そこからビデオドロームを放送するために。

コンヴェックスはマックスを問い詰める。

「あんたはなんであのおぞましい映像を見たがった？」

「仕事だよ」

「本当にそれだけか？　目を背ければよかっただろ？」

これは冒頭のテレビ討論会の続きだ。本当は女を拷問してみたいんでしょう！　クローネンバーグが今までさんざん糾弾されてきたことだ。彼はインタビューでこんな告白をしている。

「私が本当はどういう人間なのか、私が心の底では何を考えているのか、それを社会が知ってしまったら、私は罰せられるだろう、そんな風にいつも感じていた」

コンヴェックスがビデオドロームを拷問ビデオに乗せたのはマックスのような「変態ども」を洗脳するためだった。ビアンカが言っていたコンヴェックスの「父とは違う目的」とはそれだった。

「あんな番組を作るあんた、それを観《み》ている奴《やつ》ら、あんたらウジ虫どもが僕らを内側から腐らせているからだ！」。ハーランがマックスを糾弾する。「この退廃を止めなくちゃ！」

ハーランはマックス、いや、クローネンバーグが見せるセックスと暴力に我慢できない人々の一人だった。彼の名はおそらく、当時『スターログ』誌上で映画におけるセックスと暴力描写を批判し続けていたSF作家ハーラン・エリスンから取られている。

「北米は軟弱になっている。他の国は強くなっているのに」。ハーランがコンヴェックス一派の「思想」を語り始める。「これからは厳しい時代になる。我々は純粋でまっすぐで強くならなければ生き残れない」

ハーランはここで「北米（カナダとアメリカ）」と言っている。この映画の舞台はカナダだが、彼が語る思想は当時のアメリカのレーガン政権と、それを支えたキリスト教原理主義者が掲げた思想と同じだ。レーガン大統領は、退廃を戒め、保守的価値観に立ち戻り、アメリカを強くして、冷戦時代を生き残ろうと唱えた。「脚本を書き始めたときは政治のことは何も考えていなかったが、どんどんテーマを突き詰めていったら政治に行き着いていた」とクローネンバーグは言う。「私はコンヴェックスにテレビ伝道師のジム・バッカーそっくりの俳優を選んだんだ」

ジム・バッカーは七四年にキリスト教福音派向けのテレビ局PTL（主を誉《ほ》めよ）ネットワークを設立したテレビ伝道師。彼の番組は日本でも放送されていた。八〇年代レーガン政権下でキリスト教保守が台頭するとバッカーのPTLも視聴者を拡大し、たちまち百六十億円もの寄付を集めた。その金でディズニーランドよりも広い二千エイカーの土地に「ヘリテージUSA」を建設した。ミッキーマウスの代わりにキリストをテーマにした巨大遊園地で、敷地内にはバッカーの教会や放送局、彼の住む城も建築され、まさにバッカーの帝国だった。暴力やセックスを見せるよりも悪いテレビの使い方、それは神の名を騙《かた》って人々を洗脳し、私腹を肥やすことだ。

**キャンサー・ガン（癌銃《がんじゅう》）**

コンヴェックスはヘルメットで記録したマックスの幻覚を分析して、彼を操るコマンドをプログラムした。それを記録したビデオカセット（ベータ）を取り出す（今ならUSBドライブになるだろう)。カセットは生きているかのように脈打っている。

「開きたまえ」

マックスの腹の裂け目が開く。コンヴェックスは「これを再生しろ」と、テープを裂け目に突っ込む。「メディアによるレイプ」という言葉があるが、これはまさにそれだ。マックスの頭にロードされたコンヴェックスのコマンドが聞こえてくる。

「シビックTVを私のものにするため、経営者を殺せ」

コンヴェックスは、シビックTVを観ている「退廃的な」視聴者を洗脳するために、バッカーのPTLのような保守系テレビ局が欲しいのだ。

操られたマックスは腹の中からワルサーPPKを抜き出す。PPKのグリップから何本もドリルが飛び出してマックスの手や腕にグリグリと食い込み、肉体と一体化する。この銃は脚本では「キャンサー・ガン(癌銃)」と呼ばれている。ビデオドロームによってマックスの体内に作られた癌細胞を弾丸として発射するのだ。

マックスは命令どおり、社長室に入ってモーゼス社長を射殺する。特殊メイクのリック・ベイカーは癌弾がモーゼスの顔に根を張っていくエフェクトを作らされていたが、クローネンバーグが「モーゼスは悪人ではないから普通に死なせてあげよう」と言ったので、このシーンは普通の弾丸になった。

現場から逃走したマックスは次にコンヴェックスにとって邪魔なビアンカを抹殺に行く。陰極線教会に入ったマックスがビアンカを探して紙の衝立《ついたて》を破ると、テレビが現れた。ニッキーが絞殺される光景が映し出される。

「コンヴェックスたちはすでに彼女を殺し、その映像であなたを誘惑していたの。そのテープは私が奴らから盗んだのよ」

テレビは砂の嵐になり、ブラウン管の内側から癌銃が突き出してくる。

「ビデオドロームは、死」。ビアンカがつぶやく。

癌銃は血管の浮き出た肉塊になる。男根のようなその銃にマックスは腹を撃たれる。

「プログラムを解除するには痛みが伴うのよ」とビアンカが言う。

テレビのブラウン管はマックスの腹部に変化した。今、撃たれた弾痕が開いている。

マックスはもうテレビと自分の区別がつかなくなっている。

「マックス、これであなたはビデオの言葉の肉体になったのよ」

ビアンカのセリフは、新約聖書のヨハネによる福音書第一章の引用だ。

「初めに言葉ありき。言葉は神とともにあり、言葉は神なりき。（中略）言葉は肉となり、我々の中に住めり」

「私はビデオの言葉の肉体です！」

狂信的に復唱するマックス。ビデオドロームに操られたマックスは今度は陰極線教会に折伏《しゃくぶく》されてしまった。思想なきメディア業界人だったマックスは、本当に他人のメッセージを運ぶだけのメディアそのものになったわけだ。

## 中世対ルネッサンス

マックスは、まず自分をはめたハーランに復讐《ふくしゅう》する。ハーランの手を無理やり自分の腹の裂け目に突っ込む。ハーランが手を引っこ抜くと、彼の手首は血みどろの手榴《しゅりゅう》弾《だん》（ポテトマッシャーと呼ばれるタイプ）に変わっている。安全ピンはすでに抜かれ、導火線が火を噴いている。「これがほんとの〝手〟榴弾だ」とクローネンバーグは副音声解説で笑う。くだらないダジャレでハーランは爆死した。

次の標的は黒幕コンヴェックスだ。彼は自分のメガネ会社の新作発表会で司会をしていた。新作メガネは「ルネッサンス」をデザインのコンセプトにしている。

「コンヴェックスはルネッサンス、オブリビオンは中世のイメージで対立させた」と語るクローネンバーグは、オブリビオンの部屋を中世のカトリック教会風のインテリアで統一した。

「マクルーハンはもともとカトリックで、中世を再評価した歴史学者だったんだ」

中世はカトリック教会によって人々が愚民化されていた暗黒時代で、ルネッサンスで理性の光に啓蒙《けいもう》されて近世が始まる、というのが近代における常識的理解だが、マクルーハンは、教養によって人々が階級化されたルネッサンス以降よりも、素朴な部族社会だった中世を評価した。「カトリック」には「心が広い」という意味もある。

無神論者のクローネンバーグは、コンヴェックスとオブリビオンの対立を、ナショナリスティックで禁欲的で階級主義的なプロテスタントと、インターナショナルでリベラルで平等主義的なカトリックの対立として描こうとしている。それはテレビ伝道師ジム・バッカーとメディアの導師マクルーハンの対立であり、メディアをコントロールしようとする宗教保守と、メディア共産主義を目指す革命家との対立なのだ。これは二つの宗派がビデオドロームという福音を奪い合う宗教戦争だったのだ。

ステージ上のコンヴェックスをマックスは癌銃で撃って、勝鬨《かちどき》を上げた。

「ビデオドロームに死を！　新しき肉体よ永遠に！」

倒れたコンヴェックスの体に撃ち込まれた癌弾は、見る見るうちに腫瘍を増殖させてコンヴェックスを生きたまま内側から食い破っていく。このシーンではリック・ベイカーと弟子のスティーヴ・ジョンソンが床の下からコンヴェックスのダミーに仕掛けた癌細胞をパペットのように手で操って撮影した。

アサシン（暗殺者）という言葉はハシッシ（大麻）に由来している。十一世紀イスラムの暗殺教団のハサン・サッバーフは、刺客にハシッシを与えて操ったという。マックスはビデオドロームという麻薬で操られ、両方の勢力から暗殺者として使われた。そして使命を終えた今、彼はカラッポになって、ふらふらと港に歩いていく。

**死は終わりではない**

マックスに限らず、クローネンバーグの映画の主人公には状況に振り回されるだけの受け身で無力な男が多い。『ローリング・ストーン』誌のデヴィッド・ブレスキンにそれを指摘されたクローネンバーグは「でも、最後に勝つのは彼らなんだ」と反論した。

「彼らが優勝するのは最後のリーグで、彼ら以外は誰もいなくなってるんだ」

マックスが打ち捨てられた廃船に入っていくと、そこにはテレビがあった。テレビにニッキーが映る。

「あなたを導くために帰ってきたの」

「僕はどうしていいかわからない」

クローネンバーグは最初、テレビから語りかけるのをマックス自身にしようと考えていた。つまり、この場面のニッキーは「マックスの内なる声なのだ」と言う。

「ビデオドロームは今も存在するわ。前よりも大きく、複雑になって。ダメージは与えたけど、滅ぼすことはできないの。私たちは次の段階に進まなくては。あなたは最後の変化を完成させなければ」

ニッキーはマックスに「進化」を促す。

「覚悟はできた？　何も怖くないわ。死は終わりではないと知ったの。生まれ変わるには、古い肉体は死ななければならないのよ」

ブラウン管の映像は自分の頭に銃をあてたマックスに切り替わる。引き金を引いた途端、テレビは爆発して生き物のように臓物をぶちまけた。それを観たマックスも、拳銃を頭にあてる。その足元では焚《た》き火が燃えている。カナダの映画評論家ウィリアム・ベアードは「焚き火は入会式を意味する」と指摘する。未開の部族の通過儀礼では焚き火を燃やし、宗教団体の入信儀式では蠟燭《ろうそく》を灯す。マックスも炎に照らされてビデオドロームの世界に入る。

銃声。

「あなたの映画は主人公の自殺で終わることが多いですね」

『ザ・フライ』でハエ人間になった主人公が自らショットガンで自分の頭を吹き飛ば

スラストを観た『ファンゴリア』誌の記者はそう指摘した。しかし、クローネンバーグは「そうかな？　彼らは死んだんじゃない。別の次元に生まれ変わったんだ」と反論する。「ハッピーエンドかって？　うーん、私にとってはね」

## 本当のエンディング

実際、マックスが頭を撃った後、クローネンバーグは次のようなエピローグを撮影する予定だったが、デボラ・ハリーがスタッフの間で流行《はや》っていたウィルス性腸炎に感染して倒れたため撮影できなかった。

拳銃で撃ち抜かれたマックスの頭はあの拷問《ごうもん》部屋の粘土の壁に叩《たた》きつけられる。赤い粘土の壁は濡れている。それは母の子宮を意味する。再生のイメージだ。

ニッキーとビアンカが笑顔でマックスを迎える。二人が胸をはだけると、そこからペニスのような器官が突き出す。それをマックスの腹の裂け目に差し込んで三人は幸福な一体感に包まれ、映画は真のハッピーエンドを迎える。

『ビデオドローム』には、生殖行為と完全に遊離したセックスのイメージがあふれている。「セックスと生殖行為の分離は六〇年代に実験された」とクローネンバーグは言う。六〇年代のセックス革命ではピルやフリー・セックス、バイセクシャリティによって生殖や結婚を切り離したセックスが社会全体で試された。六〇年代に大学生だったクローネンバーグも乱交に参加したが、うまくいかなかったという。彼が求めたフリー・セックスは、社会的なものではなく、もっと生物学的なものだった。

「現代の人々は生殖と無関係にセックスをしている。こんなことは人類始まって以来だ」。クローネンバーグは言う。「そのいっぽうで人類は遺伝子工学によって、適者生存という進化の法則と離れて自分で自分を進化させられる段階に達した。ならば、セックスのための新しい器官を作ったらどうか。ただ快楽のための。いや、いっそ中枢《ちゅうすう》神経に直接接続したらどうだ？ 体に開けたポートを使って？」

クローネンバーグは九六年にJ・G・バラード原作の『クラッシュ』で自動車の衝突をセックスとして楽しむ人々を描いた。そこでは自動車が人間の性器の延長になっている。

無思想、無宗教を自認するクローネンバーグはたびたび革命を口にするが、彼が求めるのは社会変革程度のレベルではなく、男女の区別すらなくなるような、生物としての進化なのだ。

「新しいものは奇怪に見える。でも、人々がそれを美しいものだと感じるようになるまで突き進んでこそ真の革命だろう」

## ビデオドロームは現実だ

『ビデオドローム』は製作途中でハリウッドのユニヴァーサル映画が共同出資と配給を担当することになった。クローネンバーグの前作『スキャナーズ』（八一年）が全米ナンバーワン・ヒットになったので、紙切れ一枚の企画書を見ただけで投資を決めたのだ。ユニヴァーサルの親会社MCAの取締役シド・シャインバーグは、撮影が始まってから送られてきたシナリオを読んで驚いて廊下に飛び出し、「この映画、今から中止できないのか⁉」と叫んだが、後の祭りだった。ボストンで行われたテスト試写で観客から集められたアンケート用紙は一つも好意的なものはなかった。八三年二月、『ビデオドローム』は北米九百館で封切られたが、製作費の半分も回収できずに惨敗《ざんぱい》。早々に映画館から消えた。しかし、ビデオ化されると、たちまちカルト・ムービーとしてマニアの間で密《ひそ》かに人気を広げていった。

筆者も海賊版で『ビデオドローム』にとりつかれ、「もっと凄《すご》いものはないか」と輸入ビデオを漁《あさ》って『死霊のはらわた』（八三年）や『地獄の門』（八〇年）を発見し、引き返せないビデオ中毒になった。『ビデオドローム』の海賊版はダビングで日本中に増殖し拡散した。まさに癌細胞のように。それで筆者のようにビデオ中毒になった人も多いだろう。レンタルビデオ・ブームはその後にやってきたのだ。

一九八七年、テレビ伝道師バッカーは詐欺《さぎ》や脱税などで逮捕され、懲役四十五年の刑を言い渡された。彼が建設した宗教テーマパーク、ヘリテージUSAは廃墟《はいきょ》となった。

二〇〇四年に発売された『ビデオドローム』のDVDの副音声で、クローネンバーグは「作っていた当時は自分でも意味不明の映画だと思っていた」と回想している。「ところが、今、見直すとすんなり理解できるので驚いた」

『ビデオドローム』のテレビとビデオをパソコンとインターネットに置き換えれば、この映画は今や現実だからだ。パラボラなんてなくても、ネットを漁ればビデオドローム以上のスナッフ映像が、たとえば生きたまま人間の首を切断するビデオがダウンロードできる。そのいっぽうで、アメリカでは保守的なテレビ伝道師を導師と仰ぐブッシュ大統領が政権を握り、彼を支援する大企業がメディアの独占支配を進めた。

「すべての現実はヴァーチャルだ」。クローネンバーグはイラク戦争の後にこう言っている。「現実とは人が作るものだ。人が選ぶものだ。政治でもそうだ。ブッシュ大統領を見てくれ」。ブッシュは9・11テロの犯人をイラクとした。あらゆる証拠がそれは事実ではないと裏付けたが、アメリカ人はブッシュのほうを現実と選んで戦争を始めた。クローネンバーグは言う。「人は自分が信じる現実のために人だって殺せる。恐ろしいけど、人間とはそういうものだ」

# 第2章
# ジョー・ダンテ
# 『グレムリン』
## テレビの国から来たアナーキスト

――あなたは自分のことを〝ハリウッドの危険分子〟だと思いますか?

ジョー・ダンテ「そう言われてきたよ。映画会社からね!」

――『ジ・オニオン』紙(二〇〇〇年十一月二十九日号)

ジョー・ダンテが危険分子? 子どものマンガみたいな映画ばかり作ってるダンテの何をハリウッドは怖がっているのか?
しかし実際、ダンテは一九八四年に『グレムリン』を大ヒットさせた後、ハリウッドからほとんど「干された」境遇にある。政治的に過激だったり、現場でスタッフ相手に暴れたりするわけでもないダンテの何がそんなに危険だというのか?

## 『ルーニー・テューンズ』の息子

第二次世界大戦が終わった翌年、一九四六年、ベビーブーマーの一人としてジョー・ダンテはニュージャージー州に生まれた。父はプロゴルファーだったが、ジョーはスポーツには興味を持てず、学校が終わると夕方はいつもテレビにかじりついていた。なかでも彼が熱狂したのはワーナー・ブラザースのアニメ『ルーニー・テューンズ』だった。イタズラ野ウサギのバッグス・バニーをスターにした『ルーニー・テューンズ』は、ディズニーとはまったく違う種類のアニメだった。

たとえば、ロードランナーを捕まえることに執念を燃やすコヨーテは岸壁にトンネルの絵を描いてそこにロードランナーを激突させようとするが、ビープビープと鳴きながら猛スピードで疾走してきたロードランナーは描かれたトンネルの中に入ってしまう。それを追ってトンネルに突っ込んだコヨーテは岩に激突してペチャンコになってしまう。コヨーテはペチャンコにされても、ダイナマイトで木っ端微塵《こっぱみじん》にされても、次の瞬間には元通りに戻ってまたロードランナーを追いかける。そんなドタバタを「バカバカしいなあ」と笑って観《み》ていると、突然こちらに向かって「バカバカしいでしょ？」と書かれた看板が飛び出す。

『ルーニー・テューンズ』はアニメや映像という枠組み自体にイタズラを仕掛ける。ダフィー・ダックは全力疾走しているうちに背景を追い越して、何もない空間に飛び出してしまう。もともとワーナー映画の「前座」として作られ、劇場でかけられていた『ルーニー・テューンズ』は、劇場をアニメの中に巻き込んでしまう。観客や映写技師の影がスクリーンに映ってアニメのキャラクターと絡《から》んだりする。観ているほうは笑うというより、アニメと現実の境目を侵されて悪夢のような気分になる。

『ルーニー・テューンズ』に参加したアニメーター、テックス・エイヴァリーやロバート・クランペット、それにチャック・ジョーンズはサルバドール・ダリなどのシュールレアリスムに影響を受けていたという。彼らのやった数々の実験は、後にフランスでヌーヴェル・ヴァーグが試みた「脱構築」をはるかに先取りしていた。たとえばジャン＝リュック・ゴダールの『はなればなれに』（六四年）では俳優たちが「しゃべることがないから黙ろう」と言った途端、映画の音声そのものが無音になる。これはそのまま『ルーニー・テューンズ』に出てきそうなギャグだ。また、監督のゴダールは自らのナレーションで「これでこの映画はおしまい」と幕引きの挨拶《あいさつ》をするが、これも『ルーニー・テューンズ』の最後の挨拶「That's All, Folks！（みんな、これでおしまいだよ！）」と同じじゃないか？

**ムービー・オージー**

アニメの枠からはみ出すアニメ『ルーニー・テューンズ』に夢中になったジョー・ダンテは、中学生になるとウィリアム・キャッスルの映画に夢中になった。ウィリアム・キャッスルは「ギミック（仕掛け）の帝王」と呼ばれた。『地獄へつゞく部屋』（五九年）のクライマックスで骸骨《がいこつ》が登場すると、ワイヤーで吊《つ》った骸骨を観客の頭上に飛ばした。『ティングラー／背すじに潜む恐怖』（五九年）では劇中で殺人生物が映画館の観客を襲う場面で、客席に仕掛けたバイブレーターを振動させ、観客を飛び上がらせた。バッグス・バニーのようにスクリーンから飛び出して観客にイタズラを仕掛けたウィリアム・キャッスルに熱狂したダンテ少年は、約三十年後にその思い出を『マチネー／土曜の午後はキッスで始まる』（九三年）という映画にしている。

一九六〇年代、大学に入ったダンテは勉強そっちのけで『キャッスル・オブ・フランケンシュタイン』などの映画マニア雑誌にホラーやSF映画批評を投稿するようになった。そして六八年、最初の映画『ムービー・オージー』を発表した。これはテレビのB級映画劇場やCMやアニメ、それにヌード映画を16ミリ・フィルムで撮って繋《つな》ぎ合わせたもので、上映時間なんと七時間！　マリファナを吸いながら乱交《オージー》するのと同じように観る映画だが、四時間半に再編集されて東部を巡回上映された。ダンテは『ムービー・オージー』を「テレビっ子だった頃のノスタルジーを詰め込んだ映画さ」と解説するが、それはそのままダンテの全作品に当てはまるだろう。

## コーマン道場の優等生

大学を出たダンテは、ハリウッドに移って、ロジャー・コーマンの経営する安物映画専門会社ニューワールド・ピクチャーズで働き始めた。仕事は予告編の編集だった。「コーマンから予告編には必ずカーチェイスと半裸の女性を入れておけと言われたよ(笑)」

他の人が撮ったフィルムを切ったり貼《は》ったりして独自の面白さを生み出す予告編作りは、『ムービー・オージー』と似ていた。ダンテは、ニューワールドの映画『デス・レース2000年』(七五年)や『残酷女刑務所』(七一年)、『ビッグ・バッド・ママ』(七四年)などのフィルムを切ったり貼ったりして一本の映画を作り上げた。それが初監督作『ハリウッド・ブルバード』(七六年)だ。ニューワールドとそっくりな貧乏映画会社の内幕を描いたコメディだが、予算はたった六万ドル。コーマン映画の中でも最も安上がりだった。

これでダンテの才能を見込んだコーマンは『ピラニア』(七八年)の監督を任せた。これは日活の「肉体派女優」だった筑波《つくば》久子《ひさこ》が持ち込んだ企画で、当時メガヒットしていた『JAWS/ジョーズ』(七五年)の二番煎《せん》じだった。ケチで有名なコーマンが製作費が高そうだからと断ると、筑波久子はその場で泣き喚《わめ》いて大騒ぎになった。

コーマンは渋々『ピラニア』にGOサインを出した（それでも予算はたった六十六万ドルだった！）。

『ピラニア』は超低予算なのでダンテを含めてスタッフは二十歳代の素人《しろうと》同然の若者ばかりだったが、後に彼らは八〇年代のハリウッドを背負うことになる。

まず、プロデューサーは『ムービー・オージー』を一緒に作った親友ジョン・デイヴィソン。彼は後に『ロボコップ』（八七年）や『スターシップ・トゥルーパーズ』（九七年）を製作する。シナリオを書き直してピラニアを米軍が開発した生物兵器としたのは、後に社会派監督となるジョン・セイルズ。彼にとってこれが最初のシナリオだ。ピラニアの造形は『グレムリン』（八四年）のクリーチャーを作ることになるクリス・ウェイラス。ピラニアを動かしたのは『ジュラシック・パーク』（九三年）で恐竜を動かすことになるストップモーション・アニメーターのフィル・ティペット。そして、食われた人体などのゴア・エフェクトはリック・ベイカーの弟子だった当時高校生のロブ・ボッティンだ。

さらに、ダンテは自分の憧《あこが》れた映画作家たちの子どもたちと『ピラニア』で働いた。キャスティングのスーザン・アーノルドは『大アマゾンの半魚人』（五四年）の巨匠ジャック・アーノルド監督の娘で、現場での録音技師は大作曲家ジェリー・ゴールドスミスの息子ジョエル（当時十九歳）だった。彼らを通じてダンテは偉大な父親たちに出会うことができた。

また、ダンテは自分が好きな五〇年代SF／ホラー映画の俳優たちに『ピラニア』に出演してもらった。『ボディ・スナッチャー／恐怖の街』（五六年）の主役ケヴィン・マッカーシーは『ピラニア』に出てもらってから、『金星人地球を征服』（五六年）など五〇年代B級映画の名脇役《わきやく》ディック・ミラーはダンテの初監督作『ハリウッド・ブルバード』出演以降、ダンテ映画のレギュラーを続けている。

『ピラニア』は山ほど作られた『ジョーズ』の二番煎じ映画の中では最も低予算で最も効率よく儲《もう》けた映画になった。

続いて、ダンテと彼の仲間たちは狼男《おおかみおとこ》映画『ハウリング』（八一年）に取りかかった。脚色のジョン・セイルズはチャールズ・マンソンのセックス教団のメタファーとして、人狼《じんろう》のコミューンを舞台にした。ロブ・ボッティンは、人間が狼に変身する過程を過去の狼男映画のようなオーバーラップではなく、メカニックを駆使した特殊メイクで見せた。

ダンテは『ハウリング』で、狼男映画というジャンルそのものと遊んでみせた。まず、登場人物十一人の名前を、テレンス・フィッシャー、フレディ・フランシス、ジョージ・ワグナーなど過去に狼男映画を作った監督たちの名前にした。ダンテの大好きなアニメの引用も、ディズニー・アニメの『三匹の子ぶた』のイジワル狼に加え、ミッキーマウスの本当の生みの親であるアニメーター、アブ・アイワークスの作品『リトル・ボーイ・ブルー』の映像まで使っている。そして、ヒロインが人狼に変身する悲劇的なエンディングにはドッグフードのテレビCMを繋いでみせた。ディズニー・アニメ風の感動的な演出でハンターを泣かせたかと思うと「なーんちゃって！」と舌を出して逃げるバッグス・バニーと同じようなイタズラに観客は戸惑ったが、そんなダンテのセンスに惚《ほ》れ込んだ男がいた。スティーヴン・スピルバーグである。

## 魔〝怪《グワイ》〟転生

「ゴキブリだらけの僕の事務所に〝スティーヴン・スピルバーグ〟と書かれた封筒が届いた。郵便屋が間違えたのかと思ったよ」

ダンテはその日のことを思い出して言う。

「なかにはクリス・コロンバスという学生が書いた『グレムリン』のシナリオが入っていた」

スピルバーグは『ジョーズ』に、アニメ的ギャグ（主人公が海に撒《ま》いた餌《えさ》を巨大ザメがパクリと食べる）や、『大アマゾンの半魚人』へのオマージュ（サメの断末魔の叫びは『半魚人』の声の流用）を盛り込んだ。ダンテとスピルバーグは似た者同士だった。スピルバーグはまず、自分が製作するオムニバス映画『トワイライトゾーン／超次元の体験』（八三年）の監督の一人にダンテを抜擢《ばってき》した。

ダンテが担当したエピソードは、ダンテのようにテレビばっかり観ている超能力少年が自分の周りの現実をアニメに変形させてしまう話で、後の『ロジャー・ラビット』（八八年）や『マスク』（九四年）に先駆けていた。バッグス・バニーのようなアニメ・キャラクターが恐ろしい化け物として実体化する。少年は口うるさい姉の口を消してしまう。アニメではよくあるギャグだが、現実にすれば残酷な拷問《ごうもん》だ。明るく楽しいお子様向けのアニメも現実で再現されれば悪夢になる。まるでダンテ作品の自己批評のようなエピソードだった。

次に、いよいよダンテは『グレムリン』に取りかかった。

クリス・コロンバスのシナリオでは、主人公は、マグワイというかわいい不思議な動物を飼い、ギズモと名づけるが、飼い方を間違ったため、ギズモは醜悪な怪物グレムリンと化して町中の住民を虐殺《ぎゃくさつ》する……。それは、主人公の母親や愛犬が惨殺《ざんさつ》され、グレムリンに食われてしまう残酷シーン満載の純粋なホラーだった。ところが、結果として『グレムリン』はホラー映画にはならなかった。

原因の一つは音楽を担当したジェリー・ゴールドスミスである。ダンテは敬愛するジェリー・ゴールドスミスの家に『グレムリン』の音楽を依頼しに行った。プロットを聞かされたゴールドスミスはいきなり「こんな曲どうだい？」とピアノを弾いてみせた。それは陽気で滑稽《こっけい》で狂騒的なラグタイムだった。聴かされたダンテは「わかりません」としか言えなかった。「だってホラー映画のつもりだったのに、ジェリーが弾いたのはサーカスのジンタみたいな曲だったからね。でも、あの『グレムリン・ラグ』から映画のイメージが生まれていったんだ」

とはいえ、まだホラー映画にするつもりのダンテは盟友クリス・ウェイラスたちとクリーチャーの製作に取りかかった。当時はＣＧがなかったので、ギズモやグレムリンは、クロース・アップではメカニカルを仕込んだ大型の頭で撮影し、ロングショットでは下から手で操るパペットで撮影するしかなかった。つまり『セサミストリート』と同じだ。

「パペットだから歩けないし、どう見ても人形だからホラーにはならないよ」

決め手となったのはプロデューサーのスピルバーグの一言だった。ダンテとウェイラスが提出するギズモのデザインにスピルバーグは次々とNGを出し続けていた。

「そこで僕らは考えた。スピルバーグは当時、コッカースパニエルを飼っていて、ひどくかわいがっていた。だから僕らは彼の愛犬をもとにギズモをデザインしたら、一発でOKが出たよ(笑)」

たんにOKしただけではなく、スピルバーグはこう言った。

「ギズモはこんなにかわいくてもったいないから、最後までかわいいままにしようよ」

コロンバスのシナリオではギズモは中盤で醜悪なグレムリン、ストライプに変身してしまうが、スピルバーグはストライプをギズモから生まれることにして、ギズモを最後まで主役にしようと言い出した。

「撮影開始のわずか四週間前だったけどね」とダンテは言う。クリス・コロンバスのシリアスなシナリオは撮影直前にたんなる「下書き」になってしまった。ダンテは撮影しながら自分の『グレムリン』を組み立てていくしかなかった。この場合は「解体」といったほうがいいだろう。「コロンバスは撮影終了直前に初めて現場を訪れたんだ」とダンテは言う。「彼は自分のシナリオがまったく原型をとどめていないのを見てたいへんなショックを受けてたよ」

## 素晴らしき哉《かな》、人生？

『グレムリン』の舞台は東部の小さな町、キングストン・フォールズ。市庁舎前広場には雪が積もって白一色。オールディーズのラジオ局からフィル・スペクターの一九六三年の名曲『クリスマス（ベイビー・プリーズ・カム・ホーム）』が流れる。それがヒットした頃と何も変わっていないような田舎町キングストン・フォールズはユニヴァーサル・スタジオ内に昔からあるセットを使って撮影された。その翌年には『バック・トゥ・ザ・フューチャー』で使われている。

主人公のビリーは実直な銀行員。だが、いまだに両親の家の屋根裏部屋に住む、自立できていない若者で、本当はアニメかイラスト関係の仕事に就くことを夢見ている。彼はダンテの分身だ。そのビリーの銀行に、町の不動産を牛耳るディーグル夫人が壊れた雪ダルマの置物を抱えてやってくる。

「あんたのバカ犬が壊したのよ。犬を寄こしなさい。安楽死させてやるから！」

このやりとりは『オズの魔法使』（三九年）の冒頭で意地悪なガルチ夫人がドロシーの愛犬を保健所に送ろうとするシーンの引用。

ディーグル夫人に子どもを抱えた母親がすがりついて嘆願する。

「借金の支払いをもう少し待ってください」

「私は福祉でやってるんじゃないよ。サンタにでもお願いするこったね」

ディーグル夫人は、ビリーの恋人ケイト（フィービー・ケイツ）が働く古い酒場も立《た》ち退《の》かせようとしている。

「彼女は『素晴らしき哉、人生！』のポッター氏でもあるんだ」とダンテは言う。

アメリカでは『素晴らしき哉、人生！』はクリスマスには必ずテレビで放送される映画だ。『グレムリン』の主人公ビリーの母も料理を作りながら、それを観ている。

「でも、『グレムリン』は『素晴らしき哉、人生！』だけじゃない」。ダンテは言う。

「ヒッチコックの『鳥』（六三年）とゴッチャになった世界なんだよ」

## バッグス・バニー対グレムリン

銀行の大口顧客であるディーグル夫人を怒らせてしまったビリーは、恋人のケイトの働く酒場で落ち込んでいた。ビリーはディーグル夫人を凶悪なドラゴンに見立てた似顔絵を描く（『グレムリン』のビリーは手近の紙にやたらとイタズラ描きをしているが、その絵は全部ダンテが撮影の合間に描いたイラストだ）。ビリーの絵を見て客の老人が「なかなかうまいぞ」と誉《ほ》める。彼はチャック・ジョーンズ、『ルーニー・テューンズ』の巨匠アニメーターだ。

『グレムリン』は『ルーニー・テューンズ』を作ったワーナー・ブラザースの映画だが、ワーナーは六〇年代終わりの業績悪化とともにアニメ部門を事実上閉鎖してしまった。経営体制も二転三転し、それに伴って映画の巻頭に出る会社のロゴも青空にWBと彫られた盾が浮かぶ伝統的なものから、Wとだけ書かれたシンプルなロゴに変わった。しかし、ダンテは『グレムリン』の巻頭でワーナー・ブラザースの懐《なつ》かしいWB盾のロゴを復活させた。

「実はそのWBのロゴの後、昔のようにバッグス・バニーのアニメを上映したかった」とダンテは言う。旧ロゴ時代のワーナーの映画の前座にはいつも『ルーニー・テューンズ』の短編がついていたからだ。「『バッグス・バニー対グレムリン』を併映してほしかったんだ」

『バッグス・バニー対グレムリン』は、『メリー・メロディーズ（『ルーニー・テューンズ』の別シリーズ）』の一本で、正式タイトルを『Falling Hare（墜落する野ウサギ）』という。その製作背景は少々複雑だ。もともとグレムリンというのは第二次大戦中の飛行機乗りたちの言い伝えで、パイロットたちは飛行中に原因不明の故障が起こるとグレムリンという緑の小鬼の仕業だと考えた。『チョコレート工場の秘密』の作者ロアルド・ダールは英国軍のパイロットだった頃にグレムリンのことを知り、それを子ども向けの話として書き上げてディズニーの出版社から絵本として発売した。この本はディズニーでウォータイム・カートゥーン（第二次大戦中の戦意高揚アニメ）になる予定だったが、結局ディズニーは製作せず、企画は『メリー・メロディーズ』のアニメーター、ロバート・クランペットに譲り渡された。クランペットはまず『墜落する野ウサギ』（四三年）を作った。バッグス・バニーがグレムリンのイタズラで爆撃機に乗せられ、高空から大地めがけて真っ逆さまに墜落するドタバタだ。さらに彼は『クレムリンから来たグレムリン』を作った。これは『ロシアン・ラプソディ』（四四年）と改題された。当時アメリカと同じ連合軍側だったソ連を攻撃しようとするナチス・ドイツの爆撃機をロシア訛《なま》りのグレムリンが翻弄《ほんろう》するという内容だ。

しかし、ダンテの願いも空《むな》しくワーナーは『グレムリン』にアニメをつけなかった。代わりにダンテは、第二次世界大戦時の爆撃機乗りだったフッターマンというキャラクターを作り（演じるはダンテ映画常連のディック・ミラー）、ボマージャケットを着せて「第二次大戦のときはグレムリンに飛行機を落とされた」というセリフを言わせた。

## PG13の誕生

ビリーは売れない発明家の父からクリスマスのプレゼントに不思議な動物をもらう。

それはチャイナタウンで謎《なぞ》の老人が飼っていたマグワイ（中国語で『魔怪』）という動物だ。父がいくら金を出しても老人は決してマグワイを譲ろうとしなかった。しかし、助手の少年がこっそり売ってくれたのだ。少年は老人から聞かされた三つの禁止事項を伝える。

「決して光を当てないこと」

「決して濡《ぬ》らさないこと」

「決して真夜中過ぎにはエサをやらないこと」

ビリーはマグワイにギズモ（新発明、名前のまだないもの、という意味）と名づけてかわいがるが、うっかり水をかけてしまう。濡れたギズモは五匹のマグワイに分裂した。そのうち、「ストライプ」と名づけられた頭にモヒカン状の毛があるマグワイがリーダーとなって反逆を開始する。ビリーを騙《だま》して真夜中過ぎにエサを食べたマグワイたちは卵のような繭《まゆ》となり、醜悪なトカゲのようなグレムリンに変態した。

グレムリンはまず、ビリーの母に襲いかかった。クリス・コロンバスのシナリオでは、家に帰ってきたビリーがドアを開けるとグレムリンに切断された母親の生首がゴロリと転がり落ちるのだが、ダンテはこれをひっくり返した。クリスマス用のジンジャー・クッキーを作っていた母は台所用品を駆使してグレムリンを返り討ちにする。

包丁でメッタ刺し、ミキサーで粉々に粉砕、電子レンジで爆殺。最後にビリーにサーベルで生首を切断されるのもグレムリンのほうだ。

ミキサーでバラバラというのはアニメならよくあるギャグだが、実写だとさすがに生々しい。このままではMPAA（アメリカ映画協会。日本の映倫にあたる）からR指定（十七歳未満は保護者の同伴が必要）にされる。しかし、ワーナーはすでにクリスマスのご家族向け映画としてキャンペーンを始めていた。そこでスピルバーグはMPAAにかけあって、PG（保護者の指導が必要）とRの中間に、PG13（十三歳未満の保護者は厳重注意）という新しいレイティングを作らせた。

実際、アメリカでの一般試写では幼い娘を連れた母親が残虐シーンに度肝を抜かれて、娘の腕をつかんで客席を飛び出し、「あんたたち、とんでもないものを子どもに見せるわね！」とダンテにつかみかかったという。

「でも、その女の子は早く客席に戻って、続きが観たくてしょうがないって顔してたけどね」

## サンタの正体はパパ

ビリーは保安官にグレムリンのことを訴えるが信じてもらえない。このシーンは『ボディ・スナッチャー』で主人公役のケヴィン・マッカーシーが、宇宙からの侵略者に地球人が取って替わられている事実を警察に訴えるシーンがもとになっていて、ビリーはこの前日、深夜テレビでそのシーンを観るのが伏線になっている。

そうしているうちに、プールに飛び込んでいっきに増殖したグレムリンはキングストン・フォールズをパニックに陥《おとしい》れる。

ディーグル夫人の屋敷もグレムリンに襲われる。屋敷の階段には『素晴らしき哉、人生！』のポッター氏の肖像が飾られている。ディーグル夫人はグレムリンのイタズラで加速された階段昇降用イスをカタパルトにして二階の窓から空に飛び出して地面に叩《たた》きつけられる。夫人の死体の両脚が雪から突き出したショットは、『オズの魔法使』で竜巻で飛んできたドロシーの家の下敷きになった悪い魔女の両脚の引用。

グレムリンたちはケイトの働く酒場でドンチャン騒ぎを始める。当時流行《はや》っていた『フラッシュダンス』（八三年）のマネをしてレオタードにレッグウォーマー姿で踊るグレムリンもいるが、その衣装をどうして手に入れたか説明はない。このあたりから映画はバカバカしさを増していく。手にパペットをはめて人形劇を演じるグレムリンを他のグレムリンが「パペットのくせにパペットするな！」とハンマーで殴る。「どてちーん！」とアニメ風の擬音が鳴り響く。

惨状を見たケイトはビリーに「クリスマスにはいつも最悪のことが起こるわ」と、父の思い出を告白する。「九歳の頃よ。クリスマスになってもパパは家に帰ってこなかった。勤め先に電話しても、もう家に向かったと言うの。何日経《た》っても行方不明でとうとう警察に捜索願を出したわ。で、あんまり寒いので暖炉に火を入れたら、何かおかしな臭《にお》いがするの。消防署の人に煙突を調べてもらったら、中からサンタの格好をしたパパの死体が出てきたの」

ここでギズモのビックリ顔のアップ。

「首の骨が折れて、手にはプレゼントを抱えていたわ。私がサンタなんていないと知ったのはそのときよ」

これは悲しいシーンなのか？　おかしなシーンなのか？　まさにダンテらしさの真骨頂だ。ワーナー・ブラザースは観客を戸惑わせるこのシーンの削除を求めたが、ダンテは拒否した。スピルバーグは「君が監督なんだから、どうしてもこのシーンが必要なら残したまえ」と味方してくれた。「僕にもこのシーンはさっぱりわからないけどね」

## グレムリンは日本人？

グレムリンたちは町の映画館を乗っ取り、ディズニーの『白雪姫』（三七年）を観始める。七人の小人の「ハイホー、ハイホー」という歌声に合わせて合唱するグレムリンたち。ビリーとケイトは映画館のガス栓を開けてガス爆発でグレムリンをいっきに焼き殺す。

唯一《ゆいいつ》生き残ったストライプは閉店後のデパートに逃げ込んで、日曜大工コーナーのチェーンソーでビリーに襲いかかる。ギズモはおもちゃの自動車を飛ばして助けに来る。テレビで観た『スピード王』（五〇年）のクラーク・ゲイブル気取りだ。ヒロインのセリフが脳裏に蘇《よみがえ》る。

「頼りになる男が必要なの」

戦いの果てに朝がやってきた。ギズモはブラインドを開いて朝日をグレムリンに当てる。グレムリンは『オズの魔法使』の魔女のようにドロドロに溶けて緑の液体になってしまう。

「キングストン・フォールズを大混乱に陥れた犯人は緑色の小人だということです」

ビリーたちがテレビでニュースを観ていると、チャイナタウンの老人がギズモを引き取りに来る。

「マグワイにテレビを観せちゃダメだ！」

老人はビリーたちを叱《しか》りつける。

「あんたたちにはまだマグワイを飼う資格がない。しかしいつかきっとそのときは来るだろう。そのときまでマグワイは君たちを待っているよ」

このセリフはジャック・アーノルド監督の名作SF『それは外宇宙からやって来た』（五三年）がもとになっている。地球に不時着したエイリアンは知的で平和的だったが外見が醜悪だった。それを見ただけで地球人は彼らを攻撃するだろう。主人公の医師はエイリアンの存在を隠し通したまま、彼らを地球から脱出させ、宇宙に帰っていく宇宙船を見送りながら言う。

「僕ら地球人はまだ彼らと出会う資格がない。しかしいつか必ず、その段階に達するだろう」

『グレムリン』を観て日本人（たとえば山崎浩一氏）は、この映画の怪物は日本人のことを言われているように感じた。テレビやアニメが大好きで、現実との区別がつかずに何でもマネする。機械をいじるとすぐに使い方を覚えてしまう。外国製品嫌いのフッターマンは酔っ払ってクダを巻く。「外国製の機械は信用できねえ。奴《やつ》らは機械にグレムリンを隠してやがる。最近は小さなグレムリンを時計にまで仕込んでやがる」。八〇年代当時はセイコーの時計やソニーのビデオがアメリカを席捲《せっけん》していた時代だ。

そして日本は、グレムリンと同じく、かつて中国人に育てられたが、西欧文明に感化されて武装して中国を侵略し、太平洋戦争を起こした。

しかし、ダンテには日本人を風刺する気はなかった。テレビやアニメに育てられたイタズラ者というのは無意識に自分自身を表現していたのだ。

## 映画史上最もムチャクチャな続編

製作費一千百万ドルの『グレムリン』は、アメリカだけで一億五千万ドル近くを稼ぎ出す大ヒットになった。かわいいギズモのオモチャも爆発的に売れた。ワーナー・ブラザースはすぐに続編を欲しがったが、ダンテは「続編なんて興味はない」と断って、次作『エクスプロラーズ』(八五年)に取りかかった。

子どもたちが自作の宇宙船で、エイリアンに遭遇する。ところがエイリアンは地球からの電波を受信して観たテレビとアニメに育てられた大バカだった……。このエイリアンはもう一人のグレムリンであり、ダンテ自身だ。しかし『エクスプロラーズ』はエイリアンと出会ったところで終わってしまう。

「その後、クライマックスになるはずだったんだ」とダンテは悔しがる。「でも、映画会社が焦《あせ》ってシナリオが完成する前に映画を作らせてしまったんだ」

『エクスプロラーズ』の大失敗の後、ダンテは再起を懸けてワーナーとスピルバーグの下で大作『インナースペース』（八七年）に取りかかった。物質縮小の実験でミクロに縮小された潜航艇が人体に注射され体内で大冒険を繰り広げる、『ミクロの決死圏』（六六年）の現代版で、ダンテはいつもの悪ふざけやパロディを抑え、正攻法の冒険ファンタジーに仕上げた。これは彼にとって勝負作で、批評も上々だったが、なぜかアメリカでは二千五百万ドルしか稼げず、赤字に終わってしまった。

一九八八年、スピルバーグは『ロジャー・ラビット』を製作した。現実とアニメの境目のない世界を舞台に、ディズニーと『ルーニー・テューンズ』のキャラクターが競演する、ダンテのために用意されたとしか思えない企画だった。ところがスピルバーグは、ダンテではなく、『バック・トゥ・ザ・フューチャー』を大ヒットさせたロバート・ゼメキスに『ロジャー・ラビット』の監督を任せてしまった。ダンテの『インナースペース』がコケてしまったからか？　アニメに何の思い入れもないゼメキスは、アニメ嫌いの探偵（ボブ・ホスキンス）がアニメへの呪詛《じゅそ》を撒き散らし続ける、暗く陰《いん》鬱《うつ》なフィルム・ノワールにしてしまった。せっかくミッキーマウスとバッグス・バニーが共演するのに両者は互いにほとんど絡《から》まず、彼らの得意のセリフやギャグを活《い》かしたシーンもあまりなかった。ダンテ映画の常連、チャック・ジョーンズのカメオ出演もなかった。ダンテは『ロジャー・ラビット』（八八年）について何も発言していないが、さぞかし悔しかったに違いない。

その翌八九年、ダンテはずっと断り続けていた『グレムリン』の続編を引き受けた。ワーナー・ブラザースはダンテ抜きで続編を作ろうとしていたが、どれもうまくいかず、ついにダンテに「どんな映画にしてもいいから」と頼み込んだのだ。

「やりたいようにやっていいって言われたから、そのとおりにしたんだよ」とダンテは笑う。「そしたら、大手スタジオが製作した映画史上最もムチャクチャな映画になっちまったのさ！」


**グレムリン・ゴーホーム！**


『グレムリン2／新・種・誕・生』（九〇年）は、ダンテが一作目でやろうとしたとおり、『ルーニー・テューンズ』から始まる。それも巨匠チャック・ジョーンズに監督してもらった新作だ。おなじみの狂騒的な『ルーニー・テューンズ』のテーマが流れ、WBのロゴに座ったバッグス・バニーが登場する。

「ストップ！　音楽やめ！」

ダフィー・ダックがカメラの前に飛び出して叫ぶ。

「What's up, doc?（どうしたんだい？）」

トレードマークの決まり文句を言うバッグスにダフィーは怒りをぶつける。

「お前はもう五十年間も主役の座を独り占めしてきたんだ。もう充分だ！」

ナンバーワン・スターのバッグスに嫉妬《しっと》するダフィーという話は、五一年にチャック・ジョーンズ自身が作った『標的は誰だ（Rabbit Fire）』がもとになっている。ダフィーはバッグスを引きずり下ろしてWBのロゴに座り、カメラに注文をつける。そしてチャック・ジョーンズらしいシュールなドタバタ（これは文章ではとても説明不可能）の末、やっと『Gremlins 2』のタイトルが出る。このアニメのシークェンスは最初もっと長かったがカットされた。

『グレムリン2』の脚本は新人のチャーリー・ハースに任された。彼は同じ年に『火星人ゴーホーム！』の脚色も担当している。『火星人ゴーホーム！』の原作はフレドリック・ブラウンが五五年に書いたドタバタSF小説。ある日突然、火星人を名乗る十億人の「緑色の小人」が地球に現れる。彼らの目的は侵略ではなく、地球人にイタズラし、おちょくり、イラつかせることだけ。ブラウンの頭には爆撃機のパイロットを悩ませる「緑色の小人」、グレムリンのイメージがあったに違いない。

ハースとダンテは続編の舞台をニューヨークにそびえたつハイテク・ビルに決めた。これは当時亜流が山ほど作られていた『ダイ・ハード』（八八年）に対するあてつけ。ビルをハイジャックするのはテロリストではなくてグレムリンだ。

そのビル、クランプ・タワーの持ち主は、ケーブルテレビ会社CCN（クランプ・ケーブル・ネットワーク）をはじめ、不動産、バイオテクノロジー、それに軍需産業までを含むコングロマリットの総帥《そうすい》ダニエル・クランプ。クランプ・グループのマークは、頭文字のCが地球をひねり潰《つぶ》しているデザインだ。

クランプは、当時マンハッタンの土地を次々と買い占め、トランプ・タワーを建てた不動産王ドナルド・トランプと、ニュース専門局CNNで成功してケーブルテレビ帝国を築いていたテッド・ターナーを足して二で割ったような男。ターナーは八六年にMGMを買収したが、そのとき一緒にワーナーの初期のアニメの権利がついてきた。ダンテの愛する『ルーニー・テューンズ』は、ターナーのものになっていた。

前作の主人公ビリーはケイトと結婚して、二人ともクランプ・タワーで働いている。

**リンカーンなんか大嫌い！**

『グレムリン2』にストーリーはない。前半で早くもクランプのバイオ部門がギズモを実験してグレムリンを増殖させてしまうと、後は最後まで延々とドタバタが続くだけ。ダンテは思いつく限りのギャグをぶち込んだので、最初のシナリオは膨大な長さになったという。

料理番組の収録スタジオをグレムリンが襲って電子レンジに金属の鍋《なべ》を入れて爆発させる。もちろん前作でビリーの母親にやられた仕返しだ。

「続編という安易な商売が嫌いだったから、徹底的に前作のパロディにしたんだ」と言うダンテは、クリス・コロンバスの考えたグレムリンの設定にもセリフで突っ込みを入れる。「真夜中過ぎにエサをやるな、だって？　いつの真夜中だ？　東部標準時か？」

『映画警察』という番組のスタジオで、映画批評家のレナード・マルティンが前作『グレムリン』のビデオに点数をつけている。

「醜い卑《いや》しい化け物が善良な市民を襲うなんて話のどこが面白いんだ？　こんなもん観《み》るより歯根の手術でもされたほうがまだマシだ」。そのマルティンにグレムリンが襲いかかる。

「やめろ！　悪かった！　満点にする！　満点だ！」

実はマルティンは五年前、『グレムリン』を本当にボロカスに酷評したので、ダンテが復讐《ふくしゅう》するために出演させたのだ。

極めつきはこれ。フッターマンが「あきらめずにグレムリンと戦うんだ！　ジョージ・ワシントンがあきらめたか？　リンカーン大統領があきらめたか？」とビリーに発破をかけると、「リンカーンのことは言わないで！」と、ケイトが遮る。

「嫌なことを思い出すから。あれはリンカーンの誕生日だったわ。私は六歳か七歳で、学校から帰って一人で近所の公園で遊んでいたの……」

いつの間にか照明と演出が一作目でケイトがサンタに関するトラウマを明かすシーンそっくりになっている。

「そしたら、リンカーン大統領そっくりのおじさんが近づいてきたの。長いレインコートを着ていたわ。彼は『お嬢さん、ごきげんよう』と言って……」

つまり、そのリンカーンは露出狂だったのだ。もうムチャクチャである。

**That's All Folks！**

突然フィルムが焼き切れる。

スクリーンは真っ白になり、音声が途絶える。しばらくするとスクリーンにグレムリンのシルエットが映る。奴らは映画を飛び出して、映写室でイタズラを始めたのだ！

「ウィリアム・キャッスル的なイタズラをしてみたんだ」とダンテは言う。ウィリアム・キャッスルは、映画館の客席に振動する機械を仕掛けて観客を驚かせたりした映画監督で製作者。「本当はフィルムが切れた瞬間、観客が映写室のほうを振り向くと、映写室の窓にグレムリンのシルエットが映るという仕掛けをしてみたかったんだけどね」

この手のギャグは『ルーニー・テューンズ』のアニメ作家テックス・エイヴァリーの得意技で、映写技師のシルエットをキャラと絡めるだけでなく、映写機に紛れ込んだ毛ボコリまでアニメに描いて観客にイタズラした。

『グレムリン2』はフィルムが切れて大騒ぎの映画館の映像になる。客席にはなぜかプロレスラーのハルク・ホーガンがいて、「さっさと映画を元に戻せ！」と怒鳴りつけると、元のドラマに戻る。『グレムリン2』がアメリカでテレビ放送されたとき、ダンテはテレビ用にこのギャグをわざわざ撮り直した。電波が乱れ、「しばらくお待ちください」のサインが出る。すると他のチャンネルの電波が混ざってしまう（『墜落する野ウサギ』も一瞬映る）。そして西部劇のジョン・ウェインとグレムリンの銃撃戦が始まる！

果てしなく続く『グレムリン2』のドタバタにも、いちおう投げやりな収拾がつく。ラストシーンはなぜかビリーの上司と女グレムリンの結婚式。あまりにデタラメだ。

エンドクレジットが出てもダンテのイタズラは終わらない。スタッフ名が延々と続いていると、突然ダフィー・ダックが現れて「長いねー」とグチる。まだ席を立たないオタク観客に「まだ観てるの？　あんた帰るところないの？」と嫌味を言う。そして最後の最後にまた『ルーニー・テューンズ』のテーマが流れ、「That's All, Folks !」の決めゼリフで幕を閉じる。つまり『グレムリン2』は、実写で撮られたダンテ版『ルーニー・テューンズ』だったのだ。

## ダンテ、バック・イン・アクション？

ダンテがやりたいようにやった『グレムリン2』は、製作費五千万ドルに対してアメリカ国内の興収四千万ドルという無残な結果に終わった。批評も最悪だった。ロジャー・エバートは「グレムリンは山ほど出てくるがストーリーはどこにもない」と断罪した。誉めた評論家は皮肉にもレナード・マルティンぐらいだった。

その後、ダンテはハリウッドで映画が作れなくなった。インデペンデントで作った『マチネー』（九三年）はまったく利益が出なかった。スピルバーグが立ち上げた映画会社ドリームワークスで九八年に『スモール・ソルジャーズ』を作るが、GIジョー人形が人間に戦争を仕掛ける物語で、『グレムリン』をさらにバイオレントにした内容のため、またしても「子ども向きではない」とMPAAやマスコミに非難された。子ども向け映画で大人向けの過激なギャグをやりすぎると、ターゲットである「親子連れ」は観に来ない。ダンテは『グレムリン2』の興行的失敗をここでも繰り返した。

二〇〇三年、ダンテはついにワーナーで『ルーニー・テューンズ／バック・イン・アクション』を監督した。これは九六年からダンテがワーナーに作らせろとゴネ続けてきた執念の企画だった。七年前、ワーナーはNBAのマイケル・ジョーダンが『ルーニー・テューンズ』のキャラクターと共演する映画『SPACE JAM／スペース・ジャム』を作ったが、これを観たダンテは怒り狂った。バッグス・バニーもダフィー・ダックもいい子ちゃんで、ミッキーマウスと何も変わらない！『ルーニー・テューンズ』の過激でナンセンスな笑いなどどこにもない！『ルーニー・テューンズ』のことを知らない奴が作ったとしか思えない！

二〇〇二年、ダンテの神だったチャック・ジョーンズが亡《な》くなった。弔い合戦とばかりにダンテは『バック・イン・アクション（撮影再開）』という象徴的なタイトルの新作に、『ルーニー・テューンズ』への愛を込めまくった。込めすぎた。映画は画面の隅々まで、一度観ただけでは把握し切れないほどの量の細かいギャグとパロディで埋め尽くされた。そのどれもが『ルーニー・テューンズ』や五〇年代のSF／ホラー映画のマニアでないとわからないネタばかりだった。つまり、普通の家族連れにはわからなかった。そして、製作費八千万ドルに対して全米の興収わずか二千万ドルというダンテにとっても最悪の結果に終わった。

ダンテはバッグス・バニーやグレムリンのように、無邪気に映画と遊んでいるうちに、いつの間にか映画という形式そのものを解体してしまう。「これは映画ですよ、バカバカしいでしょ」と観客に言ってしまう。作り物の感動で観客を泣かせるウソつきにはなれない。それはミッキーマウスよりもバッグス・バニーを愛してしまったダンテの悲劇だ。たとえば同じウォータイム・カートゥーンでも、ディズニーのそれは観客に敵への憎しみを植えつけ、戦意を鼓舞するように作られているが、バッグス・バニー系のそれは、敵も味方も容赦なく笑いのめしてしまうので戦争そのものがバカバカしく見えてくる。だから子どもにディズニー・アニメを見せたがるアメリカの大人たちも、『ルーニー・テューンズ』は「バカバカしい」と言ってあまり見せたがらない。

ダンテはヨーロッパでは高く評価されている。ヨーロッパの映画ファンは映画というメディア、その枠組みに自覚的だ。ダンテが『ルーニー・テューンズ』から学んだ、映画そのものと遊ぶ行為を、ヨーロッパの批評家はヌーヴェル・ヴァーグがやった映画の脱構築と同じものとして評価している。

また、ダンテの手法は九〇年代以降のアメリカの映画作家たちに先駆けていた。なかでもティム・バートンは、アニメのディフォルメ表現をそのまま実写で再現する手法や、五〇年代ホラー映画への愛など、ダンテと共通点が多い。『マーズ・アタック！』（九六年）は『グレムリン』なしにはありえなかっただろう。自分の映画体験を徹底的にモザイクしたり、マンガ的な残酷描写を実写で再現するダンテの性癖は、クエンティン・タランティーノが『キル・ビルVol.1』（二〇〇三年）で引き継いでいる。

「あなたは意識してハリウッドに逆らっているんですか？」

アメリカのユーモア新聞『ジ・オニオン』紙のインタビューでそう訊《き》かれたダンテは「もちろん！　つねに自分を曲げないように努力してる」と答えた。

「というか、こういう風にしか映画を作れないんだよ」

# 第3章
# ジェームズ・キャメロン
# 『ターミネーター』
## 猛《たけ》き聖母に捧《ささ》ぐ

——あなたの映画はいつも強く、戦うヒロインの物語ですが、それはなぜでしょうか？
ジェームズ・キャメロン「答えにくい質問だ。というのも、なぜだか自分にもわからないんだよ。僕自身、一緒にいると落ち着くのは、完全に自立していて、芯《しん》の強い女性なんだ」

——『US』誌（一九九一年八月号）

宇宙に飛び出したロケットが地球に帰還すると、そこには荒野だけが広がっていた。ガマガエルのように醜い男が現れ、パイロットに、「今は二一四二年だ」と教える。ロケットは時空の「穴」を通り抜けて、人類絶滅後の未来にタイムスリップしてしまったのだ。

『猿の惑星』（六八年）を思わせる設定だが、これは一九六三年に放送されたアメリカのテレビシリーズ『アウターリミッツ』の「生まれて来なかった男」というエピソードだ。

地球上の人類は疫病《えきびょう》で死滅した。醜い男、アンドロは地下シェルターに隠れ生き延びたが、ミュータントに変形していた。疫病の原因はバートラム・キャボットJr.という名前の生物学者が開発した細菌だった。パイロットとアンドロはキャボットJr.が細菌研究を始める前に殺そうと決意して、ロケットでまた時空の穴に飛び込む。しかし、時空に生じた歪《ゆが》みのためかパイロットは消滅してしまう。一九六〇年代のアメリカに一人取り残されたアンドロは、森の池でカエルを愛《め》でる優しい少女を見て彼女に一目惚《ぼ》れした。アンドロは自分の醜い姿を催眠術で英国紳士（マーティン・ランドー）に見せかけ、その少女ノエルと仲良くなる。しかしノエルはすでにこの週末に結婚する予定だった。バートラム・キャボットという男と。ノエルは将来、地球を滅ぼす科学者を産む運命だったのだ。アンドロは愛する女性か、その夫か、彼らの子どもを殺す決断を迫られる……。

　ところがノエルもいつしかアンドロを愛してしまっていた。アンドロの醜い正体を知ってもノエルはひるまず、二人はロケットに乗り込んで未来へ駆け落ちする。歴史が変わったから、アンドロもミュータントではなくなるかもしれない。つまりこの話は、醜いカエルにキスすると王子様になるというお伽噺《とぎばなし》の変形なのだ。

　時間テーマSFの古典的アイデア「親殺しのパラドックス」をロマンティックなラブストーリーに結びつけた「生まれて来なかった男」。石ノ森章太郎の『サイボーグ

009』の原作には、これに影響されたらしきエピソードがある。核戦争の放射能でミュータントと化した未来人がタイムマシンで過去への移民を試みる。未来を破滅させた過去を侵略するのだ。それを阻止せんと立ちはだかるサイボーグ戦士。しかし、未来人は突然戦いをやめ、新天地を求めて去っていく。なぜか？ 彼らはサイボーグ009こと島村ジョーと、003ことフランソワーズ・アルヌールの間に生まれた子孫だったからだ。

さて、この『アウターリミッツ』を、カナダの田舎町に住む当時九歳のジェームズ・キャメロンもきっと観《み》ていたに違いない。そして二十年間熟成させたのだ。『ターミネーター』（八四年）になるまで。

## ナイアガラから来た少年

一九五四年、カプスカシンという小さな町にジェームズ・キャメロン、愛称ジムは生まれた。父は電気工。決して豊かではないブルーカラーの家庭で、ジムは五人兄弟の長男だった。

ジムは父に似て機械いじりが大好きで、マヨネーズの瓶で潜水艦を作ったりして遊んだ。十四歳で『2001年宇宙の旅』(六八年)を観て、そのストーリーではなく特殊撮影に衝撃を受け、8ミリで映画を撮り始めた。「僕もあんな映像を作りたいと思ったけど、ナイアガラ出身の映画監督なんて誰もいなかった(実際はキャメロンの家はナイアガラから遠かったが、ふざけて言っている)」

ところが高校の頃、父がセールスマンに転職し、ハリウッドに近いオレンジ郡に引っ越すことになった。

「ジムは、とにかくオタクだったよ」

高校に転校してきたキャメロンと友人になり、後に『ターミネーター』のシナリオにも協力したビル・ウィッシャーは言う。「ド派手なTシャツにコール天のズボンをはいて、髪とヒゲは伸び放題。いつもテンションが高くて、何か絵を描いていたな」

そんなキャメロンも恋をした。高校のクラスメイトのシャロンだ。長い髪に大きな目をした清純そのものの少女だったという。ジムが大学に進学するとすぐに二人は同《どう》棲《せい》を始めた。

**同棲時代**

キャメロンの家は憧《あこが》れの映画学校に行けるほど裕福ではなかった。彼は手に職をつけるため、カレッジでエンジニアリングを専攻した。ジムを学業に専念させるため、シャロンは「ビッグボーイ」というハンバーガー・ダイナーでウェイトレスをして働いた。

「ジムはよく私をモデルにデッサンの練習をしてたの」

シャロンは後に週刊誌の取材で同棲時代を回想して言った。

「ヌードになることも多かったわ」

貧しいながらも幸せだった、小さなアパートでの思い出が『タイタニック』（九七年）のジャック（レオナルド・ディカプリオ）がローズ（ケイト・ウィンスレット）のヌードを描く場面のもとになったのは言うまでもない。あのケイトのヌード・デッサンはキャメロン自身が描いたのだ。

だが、ジムは二年目にはもう落ちこぼれていた。

「科学の勉強は面白かった。でも、数学にどうしても興味が持てなかったんだ」

結局、大学は中退した。生活のためにスクールバスの整備をする会社に勤めた。このまま自分はブルーカラーとして埋もれていくのか……。

「あいつはいつも何か、書き物をしてたな」

整備工場の同僚は後に取材されてそう答えている。キャメロンが仕事の合間に書いていたのは、『ターミネーター』の原型となるストーリーだったという。ついに彼はシャロンに言った。

「俺、整備工は辞める。やっぱり映画監督になりたいんだ」

シャロンはにっこり笑って答えた。

「あなたはあなたの夢に懸けて。私が働いて面倒見てあげるから」

彼女は昼間のレストランの他に、夜も勤めに出て生活を支えた。キャメロンの夢が自分から彼を奪い去ることも知らずに。

**映画学校はいらない**

キャメロンはジョージ・ルーカスも通っていた名門私立大学ＵＳＣ（南カリフォルニア大学）の図書館に通って、映画に関する本を読み漁《あさ》った。本を買う金もなかったからだ。自動車も持っていなかったので、毎日バスで二時間もかけて往復した。

「技術のことしか読まなかった。ハンフリー・ボガートが誰かも知らなかった」

ひととおり本を読んだキャメロンは実践に移った。しかし、貯金もクレジット・カードもない。そこで彼は『ゼノジェネシス』と題したＳＦ映画の企画書を書き、地元の歯医者から出資を集めた。「ちょうど『スター・ウォーズ』（七七年）が大ヒットしてたから、誰もがSF映画で一儲《もう》けしたがっていたのさ」

とはいえ、手に入れた予算はわずか二万ドルだった。この額では自分の考えるSF映画を作るのは無理だ。そう考えたキャメロンは十二分のパイロット・フィルムを撮ることにした。撮影初日は、どうやってカメラにフィルムを入れるのか試行錯誤しただけで終わった。

「カメラ・レンタル会社に問い合わせすると、こっちが使い方を知らないのがバレるから自分で考えるしかなかったよ」

このフィルムは結局一本の映画として完成せず、出資者はまったく利益を得なかったが、キャメロンは本物の機材で練習ができて満足だった。内容は男女が殺人ロボットから逃げるというもので、これも『ターミネーター』の原型である。

七八年、キャメロンはシャロンと正式に結婚した。「仕事」が必要だ。キャメロンはニューワールド・ピクチャーズを訪ねた。コッポラ、スコセッシ、ジョー・ダンテなど若い映画作家たちを育ててきたロジャー・コーマンの経営する独立プロだ。キャメロンはコーマンに「僕は特撮のエキスパートです」とハッタリをかまし、『スター・ウォーズ』ブームをあてこんだSF映画『宇宙の7人』（八〇年）のスタッフに雇われた。

そこで彼は、二番目の妻となるゲイル・アン・ハードに会ってしまった。

## ミミズからトビウオへ

ゲイル・アン・ハードは大学を出た後、コーマン門下に入り、『モンスター・パニック』（八〇年）の現場でアシスタント・プロデューサーをさせられていた。

「半魚人が裸の女性を襲ういやらしいシーンの撮影だったんで見てられなくて、セットから逃げ出したら、せっせとミニチュアを作ってる男の子を見たの。ジムだったわ」

しかしキャメロンはただのミニチュア職人ではなかった。メカを自分でデザインし、イメージボードを描き、マットペインティングまで描き、フロントプロジェクションで撮影し、編集する。すべてを一人でコントロールできた。

キャメロンとゲイル・アン・ハードは「いつか他人の映画の下働きじゃなくて、自分たちの映画を作るんだ」と夢を語り合い、そのうちにどんどん親密になっていった。キャメロンはコーマンのスタジオのあるヴェニス・ビーチにアパートを借り、そこに寝泊りすることが多くなった。

『宇宙の7人』の次に、キャメロンは『ギャラクシー・オブ・テラー／恐怖の惑星』（八一年）の特撮を任された。切られた腕に蛆《うじ》がたかるシーンの撮影は今や伝説になっている。キャメロンは蛆では小さすぎるので代わりにミミズを使ったが、思ったように蠢《うごめ》かなかった。そこでミミズに電気を流した。「スタート!」でカメラが回るとミミズがのたうって、「カット!」の声で止まった。

「あれを見て、みんな驚いて、『ミミズに芝居させることができるんだから、俳優の演出もできるだろう』ということで監督を任されたんだ」

夢にまで見た監督第一作は『殺人魚フライングキラー』(八一年)。ジョー・ダンテ監督のヒット作『ピラニア』(七八年)の続編で、今度は翼の生えた魚が空を飛んで美女を襲うのだ。

「プリプロダクションはすでに終わっていて、僕は現場に行って演出するだけだった。でも、脚本もクリーチャーも何もかも最低だった」

プロデューサーは『エクソシスト』(七三年)の亜流『デアボリカ』(七三年)、『アマゾネス』(七三年)に空手ブームをくっつけた『空手アマゾネス』(七四年)、『JAWS/ジョーズ』(七五年)の亜流『テンタクルズ』(七七年)など、一番煎《せん》じ映画で悪名高いイタリアのオヴィディオ・G・アソニティス。彼はキャメロンが撮影したフィルムを自分の住むローマで勝手に編集して関係のない裸の女性の映像などを挟み込もうとした。キャメロンはたった一人でローマに行って現地のスタッフたちと闘ったが、結局押し切られてしまった。だから彼は『殺人魚フライングキラー』を今も自分の作品だとは思っていない。

「ローマで僕は人生最大の疎外感《そがい》を味わった。イタリア語はわからないし、金はないし、おまけに食あたりまで起こした」

そして悪夢を見た。炎の中から金属の骸骨《がいこつ》のようなロボットが立ち上がる映像だったという。そのイメージからキャメロンは物語を膨らませていった。『ターミネーター』へと。

## 未来からの刺客《しかく》

「他人の脚本ではダメだ」

キャメロンはついに『ターミネーター』のシナリオを書き始めた。士気を高めるため、ホルストの組曲『惑星』から勇壮な「戦いの神・火星」をエンドレスで聴きながら机に向かった。

『ターミネーター』の設定は、レーガン政権の対ソ強硬策で核戦争の危機が高まっていた一九八二年当時の状況を反映している。核戦争からアメリカを防衛するため、NORAD（北米防空司令部）はサイバーダイン・システム社が開発したコンピュータによる全自動防空ネットワーク「スカイネット」を採用する。これはレーガンが提唱したスター・ウォーズ計画（人工衛星からのビーム砲でICBMを迎撃する）によく似ている。ところが「スカイネット」は自ら核戦争を起こしてしまう。人間社会が崩壊した後、スカイネットに率いられた機械たちが地球を支配し、人類を奴隷《どれい》にした。

『猿の惑星』の「猿」を「機械」に置き換えた話のようだが、『地球爆破作戦』（七〇年）という映画にもよく似ている（原作D・F・ジョーンズ）。アメリカ政府はNORADのあるロッキー山脈の地下に、防空システムを統括する巨大コンピュータ「コロッサス」を設置する。ところがソ連も同様のコンピュータ「ガーディアン」を開発。二つのコンピュータは戦争を防ぐための話し合いをしたいと人間に要求する。言われたとおり回線を繋《つな》ぐと、二つのコンピュータは結託して核ミサイルで人類を脅迫した。核で滅びるか、このままコンピュータに服従して世界平和を実現するか……。

『ターミネーター』の世界では、奴隷になった人類が機械に反乱を起こす。レジスタンスのリーダーの名はジョン・コナー。コナーは地下に潜り、ゲリラ戦で敵を翻弄《ほんろう》する。機械軍はコナーに関する情報を集めたが、母親の名前がサラだという程度しかわからなかった。コナーは織田信長に抵抗した雑賀衆《さいかしゅう》の謎《なぞ》の頭目、孫市のようなものだ。

そこで機械軍はゲリラ側に潜入できる人間そっくりのロボットを開発した。それがターミネーター（人類を終結させる者）だ。ターミネーターの体は人間と同じ皮膚で覆《おお》われ、外見では人間と見分けがつかない。ただ、犬だけは人間と機械を嗅《か》ぎ分けることができた。

しかし、ターミネーターでも機械軍はコナーに近づけなかった。そこでタイムマシンでターミネーターを過去に送った。コナーが生まれる前に母親を始末するのだ。これを知ったコナーも決死隊を過去に送った。自分の母を守るために。

キャメロンの最初のアイデアでは決死隊は二人で、「生まれて来なかった男」同様、タイムワープ時の事故で一人が死亡する。このような決死隊は実際の戦史にヒントを得たのだろう。たとえばドイツに占領された母国チェコに敵中降下し、「死刑執行人」と呼ばれたナチスの残虐《ざんぎゃく》なハイドリッヒ長官を暗殺し、玉砕したヤン・クビシュたちの戦いは『暁の7人』（七五年）として映画化されている。

**一ドルの権利、千二百ドルの慰謝料**

シナリオを書くキャメロンの相談相手となり、励まし続けたのはゲイル・アン・ハードだった。キャメロンは書き上げた『ターミネーター』の権利をたった一ドルで彼女に譲った。このシナリオを決してキャメロン以外の誰にも監督させないという約束と引き換えに。それはまた、彼女への愛の証《あかし》でもあった。

『ターミネーター』のシナリオはたちまちハリウッド中の噂《うわさ》になった。数々の映画会社がキャメロンを訪れてシナリオを買おうとした。一文無しのキャメロンは喉《のど》から手が出るほど金が欲しかったが、断った。どこも『殺人魚フライングキラー』なる駄作以外に実績のないキャメロンに監督をさせたがらなかったからだ。

唯一《ゆいいつ》、イギリス出身の若いプロデューサー、ジョン・デイリーが立ち上げたヘムデイル社だけが、キャメロン監督、ゲイル・アン・ハード製作という条件を呑《の》んだ。さらにオライオン映画も出資することになった。オライオンはユナイテッド・アーチストのエグゼクティヴを辞めたマイク・メダヴォイとアーサー・クリムが七八年に立ち上げた新興スタジオ（ユナイテッドは八〇年に『天国の門』で崩壊する）で、アン・ハードとコーマン学校で同期だったプロデューサーが働いていた。予算は六百四十万ドルと低予算だったが、キャメロンは自分の映画が撮れることになった。

『ターミネーター』の評判のおかげで、キャメロンのもとにはシナリオの依頼が殺到した。なかでも高額の脚本料を提示したのは『ランボー』（八二年）、そして『エイリアン』（七九年）という二大ヒット作の続編だった。金のためにキャメロンはこの二つを引き受けた。昼間は『ターミネーター』の製作準備、夜は『ランボー2』と『エイリアン2』を同時に書いて、キャメロンは一睡もしないで働いた。

『ターミネーター』の撮影に入る八四年、キャメロンは、ずっと彼を待ち続けていたシャロンと正式に離婚した。キャメロンは「すべて僕が悪いから、どんな償いもする」と言ったが、シャロンは断り、形式的にたった千二百ドルだけ受け取った。

「まだ、ジムを愛しているから」

## I'll be back！

『ランボー／怒りの脱出』（八五年）と『エイリアン2』（八六年）は非常によく似ている。『～怒りの脱出』は、前作で警官隊や州兵とたった一人で戦って生き延びたランボー（シルヴェスター・スタローン）が、ヴェトナムに今も残されている米軍捕虜を救出する作戦に無理やり参加させられる。『エイリアン2』は、前作でエイリアンとの死闘の末、たった一人で生き延びたリプリー（シガーニー・ウィーヴァー）が、エイリアンに襲われた植民惑星に残された人々を救出する作戦に無理やり参加させられる。ランボーは協力者のヴェトナム人女性を愛し、彼女が殺されたことで戦いの目的を得る。リプリーは生存者の少女を発見し、彼女を守るためにエイリアンと徹底的に戦う。また、主人公に任務を与えた軍が、最初から主人公を利用しようとしていたという展開も同じだ。

こんなに似ているのはたんに同時期に書かれたからだけではないだろう。主人公が「大切な人を救うために命を捨てて死地に戻っていく」という物語の根幹は、『ターミネーター』にも共通するし、『アビス』（八九年）や『タイタニック』のクライマックスにもなっている。キャメロンは、このプロットにとりつかれているようだ。『ターミネーター2』では「I'll be back！（戻ってくるぜ！）」がシュワルツェネッガーの決めゼリフになった。

『エイリアン2』は後に自分で監督することになるが、キャメロンは『～怒りの脱出』の監督の依頼は断った。主演のスタローンと会ったとき、『ロッキー』（七六年）のシナリオも自分で書いたスタローンが自分にリライトさせろと言って、脚本を持っていってしまったからだ。原型を残さないほど書き換えられて極端に右翼的な内容になった『～怒りの脱出』を、キャメロンは自分の作品ではないと言っている。

筋肉スターのエゴに懲《こ》りたのか、マイク・メダヴォイから『ターミネーター』の主役にアーノルド・シュワルツェネッガーを薦められたキャメロンは、絶対に嫌だと断った。

## おしゃべりなターミネーター

ターミネーターはもともと人間の中に紛れ込ませる刺客として作られたので、あまり目立たない容貌《ようぼう》の俳優、たとえば『U・ボート』（八一年）のユルゲン・プロホノフ、または『殺人魚フライングキラー』に出演して友人になったランス・ヘンリクセンが想定されていた。キャメロンはヘンリクセンをモデルに自分でイメージボードまで描いていた。しかしメダヴォイは「もっと知名度のある俳優」が必要だと主張して、元フットボール選手のO・J・シンプソン（!）を推薦した。そして、ターミネーターと戦う戦士カイル役にシュワルツェネッガーを推したのだ。

アーノルド・シュワルツェネッガーはオーストリアのアルプス山中の小さな村に生まれ、ボディビルのヨーロッパ・チャンピオンになると、二十二歳で渡米、俳優を目指したが、きついオーストリア訛《なま》りが直らず、芽が出なかった。三十五歳にしてやっと『コナン・ザ・グレート』（八二年）でハリウッド大作の主役の座をつかんだが、腰布一枚で剣を振り回すだけのコナンでは俳優として認められなかった。シュワルツェネッガーにしてみれば、ここできちんとセリフもある『ターミネーター』のカイル役がどうしても欲しかった。

キャメロンとシュワルツェネッガーは一緒にランチをとった。「一発殴られる覚悟で断るつもりだったんだ」。キャメロンは言う。「でも、貧乏だったからシュワルツェネッガーに奢《おご》ってもらった。情けなかったよ」

シュワルツェネッガーは愛想よく『ターミネーター』のシナリオを絶賛した。彼がおしゃべりなことはまだ知られていなかったので、キャメロンは驚いた。シュワルツェネッガーがふかす葉巻の煙で気分が悪くなったキャメロンは「頼むから黙ってくれないかなあ」と思いながら、いつもの癖で手元の紙に思わず相手の似顔絵を描き始めた。描きながら、ふと気づいた。……イイ顔をしてる……。

シュワルツェネッガーのしゃべりを遮ってキャメロンは言った。

「君がやるべきはターミネーターだ」

シュワルツェネッガーの目は点になった。

家に帰ったキャメロンはさっきのスケッチに彩色した。手に拳銃《けんじゅう》を持ち、顔の半分の皮膚が剝《は》がれ、内部の機械が露出した絵を。それを送られたシュワルツェネッガーはすぐにターミネーター役を引き受けた。

**ガレージ宅録のテーマ曲**

「2029年　ロサンジェルス」

『ターミネーター』はそんな字幕で始まる。闇《やみ》の中から廃墟《はいきょ》が浮かび上がる。地上に広がっているのは瓦礫《がれき》だけじゃない。人間のしゃれこうべだ。それをキャタピラで踏み潰《つぶ》しながら戦車が進む。上空には「ハンターキラー」と呼ばれる戦闘ヘリがレーザービームで逃げ回る人間たちを狩り立てている。このオープニングはキャメロンの脚本にはない。「SFっぽく始めよう」という商業的要請から編集段階で冒頭に持ってきたのだろう。

キャメロンは『ターミネーター』のイメージボードを全部一人で描き、メカも自分でデザインした。しかし、六百四十万ドルという低予算なのでスタッフに一流どころは雇えなかった。たとえば未来世界の特撮を担当した「ファンタジーⅡ」は、『最後の海底巨獣』(六〇年)、『ジャックと悪魔の国』(六二年)など六〇年代の低予算怪獣映画でストップモーションをクリエイトしてきたジーン・ウォーレンの「家内制」プロダクションだ。彼らの撮影した未来戦争のシーンは正直言ってスケール感に乏しく、ミニチュアなのが一目瞭然《いちもくりようぜん》。飛び交うレーザービームもパープルで、八〇年代のディスコのネオンのようにチープだ。また、クライマックスでターミネーターがエンド・スケルトン(内骨格)になって歩く姿もギクシャクして、いかにもストップモーションらしい。

キャメロンはターミネーターのロボット製作を、特殊メイクの巨匠ディック・スミスに依頼した。しかし、スミスから「この仕事には私より適任者がいる」とスタン・ウィンストンを紹介された。ウィンストンは『エクスタミネーター』（八〇年）の蛮刀で切られた生首の目や口が動くエフェクトくらいしか知られていなかったが、『ターミネーター』で一躍モンスター・メイカーの第一人者になった。

あまりに有名な『ターミネーター』のテーマ曲を書いたブラッド・フィーデルもテレビ出身で、劇場用映画はほとんど経験がなかった。フィーデルは『ターミネーター』の音楽を自宅のガレージのシンセ一台で作った。ダダンダンダダン！というリズムはフィーデルいわく「殺人ロボットの金属の心臓の鼓動」とのこと（フィーデルは『ターミネーター』シリーズ以外に映画音楽で特筆すべき作品がない〝一発屋〟となった）。

オープニングの後に字幕が出る。

「核の炎の焦土から機械たちが蜂起《ほうき》した。人類殲滅《せんめつ》戦はもう何十年も続いてきた。しかし、最後の決戦の舞台は現代のロサンジェルスで行われようとしている。今夜」

**カマキリからフランケンシュタインへ**

「1984年午前1時54分　ロサンジェルス」

丘の上の天文台のゴミ捨て場に稲妻が光り、雷鳴が轟《とどろ》き、つむじ風が紙くずを舞い上げる。その中心には全裸の筋骨隆々とした男（シュワルツェネッガー）がうずくまっている。二〇二九年から送られてきたターミネーターだ。

ターミネーターはゆっくりと立ち上がると、展望台にたむろしている三人のパンクス（一人はビル・パクストン）の腹を殴った。拳《こぶし》を抜くと血にまみれている。腹を突き破ったのだ。パンクの服を奪ったターミネーターはジョン・コナーの母サラを殺しに行く。

電話帳に「サラ・コナー」という名前は三つ載っていた。ターミネーターは一人ずつ訪ねてドアを叩《たた》く。

「サラ・コナーさんですね」

女性がうなずくとドアを押し破り、レーザー照準器付コルト・ガバメント・カスタム「ハードボウラー」の45口径弾を何発も撃ち込む。三人のサラのどれがジョン・コナーの母かわからないが、全員殺せばいい。

共同脚本のビル・ウィッシャーによると、キャメロンが当初考えていたターミネーターのイメージは、音もなく素早く動いて獲物《えもの》に近づく「カマキリのような暗殺者」だったそうだが、シュワルツェネッガーは正反対で、フランケンシュタインの怪物のように大きく、鈍重だ。典型的ロボットの身振りで、何かを見るとまず眼球が追い、次に首、次に体がついていく。動きが遅いから敵の弾は避けられない。というか避けない。何発食らっても平気で表情すら変えない。これは「大根」と言われていたシュワルツェネッガーには最高のハマリ役だった。セリフが全部で十六しかないのも、訛りのある彼には幸運だった。シュワルツェネッガーが生み出したターミネーターの動きは、後の『ロボコップ』（八七年）に引き継がれた。

ちなみに、ターミネーターは劇中で「サイボーグ」と呼ばれている。外側が血と肉で覆われているからだというが、これは間違い。サイボーグとは体の組織を人工物に交換した「人間」のことなので、ターミネーターは「ロボット」もしくは「アンドロイド」と呼ばれるべきだ。逆にロボコップは機械の外骨格をつけた人間だから、本来は「サイボーグ」と呼ぶべきだろう。

## 二一世紀から来た兵士

いっぽう、ロスのダウンタウンにも裸の男が現れた。ターミネーターと比べるとずっとひ弱に見える彼は、ジョン・コナーが母をターミネーターから守るために送り込んだレジスタンスの兵士カイル・リースだ。裸なのは「生体しかタイムトラベルできないから」だと後で説明される。また、カイルが「(タイムワープは)もう一度生まれるみたいな感じだ」と言うように、産み落とされた赤ん坊のイメージでもある。

カイル役のマイケル・ビーンは『ターミネーター』のオーディションを受けた頃、テネシー・ウイリアムズの『熱いトタン屋根の猫』の舞台で、ゲイである自分を偽って女性と結婚した男を演じていた。マイケル・ビーンを選んだ理由をゲイル・アン・ハードは「カイル役には〝弱さ〟が必要だったからよ」と説明している。

カイルは文字どおり裸一貫で異世界に放り出され、警察に追われる哀れな男だ。キャメロンによると、カイルはローマで孤立無援だった彼自身だという。「誰も僕の言うことを聞こうとせず、一人も味方はいなかった」

カイルが生まれる前から人類と機械の戦争は続いていた。彼は戦い以外に何も知らない。彼のキャラクターは、やはり『アウターリミッツ』のエピソード「38世紀から来た兵士」に似ている。遠い未来、地球では全面戦争が長い間続いていた。そこで戦う二人の兵士のレーザービームが交差したときの核爆発で、彼らは時空の彼方《かなた》に飛ばされてしまう。兵士クアーロは二〇世紀に出現して警察に逮捕されるが、彼を哀れに思った言語学者に引き取られる(余談だが、このエピソードはおそらくトリュフォーの『野性の少年』〔六九年〕のもとになった狼《おおかみ》に育てられた少年の実話がヒントになっている)。生まれたときから戦いしか知らなかったクアーロは言語学者の家族と触れ合って、初めて人を愛する心を知る……。

しかしカイルはもう恋心を知っている。回想の中で、二〇二九年のカイルはジョン・コナーからもらった母サラ・コナーの写真を愛《いと》しげに見つめる。母を知らない彼にとってサラは自分の母でもあり、初恋の相手でもある。

核戦争後の主人公が初恋の人に会うために核戦争前にタイムトラベルする、という物語は、クリス・マルケル監督『ラ・ジュテ』(六二年)からもヒントを得ている。

**貧乏ウェイトレス**

サラ・コナー(リンダ・ハミルトン)はライオンのような垢《あか》抜けない髪形にピンクのエプロンドレスの制服で、ファミレスのウェイトレスとして登場する。注文を間違えたと客に怒鳴られたり、悪ガキの客にイタズラされたり、仕事はつらいことばかり。楽しいはずの週末も、恋人からデートをすっぽかされたうえに、ルームメイトが彼氏を呼んでセックスするので、サラはアパートから追い出される。

サラ役のオーディションでは最終候補にロザンナ・アークエットやジェニファー・ジェイソン・リーも残ったが、キャメロンはいちばん地味で平凡な容貌のリンダ・ハミルトンを選んだ。サラが勤めるファミレス「ビッグ・ボブズ・バンズ」は、キャメロンの妻シャロンがウェイトレスをしていた「ビッグボーイ」から来ている。カイルが無一文のキャメロンなら、サラはシャロンの投影なのだ。

ニュースで自分と同姓同名の女性が続けて殺されたことを知ったサラは、怖くなって通りかかったディスコ「テクノワール」に逃げ込み、警察に電話する。しかし、ターミネーターはサラがルームメイトに残した留守電から店の名を知る。「テクノワール」に入ってきたターミネーターはサラに近づき、レーザー照準の赤いビームを彼女の額にポイントする。サラは身動きもできない。この長い長いスローモーションは、緊張の限界で銃声に断ち切られる。

カイルの撃ったショットガンがターミネーターを吹き飛ばしたのだ。

**戦争機械**

ターミネーターは四発食らって倒れたが、すぐにむっくりと立ち上がり、ウージー短機関銃を片手で掃射してディスコの客を無差別に殺戮《さつりく》する。

「死にたくなきゃ、ついてこい！」

カイルはサラの腕を引っ張って逃げる。ターミネーターは何発撃たれようと車ではねられようと、表情も変えずに迫ってくる。自動車の爆発に巻き込まれて眉《まゆ》は焼け落ち、髪の毛は短く逆立ち、さらに異様な姿になる。キャメロンによると、撃たれても撃たれても無言で立ち上がってくるロボットは『ウエストワールド』（七三年）でユル・ブリンナーが演じたガンマン・ロボットにヒントを得たという。『ウエストワールド』は作家マイケル・クライトンが自分で監督した映画で、西部劇の世界を再現した遊園地で「殺され役」だったロボットたちが突然反乱を起こすという『ジュラシック・パーク』（九三年）のプロトタイプ。一時、『ウエストワールド』のリメイクが進んでいたが、当初の予定ではガンマン・ロボットを演じるはずだったのはシュワルツェネッガーだった。

カイルのキャデラックを、ターミネーターが奪ったパトカーで追う。夜のロサンジェルスを駆け抜けるこのチェイスについて、キャメロンは「ウォルター・ヒルの『ザ・ドライバー』（七八年）の疾走感を再現したかった」と言っている（『ザ・ドライバー』で使われたのと同じトンネルでもロケをしている）。

車を飛ばしながらカイルはサラに言う。

「僕の任務は君を守ること。君はターミネーターの標的なんだ」

「何かの間違いだわ。私は何もしてないもの」

「確かに。でも、これからするんだ。君の命に人類の運命がかかっているんだ」

そして彼は、この物語の設定を延々と解説していく。

「奴《やつ》は人間じゃない。機械だ。ターミネーターだ」

ここで初めて観客はターミネーターやカイルの目的を知る。必要だが退屈になりがちな説明を、キャメロンは激しいカーチェイスと同時に進行させることで観客を一瞬も飽きさせない。

「ターミネーターは哀れみも後悔も恐れもない。奴は決して止まらない。君を殺すまでは」

このセリフは、『エイリアン』でアンドロイドのアッシュ（イアン・ホルム）がエイリアンを絶賛するセリフに影響されている。

「あの生物は素晴らしく純粋だ。良心も後悔もモラルの迷いもない」

## 悪のヒーロー

カイルはカーチェイスの果てにターミネーターの車を壁に激突させるが、警察に逮捕されてしまう。カイルがいくら説明しても刑事たちは信じない。しかしサラは警察に保護されて幾分、ホッとしている。

それも束の間《つかま》、警察にターミネーターがやってくる。

「サラ・コナーに面会に来た」

受付の警官は彼を見もせず、役人っぽい冷たさで「取り調べ中だ。そこのベンチで待ってな」と言う。ターミネーターは「すぐ戻る（I'll be back）」と言って去った。

数分後、彼は戻ってきた。自動車で突っ込んで受付の警官を轢《ひ》き潰し、サラを求めて警察署内に入り、目に入る警官を片っ端から射殺する。

「ここで観客はターミネーターに声援を送ったんだよ」

キャメロンは試写の反応に驚いた。

「ターミネーターは普段、人々ができないことを代わりにやってくれる、邪悪な夢想の具現なんだ」

登場してすぐにターミネーターは銃砲店でショッピングをする。「12番径のスパス自動ショットガン」「ハードボウラー」「フェイズド・プラズマ・ライフル」、これは二〇二九年の武器なので代わりに「ウージー短機関銃」（実際はカリフォルニア州では一般市民は全自動銃を所有できないが）。店の主人（ロジャー・コーマン映画の常連ディック・ミラー）に「どれにしますか？」と訊《き》かれたターミネーターは「全部だ」と答えて、店の主人を射殺する。これは『ゾンビ』（七八年）でショッピングモールを占拠した主人公たちが銃砲店ではしゃぐ場面と同じ、「邪悪な夢想」の実現だ。『ターミネーター』日本公開時に配給会社がつけたキャッチコピーは「悪のヒーロー」という矛盾した言葉だったが、このキャラクターの魅力をズバリ突いていた。

**受胎告知**

混乱に乗じてカイルはサラと逃走する。警察もあてにならない。頼れるのは自分たちだけだ。二人はここで初めて互いのことを知り始める。


「あなた、名前は？」

「カイル」

「私の息子について聞かせて」

「彼は強い男だ。僕はジョン・コナーのためなら死ねる」

「息子にどんな名前をつけるべきかわかったけど、父親は誰なの？」


そうだ、父親は誰？　観客も同じ疑問を持つが、サラは「いや、言わないで。知りたくない」と遮ってしまう。


「カイル、なんであなたが選ばれたの？」

「志願したんだ。伝説のサラ・コナーに一目会いたくて」

自分が息子を戦士に育てた母として神格化されていると聞いてサラは「私がそんな立派な人間に見える?」と叫ぶ。カイルはまだ生まれていない息子から母へのメッセージを告げる。

「お母さん、あなたはあなたが思っているよりもずっと強い人です。生きてください。さもないと僕は存在できません」

ターミネーターが人工の皮膚を段階的に剝がされて機械の正体を見せていくように、『ターミネーター』という映画も少しずつ本当のテーマを見せ始める。

人類の救世主ジョン・コナーは、ジーザス・クライストとイニシャルが同じJ・Cだ。カイルは、聖母マリアに救世主の受胎を知らせ「イエスと名づけなさい」と告げた天使ガブリエルだ。将来、ユダヤの王になる者が生まれたと知ったヘロデ王は二歳以下の子どもを皆殺しにした。ターミネーターのように。マリアは馬小屋に隠れてキリストを生み、夢に現れた天使に警告されて避難する。カイルも安モーテルにサラを隠すが、彼の役割はそれだけではない。

サラとカイルも本当の自分を現していく。優れた映画とは、キャラクターが観客の第一印象のままに終わらず、層を剝ぐように意外な本質を見せていくものだ。

逃げ場がないと観念したサラは、攻撃は最大の防御とばかり、こちらもターミネーターとスカイネットを作ったサイバーダイン社を破壊しようと言い出す。カイルは「そんな危険なことはやらせられない！」と最初は拒否するが、美しい森の自然を見て感動し、この自然が滅びる前にスカイネットを阻止する決意をする。ピンクのエプロンドレスのウェイトレスだったサラはゲリラの母として覚醒《かくせい》してテロを主張し、逆に戦士だったカイルは美しい花を見て涙を流す。このシークェンスは完成版からカットされたが、二人の役割が交代する非常に重要な部分だった。

二人は安モーテルの部屋でサイバーダイン社破壊のためにパイプ爆弾を製造する。カイルの背中の戦傷を見て、サラは尋ねる。

「恋をしたことはあるの？」

「……一度も」

「……かわいそう」

サラは慈《いつく》しむようにカイルを抱き、明日をも知れぬ二人は激しく互いを求める。観客はついに知る。コナーの父が誰なのかを。

## 嵐が来る

最後の決戦だ。サイバーダイン社に向かう二人をターミネーターが追う。最初はバイク、次は巨大なタンクローリーで。カイルは腹を撃たれて重傷を負いながらもパイプ爆弾でタンクローリーを爆破する（ミニチュアで撮影）。炎に包まれて崩れ落ちるターミネーター。ついに倒した。サラもカイルも、観客もそう思った。プロデューサーのジョン・デイリーもそう思って、「ここで映画を終わらせろ」と言った。しかし、キャメロンにとっての『ターミネーター』はそもそもここから始まるのだ。

炎の中から、皮膚が焼け落ちてエンド・スケルトンだけになったターミネーターがゆっくりと立ち上がる。サラは瀕死《ひんし》のカイルを背負って、コンピュータ組み立て工場の中に逃げ込む。カイルは最後の力を振り絞ってパイプ爆弾をターミネーターの腰骨に突っ込む。爆破。吹き飛ばされた機械の脚が落ちてくる。これで本当に終わりか。

いや、腰から下を失ったターミネーターはまだ真っ赤な目を爛々《らんらん》と光らせて這《は》いずってくる。サラは爆破の破片で腿《もも》を貫かれて歩けない。カイルはすでに息絶えた。腕だけで這って逃げるサラを上半身だけの骸骨が追う。サラはプレスマシンの間を必死で通り抜け、反対側にあるスイッチにたどり着いた。

「ターミネイトされるのはそっちよ。くそったれ！」

動き出した巨大な圧延機が何十トンもの力でターミネーターを押し潰す。その血のように赤い眼もついに消えた。

エピローグはメキシコの砂漠。ハイウェイ沿いのガソリンスタンドに、サラがジープに乗って入ってくる。そのお腹《なか》はすでに大きい。一人の男の子がサラをポラロイドで撮って五ドルで売りつける。その写真はカイルがジョン・コナーにもらったあの写真だ！　その少年が空を指差し、スペイン語で何か言う。サラはスタンドの老人に尋ねる。

「なんて言ったの？」

「『嵐が来るよ』って」

「知ってるわ」

来るべき核戦争を予感させる暗雲の下をサラのジープが去っていく。ミサイルの攻撃目標であるロサンジェルスから退避し、砂漠で未来の救世主を生み育てるために。

## アイアン・ジム

『ターミネーター』は低予算だが、キャメロンは妥協しなかった。自分の描いたイメージボードと同じ映像が再現できるまで何度でもテイクを撮り直した。

「ジムは一センチでも自分のヴィジョンと違うと許さなかった。コントロール・フリークだった」とシュワルツェネッガーは言う。

たとえばターミネーターが撃たれるシーンでは、キャメロンが「こう倒れて、まず頭をこう起こして、次にこう肩を上げて……」と細かい動きを全部自分でやってみせて、そのとおりに従わせたという。

絶対に自分のヴィジョンを曲げないキャメロンは「アイアン・ジム」と仇名《あだな》された。タンクローリーのミニチュアを爆破するシーンでは、本番でタンクローリーを強く引っ張りすぎて爆発と同時に前輪が抜けてしまった。普通なら編集でごまかすところだが、キャメロンは「一週間後に撮り直す」と宣言した。準備に三カ月もかかったのに！

持てるアイデアと情熱をすべて出し切ったキャメロンは『ターミネーター』に絶対の自信を持っていた。だからオライオン映画が「B級アクション映画だから」と宣伝費もかけず、何のパブリシティもしなかったときは激怒した。そして、あの手この手で試写を批評家に見せた。批評家たちはマンガ的なタイトルとシュワルツェネッガーのポスターからは予想もできないノンストップのアクションと壮大なスケール、トリッキーな劇作に唸《うな》り、絶賛した。批評の効果もあって、『ターミネーター』はアメリカだけで製作費の六倍を超える三千七百万ドルを稼ぎ出した。筋肉ばかりで役者としては使い物にならないと思われていたシュワルツェネッガーも、これでスターになった。

幸福の絶頂でキャメロンとゲイル・アン・ハードは結婚し、二人ですぐに超大作『エイリアン2』の撮影に入った。

しかし一人だけ、『ターミネーター』のヒットを喜ばない男がいた。ハーラン・エリスンだ。

## 盗作！と叫んだ者

『世界の中心で愛を叫んだけもの』で知られるSF作家エリスンは、「君の作品がパクられてるぞ」と友達に教えられて、『ターミネーター』を観《み》て驚いた。

先に挙げた『アウターリミッツ』の「38世紀から来た兵士」のシナリオを書いたのはエリスンだった。彼は『アウターリミッツ』に、「ガラスの手を持つ男」というエピソードも書いている。ガラスの手を持つ男（ロバート・カルプ）は、地球が異星からの侵略者カイド人に征服された未来から、現代にタイムワープしてきた。彼の正体はアンドロイドで、そのガラス製の手には電子データ化された人類七百億人が記録されていた。

また、エリスンの短編小説「おれには口がない、それでもおれは叫ぶ」も、第三次世界大戦をコントロールするために建造された巨大コンピュータ・ネットワークが反乱を起こして人類をほとんど全滅させてしまった未来の物語で、スカイネットの設定と酷似している。

エリスンは『ターミネーター』を訴えた。キャメロンは盗作を否定したが、その前に彼は『スターログ』誌のインタビューで「エリスンの作品を利用したんだ」と口をすべらせていた。その一言はキャメロンがゲラ・チェックで削除したので印刷されなかったが、『スターログ』編集部には削除前のゲラが残っていた。エリスンは寄稿者として『スターログ』に出入りしていた。裁判はキャメロンの負けだった。これでエリスンは四十万ドル以上を受け取ったといわれる。

## タイタニックに向かって

『ターミネーター』はプロットこそ借り物だったが、中心にはキャメロン個人の「作家性」があった。それは後の作品と、彼の実生活で次第に明らかになっていく。強く、たくましい女性の追求だ。

『エイリアン2』は、リプリーが救出した孤児を守るためにエイリアンに立ち向かう「母もの」映画だった。『アビス』は、海底施設で働くダイバー（エド・ハリス）と女性科学者（メアリー・エリザベス・マストラントニオ）の夫婦が主人公。ブルーカラー出身の夫とエリートでインテリの妻という関係は、監督キャメロンと製作者ゲイル・アン・ハードの夫婦を思わせる。『アビス』の夫婦は別居中だが、これを製作中のキャメロン夫妻もそうだった。

「脚本を書いたときは現実とパラレルになるとは思ってなかった」とキャメロンは言う。

『アビス』の夫婦は命がけで互いを救うことで絆《きずな》を取り戻すが、それはパラレルにならなかった。八九年、キャメロンとアン・ハードは離婚した。『ターミネーター』の全権利を彼女に残して。アン・ハードはその後、トップクラスの凄腕《すごうで》プロデューサーとして『アルマゲドン』（九八年）や『ハルク』（二〇〇三年）などの大作を手がけている。

同じ年、キャメロンは三度目の結婚をした。『ブルースチール』（九〇年）のロケ現場を覗《のぞ》いたとき、監督のキャスリン・ビグローに一目惚《ぼ》れしてしまったのだ。ビグローは身長一八二センチのモデル並みの美女だが、そのアクション演出は徹底的に骨太だ。本人もメカや銃が大好きな、まさに「女キャメロン」だった。しかし、似すぎていたせいか、結婚生活は二年しか続かなかった。離婚時にキャメロンはビグローに時価一億円の豪邸を譲り、別れた後も、ビグロー監督の『ハートブルー』（九一年）をプロデュースし、『ストレンジ・デイズ／1999年12月31日』（九五年）ではシナリオも提供している。

ビグローとの離婚と並行して、キャメロンは元妻ゲイル・アン・ハードのプロデュースで『ターミネーター』の続編に取りかかった。

**リメイクだった『T2』**

前作の十五倍の予算をかけた『ターミネーター2』またの名を『T2』（九一年）は、続編というより「リメイク」だった。

前作には最後の対決の後、サイバーダイン社の工場で潰されたターミネーターの腕が回収されるショットがあったが完成版で削除された。『T2』ではその設定が復活し、ターミネーターの腕の研究がスカイネットを生み出すことになる。カイルがジョン・コナーの父親だったのと同じパラドックスだ。

未来からサラを殺しに来る新型ターミネーターT－1000は液体金属製。どんな形にも変形するエフェクトでキャメロンが創設したCGスタジオ「デジタル・ドメイン」の技術を世界に示した。しかし、デフォルト状態のT－1000を演じるロバート・パトリックはしなやかに痩《や》せた体格で、「カマキリのような」という『ターミネーター』のオリジナル・コンセプトに忠実なのだ。

シュワルツェネッガー扮《ふん》する旧式ターミネーターT－800はジョン・コナーにリプログラムされて、サラと少年時代のジョン（エドワード・ファーロング）を守るためにやってくる。つまり、シュワルツェネッガーはもともと前作で演じる予定だったカイルの役割を果たすことになった。

『T2』のカーチェイスや銃撃戦は何十倍もスケールアップしたが、基本的な話の構造は前作と同じ。前作で名ゼリフとなった「I'll be back」も繰り返されるし、タンクローリーの追っかけから工場になだれ込むクライマックスの展開はまったく同じだ。

キャメロンはリンダ・ハミルトンを徹底的に鍛えて、たくましい筋肉でショットガンを振り回す「タフ・チック」に改造した。これはサラのリプリー化であり、リンダ・ハミルトンのキャスリン・ビグロー化だ。キャメロンは『T2』撮影中にリンダ・ハミルトンと同居を始め、九三年には娘が生まれたが、お互い過去の離婚経験から（キャメロン三回、ハミルトン一回）、二人はなかなか籍を入れなかった。

**キング・オブ・ザ・ワールド**

九四年、キャメロンはフランス映画のリメイク『トゥルーライズ』を監督。これも

『アビス』と同じく離婚寸前の夫婦が命がけで助け合うことで絆を取り戻す物語だった。

そして九六年、キャメロンは『タイタニック』に取り組んだ。この映画史上最大のヒット作については今さらあまり書く必要はないだろうが、ショーン・フレンチ著『「ターミネーター」解剖』の訳者あとがきで矢口誠氏が指摘しているように、『ターミネーター』との類似点が多い。

まず、タイタニックを探査する現代と、タイタニック沈没時の過去という二つの時間軸が並行して進む構造がよく似ている。カイルがサラの写真に一目惚れしたように、主人公の貧しい画家の卵ジャックは上流階級の令嬢ローズを見た途端に恋に落ちる。好きでもない資産家と結婚させられるローズは、サラと同じように、人生にうんざりしている。そしてジャックと結ばれ、愛を知って強くなったローズは水中に取り残されたジャックを救出するなど大活躍。最後にジャックは息絶えるが、ローズは彼からもらった勇気を胸に強く自立して生きていく。

「あなたはあなたが思っているよりもずっと強い人です」というジョン・コナーが母に捧《ささ》げた言葉は、キャメロンの全作品を貫く、世界中の女性たちへのメッセージだ。

ビル・ウィッシャーは『ターミネーター』のことを「銃撃戦付きの『素晴らしき哉《かな》、人生!』だ」と言っている。『素晴らしき哉、人生!』(四六年)の主人公ジェームズ・

スチュワートは事業に失敗して「生まれてこなければよかった」と自殺を図るが、天使に「自分が生まれてこなかった世界」を見せられる。町は荒廃し、愛する人々は悲惨な運命をたどっていた。どんな小さな人生でも未来に影響を与える。「人は誰でも可能性を秘めている。それに目覚めてほしいんだ」とキャメロンは言う。

『タイタニック』のジャックはキャメロン自身でもある。絵しか取り柄のない、学歴も金もない田舎のブルーカラー出身の青年だが、野望と夢だけは誰よりも大きかった。キャメロンはハリウッドというタイタニックに立ち向かってそれに勝った。九八年のアカデミー賞では『タイタニック』は十一部門で受賞し、キャメロンは持ち切れないほどのオスカーを抱えて叫んだ。

「アイム・ザ・キング・オブ・ザ・ワールド！」

しかし『タイタニック』の長い撮影中、キャメロンは出演者の一人スージー・エイミスと恋に落ちた。エイミスは老いたヒロイン、ローズの孫娘役だが、サングラスにボマージャケットという、キャサリン・ビグロー、または『T2』のリンダ・ハミルトンのコスプレみたいな衣装で登場する。リンダ・ハミルトンは二人の関係を知ってキャメロンに正式な結婚を迫り、九七年七月に入籍したが九八年十二月に二人は離婚。

『タイタニック』でキャメロンが得た利益は二百億円といわれるが、カリフォルニアの法律では離婚時に夫婦は財産を等分しなければならないので、リンダ・ハミルトンは百億円を受け取ったと推定される。

キャメロンはスージー・エイミスと二〇〇〇年に結婚してから三児をもうけた。

二〇〇九年、キャメロンが作り上げた『アバター』はパンドラという異星の原住民と侵略者である地球人との戦争を描くスペクタクルだが、キャメロン的女性ヒーローの総決算だった。『エイリアン2』のシガニー・ウィーヴァー扮する女性科学者、『エイリアン2』のヴァスケスの役柄を引き継いだ元海兵隊員（ミッシェル・ロドリゲス）、それに異星の戦うお姫様ネイティリ（ゾーイ・サルダナ）。しかもクライマックスでネイティリが主人公の男性を抱くポーズがミケランジェロのピエタそっくり。キャメロンの聖母コンプレックスは重症のようだ。

二〇一〇年、キャメロンは『アバター』でキャスリン・ビグロー監督『ハート・ロッカー』とアカデミー作品賞と監督賞を争った。そして女性初のオスカー受賞監督になった元妻をキャメロンは祝福した。

二〇一七年、キャメロンは『ターミネーター』続編の製作を発表した。サラ・コナー役はリンダ・ハミルトンだ。

# 第4章
# テリー・ギリアム
# 『未来世紀ブラジル』
## 1984年のドン・キホーテ

ブラジル
六月を待ち望んで
琥珀《こはく》の月の下で
いずれまたと囁《ささや》いて
キスをして
抱き合った場所
そして……

——アリー・バローゾ作詞／ボブ・ラッセル英訳詞「ブラジル」


『未来世紀ブラジル』（八五年）はその題名を一九三九年のヒット曲「ブラジル」から取っている。

なぜ「ブラジル」？

数え切れないほど訊《き》かれたこの問いに対してテリー・ギリアムはこう答えている。

「監督第一作の『ジャバーウォッキー』（七七年）のロケで南ウェールズに行ったとき、

ポート・タルボットという鉄鋼産業の町で、そびえたつ工場からは真っ黒な煙が噴き出し、海岸も鉄塵《てつじん》で真っ黒に染まっていた。しかし海に沈む夕陽はこのうえなく美しく、じつに異常なコントラストだった。そのとき、砂浜で日光浴をする男のイメージが浮かんできた。トランジスタ・ラジオからは楽園のようなラテン音楽が流れてくる。この灰色の世界を忘れさせてくれる『ブラジル』のような曲が」

では、サンバのリズムに逃避したくなる世界とはどこか。

アメリカである。

アメリカで生まれたテリー・ギリアムは自由を求めてイギリスに逃げ、そこで母国アメリカで彼が体験した数々の幻滅を込めて映画『ブラジル』を作った。しかし、そのアメリカ公開をめぐって、皮肉にも再びアメリカ映画のシステムに苦しめられるのである。

**「お上に間違いはない」**

「20世紀のどこかで」という字幕で『ブラジル』は始まる。

どこかの役所。役人が書類を自動タイプライターで処理している。どこから飛び込んだのか甲虫が部屋を飛び回る。天井に止まった甲虫を役人は叩《たた》き潰《つぶ》す。虫はタイプライターの中に落ち、歯車を微妙に狂わせ、タトル Tuttle という名前をバトル Buttle に誤植させる。この書類のミスがすべての始まりだ。

バトル氏の家では一家団欒《だんらん》の最中。幼い娘がクリスマスの飾りつけをしながら尋ねる。「煙突がないのにサンタさんはどこから入ってくるの?」

天井を丸くくり抜いて、サンタならぬガスマスクをつけた黒ずくめの重武装警官が現れた。ドアを爆破し、窓ガラスを破って警官たちが突入する。スーツを着た役人がやってきて、書類を読み上げる。

「バトル氏を情報剝奪《はくだつ》省にご招待する。はい、これがご主人の受取書」。呆然《ぼうぜん》とするバトル夫人に書類にサインさせる。「はい、これが受取書の受領書」。書類、書類。

「これは何かの間違いよ!」。穴からバトル氏の部屋を覗《のぞ》いて、上の階の住人ジル(キム・グライスト)は抗議するが、処理班は「お上に間違いはないよ」と言いながら、穴に〝栓〟をする。ところが、栓の直径が小さすぎて穴に落ちてしまう。

『ブラジル』というタイトルを念頭においてこの冒頭を観《み》ると、中南米の軍事独裁国家と秘密警察の恐怖政治が思い浮かぶ。だが、ギリアムはこれをアメリカで経験したのだ。

一九六七年、ヴェトナム戦争が泥沼化するなか、ジョンソン大統領がロサンジェルスを訪れたときだ。「戦争に反対する人々が座り込みを始めた」。ギリアムはロンドンから来た新聞記者に同行してたまたま現場にいた。「警官たちが人々に襲いかかった。僕も髪の毛をつかまれて殴られた。気絶して目が覚めると修羅場になっていた。警官は無抵抗の車椅子《いす》の人ですら容赦なく殴っていた」

翌日の新聞には警官の暴力は報道されていなかった。ギリアムは世間に事実を伝えるため、その模様をポスターに描いた。

「あれでとことんアメリカという国が嫌になった」

ギリアムは母国アメリカを捨てて、イギリスに渡った。そして、あのモンティ・パイソンの一員としてアニメーションを作ることになる。

## 突撃

テリー・ギリアムは一九四〇年、『ファーゴ』（九六年）で描かれたような雪と森に囲まれたミネソタで生まれた。高校からはロサンジェルスのユニヴァーサル撮影所近くに引っ越し、大学二年の夏休み、シボレーの自動車工場で働いた。ベルトコンベアの流れ作業は地獄だった。一時間に五十四枚のガラスを磨くのがノルマだったが、とても追いつけなかった。

「俺は二度と生活のためだけの仕事はしないぞ」

そう誓ったギリアムは大学を卒業するとニューヨークに飛び、憧《あこが》れのパロディ雑誌『MAD』の編集部に押しかけて強引に就職してしまった。しかし、編集長のハーヴェイ・カーツマンは偏屈な人間でガミガミうるさかったし、給料は安かった。ギリアムは空調のまるでない三メートル四方の狭いアパートに暮らしながら、趣味の人形アニメ作りに没頭した。『ブラジル』の主人公、サム・ロウリーは当時のギリアム自身だという。上司のカーツマン（イアン・ホルム）のモデルはもちろん、ギリアムの上司だったカーツマンだ。

ただサムが働くのは出版社ではなく、政府の膨大な書類を処理する情報省というお役所だ。カメラは、高く積まれた書類整理棚の間を大量の書類を抱えて行き来する職員たちを長いトラックバックで映し出す。これはギリアムが経験した自動車工場のイメージだが、スタンリー・キューブリック監督の『突撃』（五七年）の塹壕《ざんごう》の移動撮影の再現でもある。『突撃』は、第一次大戦のフランス軍で無茶な突撃命令を拒否した兵士が銃殺刑になるまでを描いている。

「十六歳のときに『突撃』を観るまで、僕は風景と同じように、ただ映画を受け入れていた。監督のことなんて考えたこともなかった。『突撃』は他のハリウッド映画とは違った。善人が最後に勝たないんだ。あの映画は僕という人間を完全に変えてしまった」

ただ、お役所という塹壕を飛び交うのは砲弾ではなく、書類だ。大量の紙、また紙……。

## 虹《にじ》を摑《つか》む男

サムは光り輝く鎧《よろい》を着た筋骨たくましい剣士だ。翼を広げて大空を飛び、宙を舞う天女に口づけする。

そこで電話のベル。カーツマンに寝坊を責められる。現実のサムは、狭いアパートに独り暮らしの、寂しい冴《さ》えない小役人だ。

サム役のオーディションにはトム・クルーズなどの若手スターが集まったが、ギリアムは三十代後半の無名俳優ジョナサン・プライスを選んだ。若ハゲで気の弱そうなプライスを見て、『ブラジル』の製作サイドはこんなオッサンで客が呼べるか！と怒った。しかし、退屈なお役所仕事を従順にこなしながら夢に逃避する内向的な男サムは、トム・クルーズには演じられない。

ギリアムによれば、サムは『虹を摑む男』（四七年）の主人公ウォルター（ダニー・

ケイ）をモデルにしている。ウォルターは三十歳過ぎて独身で、やかましい母親の言いなりになっているダメ人間だが、空想の中では西部のガンマンや戦闘機のパイロット、粋《いき》なギャンブラー、それにパリのファッション・デザイナーとして大活躍。ところがある日、夢に出てくる美女とそっくりな女性と出会って、初めて現実と闘い始める。

『ブラジル』のサムは、役所の人事にまで影響力を持つ大金持ちの母親から自立できていないが、夢に出てきた天女そっくりの女性ジルに出会うことで現実に目覚めていく。このストーリーは明らかに『虹を摑む男』が原型だ。

違うのは、サムの場合は現実も夢、悪夢なのだ。

**ダクトとタトル**

中央政府《セントラル・サーヴィス》のシンボルは、中央から四方に延びるダクト・パイプだ。『ブラジル』の世界では小さなアパートから高級レストランまで、どこに行っても巨大で無粋なダクトが貫いている。

「ダクトのヒントになったのは、まずパリのポンピドー・センター。パイプやダクトが全部外側に露出していて、内臓が剝《む》き出しになったように見える」とギリアムは言う。「もう一つはロンドンで、一八二〇年代の摂政時代に建てられたリージェンシー建築のアパート。美しい外観が、後から取りつけられた下水やら何やらのパイプで台無しにされているんだ」

中央政府はダクトで水道、電気、ガス、空調を国民に供給している。国民はそれなしには生きられない。ダクトは母親と赤ん坊を繋《つな》ぐへその緒のようなものだ。唯一《ゆいいつ》、サムのアパートにはダクトはなく、壁に埋め込まれている。

「君のアパートの壁の内側だって本当はそうなっているんだよ」とギリアムは言う。「でも、誰も中身がどうなっているのか知らないだけさ」

生きるのに絶対に必要なものを政府に依存しながら、それの仕組みすら知らないで、供給されるものを信じ、頼り切り、独りでは生きられない現代の人々。剝《む》き出しのダクトは、その脆弱《ぜいじゃく》さを強調する。

「僕の両親は何かが故障するとすぐ専門の業者を呼んだ。自分でその仕組みを知ろうとは微塵《みじん》も思わずに、業者に任せ切っていた」

サムのアパートの空調が壊れ、熱風を吐き出す。中央政府に電話しても留守電にタライ回しにされるだけ。役所とはそういうものだ。あきらめたサムの前に突如現れた黒ずくめの男。武装警察ではない。彼こそがタトル（ロバート・デ・ニーロ）。反政府テロリスト・ナンバーワンなのだ。

「空調一つ直すにもいちいち書類が必要だ。くそったれのペーパーワークめ！　それが嫌で俺はフリーになった。ダクトに故障があれば、俺はいつでもどこでも自由に行って、それを直す。エキサイティングな人生だ！」

颯爽《さっそう》と空調を修理したタトルはロープで超高層ビルの谷間に消えていく。「さらば」と去っていく快傑ゾロやロビン・フッドのように。

**8½**

サムは母親に連れられて高級レストランに行く。出てきたのはペースト状の塊と料理の写真だ。その写真とペーストが同じものである保証はない。しかし、母親は信用し切ってそれを口に運ぶ。同席した母親の友人は酸による若返りの整形手術を受けている。これは、ギリアムの父親が受けた耳の皮膚癌《がん》の治療がもとになっている。医者は耳に酸を塗って、「近所の公園で一時間ほど時間を潰してきてください」と言った。

「父は医者に何か言われると黙ってそれに従うような男だった。耳は燃えるように痛かったが、父は医者を信じて耐えた。耳はドロドロに溶けて縁の部分だけが残った。さすがに医者を訴えたけど、判決が出る前に父は死んでしまった」

うるさい母親、嫌な上司、退屈で単調な仕事から逃避するため、サムはまた夢を見る。でも、夢さえも現実からは逃れられない。大地を割って巨大なモノリスが次々とそそりたち、現実を象徴するようにサムの前に立ち塞《ふさ》がる。飛び立とうとすると地面から巨大な腕が伸びて脚をつかまれる。その腕の持ち主はうるさい上司のカーツマンの顔をしている。この場面はフェデリコ・フェリーニの映画『8½』（六三年）で、脚本にいきづまった映画監督（マルチェロ・マストロヤンニ）が夢の中で飛翔《ひしょう》しようとして投げ縄で引きずり落とされる場面がもとになっている。ギリアムは、同じマンガ家出身のフェリーニを監督として最も尊敬しているという。

「だから、一度はタイトルを『1984½』にしようかと思ったこともある」

## 1984年

「オーウェルの『1984年』は読んだことないけど、内容は知ってるよ」ギリアムは言う。「一九八四年に『1984年』的な映画を公開するのは面白いと思ったんだ」

イギリスの作家ジョージ・オーウェルは、スペイン市民戦争で、フランコ将軍のファシスト政権と戦うため、マルクス主義統一労働者党の義勇軍に参加するが、そこで見たのは、ソ連のスターリン政権に操られたスペイン共産党内の密告、粛清、拷問《ごうもん》、処刑だった。その体験に基づいて書かれたのが『1984年』である。「ビッグ・ブラザーがあなたを監視している」というスローガンのもと、街中いたるところに双方向テレビが置かれ、国民の生活が二十四時間見張られているオセアニア国が舞台。主人公のウィンストンは真理省記録局で政府の都合のいいように過去の歴史を消去、改竄《かいざん》する役人だったが、ある日、ジュリアという女性と恋に落ちてしまう。恋愛は体制よりも個人を重視する反政府活動なので二人は逮捕される。凄《すさ》まじい拷問の果てにウィンストンはジュリアを裏切り、体制に服従を誓う奴隷《どれい》に洗脳される。

『1984年』というタイトルは、オーウェルがこれを書いた「四八年」をひっくり返しただけで、実際は四八年当時、ソ連で進行していた現実を描いていた。ギリアムは逆に、一九八四年製作の『ブラジル』を一九四八年当時のイメージで描いた。ただしアメリカの。

**キャプラとカフカ**

『ブラジル』の世界は、コンピュータや武装警察などテクノロジーは現代的だが、デザイン的には一九四〇年代のアメリカが基調になっている。建築やインテリアは三〇～四〇年代アメリカのアールデコ調。とくに省庁のビルディングのモニュメンタルな外観は、マンハッタンの未来のイメージとして摩天楼を描いたヒュー・フェリスの建築画を再現している。主題歌の「ブラジル」も三〇～四〇年代のヒット曲であり、セリフでは四二年の映画『カサブランカ』が引用される。そしてサムをはじめ、男たちは皆、襟の広いダブルのスーツにソフト帽という、四〇年代アメリカの紳士の姿である。

「スーツ姿のジョナサン・プライスは、背が高いからジェームズ・スチュワートに似てるんだ」とギリアムは言う。ジェームズ・スチュワートは『スミス都へ行く』（三九年）、『素晴らしき哉《かな》、人生！』（四六年）などのフランク・キャプラ監督作で、資本主義や民主主義の腐敗に立ち向かい、アメリカン・ドリームを実現させる理想的な小市民を演じた。

「でも、『ブラジル』は、フランク・キャプラ的人物がフランツ・カフカ的状況に置かれる物語なんだ」。ギリアムは言う。古き良きアメリカン・ドリームを誰もが信じていた四〇年代、テリー・ギリアムの少年時代にそんな「カフカ的不条理」があったのか？

『ブラジル』では『1984年』のように政府のプロパガンダ・ポスターがあちこちに張られている。「情報局を支援しよう」「隣人を疑う前に当局に報告せよ」「あなたは誰を信じるか?」「小包に気をつけろ」。これらは四〇〜五〇年代のアメリカで実際に使われていたポスターがもとになっている。「日本のスパイに気をつけろ」「あなたの隣人は共産主義者では?」。第二次大戦中、日系人は全員スパイとして収容所に閉じ込められ、戦後はマッカーシズムによって文化人が片っ端から「アカ」と決めつけられて弾圧された。つまり、アメリカはソ連を敵視しながら、同じ時期にスターリニズムと似たような魔女狩りをしていたのだ。

**魔女狩り**

「魔女狩りの本が『ブラジル』の発想の源泉だった」

テリー・ギリアムはモンティ・パイソン仲間のテリー・ジョーンズから、一七世紀ヨーロッパで行われた魔女裁判の研究書を読むよう勧められた。そこには魔女裁判で拷問に使われた経費の明細書が載っていた。拷問費用は拷問された本人、もしくはその家族に請求されるのだ。

「もし魔女と判定されて処刑されると、火あぶりに使う薪代まで払わなきゃならない。なんてバカバカしくも恐ろしい話だ」

冒頭でタトルと間違われて逮捕されたバトル氏は、拷問の途中で死亡した。おかげで浮いた拷問経費を遺族に還付しないとならない。サムは小切手をバトル氏の未亡人に届けに行く。軽い仕事のつもりだったサムは、バトル氏の息子に殴りかかられて初めて罪の意識に目覚める。この場面は、黒澤明ファンのギリアムとしては『生きる』（五二年）が頭にあったことだろう。三十年間、保身だけに努めてきた市役所員（志村喬）が初めて市民の嘆願に耳を傾ける場面である。

「『ブラジル』はシステムの中でいつの間にか人間的感覚が失われる怖さを描いている」とギリアムは言う。サムは檻《おり》のような交通機関で通勤するが、目の前に片足のない妊婦が立っていても席を譲ろうとしない。他の乗客も同様だ。

そんなサムはトラック運転手のジルを見てしまう。彼女は夢に出てくる天女と同じ顔をしていた。しかし、ジルはバトル氏の誤認逮捕に抗議したせいで政府のブラックリストに載っていた。サムの夢の中でも天女は檻に囚《とら》われてしまう。彼女を救うため、夢の中のサムは巨大なサムライに立ち向かう。サムはサムライを倒し、その仮面を剝《は》ぐ。中から出てきたのはサム自身の顔だった。

「サムライ Samurai は、Sam, you are I（サム、お前は俺だ）のシャレだ。『ブラジル』の世界には『１９８４年』のビッグ・ブラザーのような独裁者はいない。凶悪な権力者が支配しているわけではなく、体制を支えているのは自分の幸福しか考えない国民一人一人なんだ。体制とは僕ら自身なんだよ」

## 拷問省

ジルの情報を得るため、サムは母親のコネを使って情報剥奪省の高官ヘルプマンに頼み込んで転属する。情報剥奪省の仕事は反体制分子を狩り出して、彼らに情報を「提供させる」こと。要するにナチのゲシュタポ、ソ連のKGB、日本の特高警察と同じく、その仕事は「拷問」である。『ブラジル』の最も初期の企画書のタイトルは、『拷問省、またはブラジル、または私はいかにして体制に順応しているか、今のところ』だった。

サムは昔からの親友で、情報剥奪官として出世しているジャック（マイケル・ペリン）のオフィスを訪ねる。折しも拷問の真っ最中で、記録係のおばさんは無表情に拷問の様子をタイプで記録し続ける。「もうやめてくれ。私は何も知らない。ぎゃあああ」

白衣を血で染めたジャックはいつもの人懐《ひとなつ》こい笑顔でサムを迎える。彼は本当に友達思いの男で、妻子を大切にし、その日もオフィスで娘の一人を遊ばせていた。

「マイケル・ペリンにジャックを演じさせたのは、彼が僕の知る人間のうちで最も優しい心根の男だからだ」とギリアムは言う。「請求書でわかるように、魔女裁判は一種の公共事業だった。拷問吏の中には愛する家族を養うためにやっていた者もいただろう。拷問を終えて家に帰ると、心底愛すべき家庭人だったんだ」。人は自分の幸福のためなら他人の不幸に目をつぶる。ジャックにサムは「君が拷問で殺したバトル氏はタトルの間違いだったんだ」と訴える。しかし、娘を膝《ひざ》に抱いたジャックは「僕のせいじゃない。書類がそうなっていたんだ」と少しも悪びれずに答える。

ジャックのキャラクターは『１９８４年』の思想警察官オブライエンがモデルだろう。オブライエンは主人公ウィンストンを椅子に縛りつけて尋問する。「党が２＋２は５だと言ったら、２＋２はいくつかね？」「４です」。電気ショックが与えられる。拷問の果てにウィンストンは「２＋２は４だが、５でもある」という「二重思考」を受け入れる。政府が明らかに間違っていても気にしない「自衛手段」を学ぶのだ。

さて、二一世紀の今、『未来世紀ブラジル』を観ると、たとえば9・11テロ以降のアメリカもそうだったと思わされる。ブッシュ大統領は「イラクはテロとは無関係だが、イラク攻撃はテロとの戦いだ」という「二重思考」に国民を順応させ、「愛国法」の下に自国民に対する監視行為を合法化した。

「体制はテロリストが必要なんだ」。ギリアムは、タトルはテロリストではなく、実はただのフリーの配管工にすぎないと言う。

「彼をテロリストと決めつけたのは政府のデッチ上げだ。テロ取り締まりを口実に国民を抑圧し、監視することができるからね。『ブラジル』の中では何度も爆発が起こるけど爆弾テロとは限らない。空調システムの事故かもしれない。でも建前上、政府はミスしないことになっている。よくないことは全部テロリストの仕業にすればいい。テロは政府にとって便利なものなのさ」

**最初で最後の反逆**

ジルはバトル氏の誤認逮捕に抗議して情報剝奪省までやってきた。彼女が反逆者として逮捕される寸前に、サムは彼女を救い出す。冷酷な役人の一人にしか見えないサムをジルは拒絶するが、あまりに彼が熱心なので心を開く。サムはジルを救うため、自らトラックのハンドルを握って検問を突破する。彼にとって生まれて初めて自分の意志を貫いた瞬間だ。

追っ手の警官たちの装甲車はチェイスの末に激突炎上する。「ざまあみろ」という表情のサム。しかし、燃えさかる炎に焼かれて苦しむ警官を見てショックを受ける。また、重武装警官がガスマスクを取って、普通の中年男としての素顔を見せる場面もある。

「『スター・ウォーズ』（七七年）のストームトルーパーのように、顔のない純粋悪として描きたくはなかった」

警官たちはクローンではない。一人一人はジャックと同じく保身に必死な小役人にすぎない。

しかし、目覚めてしまったサムにとって役所の書類処理は苦痛以外の何物でもない。次々と書類を吐き出すオフィスの伝送パイプにサムはとうとうフタをしてしまう。詰まったパイプは膨れ上がって破裂、情報剝奪省内に書類を舞い散らせる。クリスマスの雪の代わりに。

サムはテロリストの濡《ぬ》れ衣《ぎぬ》を着せられたジルを母親の家にかくまい、情報剝奪省の高官の部屋に侵入してジルのデータを消去する。ベッドに眠るジルにサムは言う。

「君はもう死んだことになったよ」

「屍姦《しかん》はお好き？」

ついに結ばれるサムとジル。高まる「ブラジル」のテーマ。

翌朝、サムはジルを探す。あれは夢かもしれない。ご安心あれ、彼女は全裸でベッドにいた。

その瞬間、天井から、ドアから、窓から重武装警官が突入する。冒頭のバトル氏逮捕の再現だ。拘束衣を被《かぶ》せられたサムに罪状が読み上げられる。テロリスト隠匿《いんとく》と公文書改竄、それに「役所の時間と書類を浪費した罪」だ。

### ふくろうの河

ヘルプマンが面会に来る。これから孤児院に慰安に行くのでサンタクロースの格好をしている。「ジルはスタンプをアップしたよ」。クリケット用語で試合放棄という意味だ。「タオルを投げたんだ。逮捕に抵抗したので射殺されたのさ」

ヘルプマンは拷問を受けるサムを、スポーツの試合前のように励ます。「ゴールはもうすぐだ。ボールから目を離すなよ」。これは、カフカ原作の『審判』(六三年)で無実の罪で裁判にかけられる主人公Kに自信たっぷりに役立たずの指示を与える弁護士オーソン・ウェルズ(兼監督)のパロディ。

拷問室は発電所の使用されなくなった冷却塔の内部で撮影された。東洋人の赤ん坊のようなマスクを被ったジャックが入ってくる。「なんてことしてくれたんだ」。サムと親友だとバレると自分の出世が危ういと心配するジャックは、震えながらロボトミー用の器具をつかむ。それを瞼《まぶた》と眼球の隙間《すきま》か鼻孔から刺し込んで脳の前頭葉を破壊するのだ。脳に痛覚はないので麻酔はいらない。

その瞬間、ジャックの眉間《みけん》が撃ち抜かれた。

パパパパーン！とハリウッド活劇調のファンファーレとともに、天からロープでタトルに率いられたテロリスト、いや革命戦士たちが降臨した。サムは助け出され、銃を取って情報剝奪省の衛兵たちに撃ち返す。ロビーでは掃除夫がメガネを撃たれ、掃除機が階段を転げ落ちる（『戦艦ポチョムキン』〔二五年〕のオデッサの階段のパロディ）。

サムはタトルの仕掛けた爆弾で情報剝奪省を木っ端微塵《こっぱみじん》に爆破する。大量の書類が雪のように街中に舞い散る。革命成功！　ところが、その書類はタトルの全身に巻きついて、タトルは消滅してしまう。あれほどペーパーワークを嫌っていた男が。

逃げるサムは葬儀場に迷い込む。酸で整形していた母の友人の葬式だ。列席する母は整形手術の結果、なんとジルと同じ顔になっていた。棺桶《かんおけ》がひっくり返ってドロドロに溶けた死体がぶちまけられる。

警察だけでなく夢に出てきた怪物もサムに襲いかかる。ところが、すんでのところでトレイラーが彼を救った。それを運転するのは死んだはずのジルだった。トレイラーは荒廃した郊外を越え、都市からはるか離れた緑あふれる田園地帯にたどり着く。そこでサムとジルは自給自足の農園を始める。

そして、二人はいつまでも幸せに暮らしました……。

……サムを覗き込むジャックとヘルプマン。

「行ってしまったようですね」

サムはまだ拷問台の上にいた。微笑を浮かべ、「ブラジル」をハミングしている。

彼は狂気の中に永遠に逃げ込んでしまったのだ。

「僕は学生の頃に観たロベール・アンリコ監督の『ふくろうの河』(六一年)が忘れられない」

『ふくろうの河』はアンブローズ・ビアスの短編小説の映画化。一人の男が絞首刑になる。足元の台が開いて落ちる。ところがロープが切れて男は河に落ちる。男は必死に泳いで愛する妻子の待つ我が家にたどり着く。ドアを開けた途端、男は落下する。すべては死ぬまでの一瞬の間に死刑台で見た夢だったのだ。

**バトル・オブ・ブラジル**

ハッピーエンドにしなかった理由についてギリアムは「サムは体制の歯車である状態に安穏として夢に逃げていた。その報いは受けるべきだ」と言っている。しかし、そうは考えない人々もいた。ハリウッドである。

『ブラジル』のプロデューサー、アーノン・ミルチャンはアメリカ国内の配給権をユニヴァーサルに、それ以外の国（日本を含む）の配給権を20世紀FOXに売った。FOXは『ブラジル』をギリアムのディレクターズカットで公開したが、ユニヴァーサルの親会社MCAの取締役シド・シャインバーグは試写を観て、もう少し切りたいと言い出した。情報剝奪省が滅び、サムとジルの愛が成就《じょうじゅ》したところで終わる、勧善懲悪のハッピーエンドにしようというのだ。

「そんなことをしたらフィルムを燃やしてやる！」。激怒したギリアムはシャインバーグのアイデアを「やっぱり最後に愛は勝つヴァージョン」と揶揄《やゆ》した。甘い夢で現実から逃避するサムの態度を推奨するのが、ハリウッドという体制なのだ。

ギリアムは闘いを開始した。わからず屋の重役、山のような契約書、『ブラジル』の役所にも似たハリウッドの官僚主義と。他の監督たちは誰も彼を助けてくれなかった。ギリアムはシャインバーグの秘蔵っ子スピルバーグに試写を観せて味方につけようとしたが、彼は沈黙を保った。マイケル・チミノ監督が湯水のごとく金を使いまくった『天国の門』（八〇年）が大失敗してユナイテッド・アーチストが倒産してから、映画作家の権限は六〇年代並みに縮小されていたのだ。

「リドリー・スコットの裏切りにはがっかりしたね」。ギリアムは言う。「彼は同じアーノン・ミルチャン製作の『レジェンド／光と闇《やみ》の伝説』（八五年）でやはりユニヴァーサルから大幅な改編を要求されたが、僕と共闘せずにシャインバーグ側についた。スコットはその前にも『ブレードランナー』（八二年）で配給側の要求に屈して、緑あふれる美しい風景を追加して明るい結末に変えた。『ブラジル』で田園に向かって二人が逃げるニセのラストは、『ブレードランナー』のハリウッド的エンディングに対する皮肉なんだよ」

けれどもギリアムは負けなかった。批評家や新聞広告を使った宣伝作戦で事態をスキャンダルに拡大し、ついにシャインバーグにあきらめさせたのだ。結局、アメリカでは数分短縮したギリアム編集版が封切られ、シャインバーグの「愛は勝つヴァージョン」は後にテレビで放映されただけだった。勝ったのはハリウッド製の愛ではなく、ギリアムの夢だった。

### ほら男爵《だんしゃく》とドン・キホーテ

『未来世紀ブラジル』はアメリカでは興行的には成功しなかったが、批評家や映画ファンからは熱狂的に支持された。この勢いでギリアムは大作『バロン』（八九年）に挑んだ。『ほら男爵ミュンヒハウゼンの冒険』の映画化だ。ミュンヒハウゼン男爵は実在のプロイセンの軍人だが、この映画は事実とは関係がない。一八世紀のドイツの町に現れた男爵は自分が超人的な能力を持つ仲間を引き連れた英雄なのだと語るが、みんなホラだと思って相手にしない（男爵をホラ吹きと断罪する役人はジョナサン・プライスだ）。しかし男爵を信じた少女によってホラはすべて現実となる。

「『未来世紀ブラジル』は、夢はしょせん現実に勝てやしないという僕の悲観的な面が出た映画だったが、そのいっぽうで夢こそが現実なんだという『バロン』のような楽観的な面もあるのさ」

『バロン』という映画自体がギリアムの途方もない夢だった。彼のヴィジョンを実現するために壮大なセットが作られたが、製作費はとめどなく膨れ上がり、撮影はいつまでも終わらなかった。公開が延びるうちにアメリカでは配給元のコロムビアの経営陣が変わっていたので投げやりに公開され、製作費四千七百万ドルに対して北米の興行収入はわずか八百万ドルという壊滅的失敗に終わった。

「わがままな映画作家」という悪評を恐れたギリアムは監督に徹して他人の脚本による『フィッシャー・キング』（九一年）と『12モンキーズ』（九五年）を引き受け、これをヒットさせた。前者はアーサー王の聖杯を信じるホームレス、後者は『ラ・ジュテ』の翻案だが、自分が未来からのタイムトラベラーだと信じる男が主人公で、最初は誰からも信じてもらえないが、最後には彼らの言葉が現実になるという、ギリアムらしい物語だった。

ところが、『ラスベガスをやっつけろ』（九八年）でギリアムは、アレックス・コックスが書いた脚本を破棄したため、脚本家協会から規約違反だと糾弾され、逆ギレして脚本家協会の会員証を焼き捨てる映像をネットで配信し、「バトル・オブ・ブラジル」を思い出させる騒ぎを起こした。

一九九九年、ギリアムは十年来の夢だった『ドン・キホーテ』の映画化に取りかかった。騎士道物語の読みすぎで自分を伝説の英雄だと思い込んでしまったドン・キホーテは、ギリアムにとってもう一人のほら男爵だ。しかし、この『ドン・キホーテを殺した男』は、予算不足、準備不足、主演俳優が高齢すぎてヘルニアでダウン、などの理由で撮影開始六日目に製作中止。そのメイキング・フィルム『ロスト・イン・ラ・マンチャ』（二〇〇一年）だけが公開され、ギリアム自身がドン・キホーテとして晒《さら》される結果になった。

ギリアムは生涯最大の製作費八千万ドルの大作『ブラザーズ・グリム』にカムバックのチャンスを懸けた。ここでもグリム兄弟はフランス軍の将軍（ジョナサン・プライス！）からホラ吹きの詐欺師《さぎし》とされるが、やはり最後にお伽噺《とぎばなし》は全部、現実になる。『ブラザーズ・グリム』でも悪夢は繰り返された。ギリアムは製作会社ミラマックスの社長ハーヴェイ・ワインシュタインとキャスティングからカメラマン、メイクをめぐって激しく対立し、たび重なる製作中断のため、公開は二年も延期。二〇〇五年にやっと日の目を見たもののアメリカでは興行的に惨敗《ざんぱい》した。

「映画を作るとなぜかみんな僕の自伝的な話になってしまう。途方もない夢を語り、それを理解されない男の話にね」

『ブラザーズ・グリム』に際してのインタビューでテリー・ギリアムは筆者にそう語った。

「それでも夢を見続けずにはいられないんだよ」

# 第5章
# オリヴァー・ストーン『プラトーン』
Lovely Fuckin' War !

© Mary Evans/amanaimages

「戦争で最初に死んでいくのはイノセンスだ」

——『プラトーン』の宣伝コピー

右の言葉は「戦争では罪なき人々がまず犠牲になる」という意味と、「戦場では若者が人を殺すことで無垢《むく》を失う」ことの両方を意味している。『プラトーン』(八六年)は、ヴェトナム戦争を実際に戦った兵士による、最初のヴェトナム戦争映画である。

『プラトーン』は米軍のヴェトナムでの残虐《ざんぎゃく》行為を描いたために、公開当時、反戦的・左翼的な映画だと評された。今でも日本の映画関係の資料には「反戦映画」と書かれているものが多い。

本当にそうだろうか?

ヴェトナム戦争を一兵卒として体験したオリヴァー・ストーンに『プラトーン』を書かせたのは、自分が戦場で受けた痛みと誇りをすべて吐き出したいという衝動だった。だから『プラトーン』のディテールはすべてストーン本人が体験した事実であり、登場人物もすべてストーンの戦友が実名か実際のニックネームで登場している。

そこでは「戦争は悪くて平和は善い」「人を殺すのは悪だ」といった道徳は描かれない。『プラトーン』にストーンが込めたのは、戦争に対する愛《いと》しさと憎しみなのだ。

## さまよえる帰還兵

オリヴァー・ストーンは理想と現実の間に生まれた。

父、ルイス・ストーンはユダヤ系の株式コンサルタントで、三十五歳のとき、第二次世界大戦に従軍し、駐屯先のパリで十九歳の美しいフランス娘ジャクリーンを見初《みそ》め、結婚した。二人はニューヨークで暮らし始め、一九四六年にオリヴァーが生まれた。

両親は正反対の性格だった。

「親父《おやじ》はいつだってスーツにネクタイをしていた」

父ルイスはオリヴァーの映画『ウォール街』（八七年）の頑固で貧乏な株仲買人ルー・マンハイムのモデルである。「親父はいつだって株式コンサルタントとしては優秀で、クライアントを儲《もう》けさせたが、自分自身は事業に何度も失敗し、死ぬまで金持ちにはなれなかった。七十五歳で死んだときに遺《のこ》した財産は二万ドルに満たなかった」

政治的にはゴリゴリの保守で、共和党を熱烈に支持し、十歳になったばかりのオリヴァーにリベラルと共産主義の恐怖を説いた。オリヴァーは「だから俺は民主党のルーズヴェルトは悪魔だと思ってたよ」と言う。ルイスは、貧乏人には同情するな、と息子に教えた。

ルイスはペシミスティックな現実主義者だった。詩や戯曲を好んだが、芸術は職業ではないと思っていた。「親父は、人生とはつらく厳しいものだと信じていた」。ルイスはオリヴァーが幼い頃から「お前は、毎日、何か一つやりたくないことをやらなくちゃならない」と教えた。オリヴァーがどんなに良い成績を取っても父は満足しなかった。「親父にも愛情はあったと思うけど、それを決して表に出さなかったんだ」

母ジャクリーンは逆に自由奔放だった。「あの人はいつも大はしゃぎして、人生を目いっぱい楽しんでいた」。毎週のようにホーム・パーティを開き、たちまちニューヨークの社交界の花形になった。ヨーロッパからも数々のアーティストがストーン家を訪れた。そのなかにはジャック・タチもいた。ニューヨークの最先端の人々だから、ゲイもいた、ドラッグもあった。その後のカウンター・カルチャーの先駆けのような人々だった。

ジャクリーンはルールを気にしない女性だった。オリヴァーに学校をサボらせて一緒に映画に行ったり、クラブやバーにも連れていったりした。彼が九歳のとき、ヌーディスト・キャンプにまで行った。

しかし、ストーン家は実際はそれほど金持ちではなかった。豪華なパーティを開く自宅は家具も含めて借家だった。しかし、ジャクリーンはまったく気にせず、いつも美しく着飾り、浪費を続けた。息子の世話は使用人に任せた。

「母さんの周りにはいつも香水の香り、笑い声、微笑《ほほえ》み、それに美しさが漂っていた」。オリヴァーにとって母親は現実ではなく「妖精《ようせい》みたいなものだった」と言う。「母さんはいつも夜中の三時まで騒いで朝は眠っていた。俺が夕方、学校から家に帰ると、これからパーティに出かける母さんとすれ違った」

オリヴァーは、父の「人生は耐えるもの」という暗く厳しい現実主義と、母の「人生は楽しむもの」という明るく自由なファンタジーの間に挟まれて育った。この葛藤《かっとう》は彼の一生を貫くものとなる。

## イノセンスの終わり

父は厳しく、母は遊び好きで、両親よりも使用人と過ごす時間のほうが長かったオリヴァーだが、十三歳のとき、ついに「両親から捨てられた」と思った。

彼は遠くペンシルヴェニアの寄宿学校ザ・ヒル・スクールに入れられたのだ（ドナルド・トランプの二人の息子もここの卒業生）。厳格で有名な全寮制男子校（当時）で、友達はできなかった。両親は面会に来なかった。それでもオリヴァーは家に帰れるクリスマスや夏休みを夢見て、暗く厳しい寮生活に耐えた。

しかし、十五歳のある日、父の秘書から連絡を受けた。

「ご両親は離婚されました。二人とも浮気していたんです」

母親は息子にさよならも言わずにフランスに帰ってしまった。父親は息子を迎えに来なかった。家に電話しても繋《つな》がらなかった。母の浪費で破産した父は高級フラットを出てホテル住まいを始めたからだ。オリヴァーを待つ家庭は跡形もなく消えてしまったのだ。

「大人なんてどいつもこいつも身勝手で信用できない。みんな仮面を被《かぶ》ってるけど、実は醜い真実、見たくない真実を隠しているんだ」

オリヴァーの少年時代が崩壊した翌年、アメリカという国もそのイノセントな時代を終わらされた。ケネディ大統領が暗殺されたのだ。事件は謎《なぞ》だらけで、人々はＣＩＡとマフィアが結託して大統領を抹殺したと噂《うわさ》した。

「あの事件以来、俺は親たちの世代をまったく信用しなくなった」

さらにその翌年の六四年、ヴェトナム沖のトンキン湾に停泊中の米海軍駆逐艦マドックスが北ヴェトナム軍に魚雷攻撃を受け、これがきっかけでヴェトナム「戦争」が始まった。しかし、後にマクナマラ国防長官は魚雷攻撃は捏造だったと認めた。アメリカが戦争をする口実としてでっちあげた嘘《うそ》だったのだ。

### 自殺志願

父親ルイスは傷ついた息子をどう慰めたらいいかわからず、知り合いのコールガールを買ってやった。オリヴァーがまだ十六歳の誕生日前のことだ。彼はまだ父親にコントロールされていた。自分の跡を継がせようという父に従って名門イエール大学で経済を学んだ。しかし、まったく勉強には興味が持てず、神経衰弱寸前になった。

そんなとき、運命の本と出合ってしまった。『ロード・ジム』だ。イギリス人の航海士ジムはアラブの巡礼を運ぶ船に乗るが嵐《あらし》に遭って客を捨てて逃げてしまう。その罪悪感に苛《さいな》まれたジムは東南アジアの小さな村で、村人のために献身的に尽くす。そして白人の悪党たちから村を守るために命を懸ける。著者のウィリアム・コンラッド自身が船乗りとしてアジアやアフリカの奥地に身を投じた人物で、『地獄の黙示録』

（七九年）の原作『闇の奥』も書いている。オリヴァーはアジアに憧れ、ついには父の反対を押し切って大学を休学し、英語の教師としてヴェトナムに渡ってしまった。一九六五年、十九歳のオリヴァー青年はかの地に立った。首都サイゴンにはドラッグと娼婦《しょうふ》があふれ、西部の無法の町のようだった。しかし、それは東部の保守的な上流階級で育った青年にとって夢のように自由な世界だった。ヴェトナムの緑あふれる美しい風景と、美しいアジアの女性たちにオリヴァーは夢中になった。

そのままオリヴァーはコンラッドを真似《まね》て水夫として商船に乗り込み、タイ、台湾、アラスカ、メキシコを回った。六六年、オリヴァーは小説家を目指して処女作『子供の夜の夢』を書き始めた。マルセル・プルーストの『失われた時を求めて』やトルーマン・カポーティの『遠い声　遠い部屋』のように、自殺を考える少年の回想と幻想が入り乱れる自伝的小説だ。オリヴァーは小説に専念するため大学を中退した。父親は怒り狂った。自分を切り売りするような小説は父の最も軽蔑《けいべつ》する「ろくでなしの仕事」だった。オリヴァーは自信満々で出版社に持ち込んで回ったが、相手にされなかった。父は慰める代わりに「それ見たことか」と言った。一九六七年四月、絶望したオリヴァー・ストーンはヴェトナム戦争に志願した。

「本当は自殺したかったけど、その代わりに戦場に行ったんだ」

## 道理が通らぬ場所

しかし、何よりもオリヴァー・ストーンは愛国的な少年だった。「祖父は第一次大戦、父は第二次大戦で戦った。今度は僕が国民の義務を果たす番だ」。保守的な教育を受けたオリヴァー・ストーンは、後に監督する『7月4日に生まれて』(八九年)の主人公ロン・コヴィックのように「ヴェトナムの人々を共産主義から救うんだ」と心から信じていた。

訓練を終えたオリヴァー・ストーン二等兵は米陸軍第25歩兵師団第22歩兵連隊第3大隊ブラヴォー中隊の第2小隊《プラトーン》に配属された。十五カ月の任期が始まった。

「ヴェトナムに着いたのは一九六七年九月十六日だ。なぜ覚えているかというと、九月十五日は俺の二十一歳の誕生日だったからさ」

戦場からオリヴァーは、フランスの祖母に手紙を書いた。夏休みのたびにオリヴァーを温かく迎えてくれたフランスの祖父母は、彼にとって疎遠《そえん》だった両親以上の肉親だった。この手紙は映画『プラトーン』のナレーションになる。

「前略　おばあちゃんへ。誰かが『地獄とは道理が通らぬ場所だ』って書いてたけど、それがここです。もう、僕は後悔しています。まだ一週間しか経《た》ってないのに」

最前線で泥の中を這《は》いずり回る歩兵はみんな貧乏で無学な田舎の白人か、黒人やヒスパニックばかりで、ニューヨーク出身の、本を読む青年はオリヴァー・ストーンだけだった。同じ部隊にいたラリー・ロビンソンは後にインタビューでオリヴァー・ストーンを「クラシック音楽を聴いてた奴《やつ》だ」と回想している。「そんなもの聴く奴は兵隊にはいなかったからな」。オハイオ出身のマイケル・ブロジェットはオリヴァーに缶切りの使い方を教えてやった。「今まではメイドに開けてもらってたんだとさ」

最もオリヴァーを幻滅させたのは、アメリカ軍はヴェトナムの人々を救いに来たはずなのに、実際はヴェトナム人を殺し、村を焼き払っていたという事実だ。「俺たち兵隊は戦いの目的も、自分がどこにいるのかすらわかってなかった」「罪もない人々を殺した。まったく無計画に」

そんな「地獄」でオリヴァーを癒《いや》したのは、戦友たちから教えてもらったジミ・ヘンドリックスやドアーズのロックンロール、モータウンのR&B、それにマリファナやLSDだけだった。

「俺の魂はヴェトナムで生まれ変わったんだ」

ストーンはいつしか戦場の虜《とりこ》になっていた。二度負傷したので、規定どおり後方のMP（憲兵隊）に回されたが、仕事の退屈さにイライラし、ついに軍曹と衝突した。

このままでは軍法会議にかけられる、というとき、ストーンは自ら「なら、最前線に戻してください」と志願したのだ。

要望どおり、彼は第1騎兵師団に配属された。戦場に来てから半年目だった。「実を言うと、俺は戦闘の快感にFUCKされてメロメロになっちまったのさ。アドレナリンがあふれ出すあの瞬間が忘れられなかったんだ」

その頃には彼も優秀な兵士に成長していた。六八年八月、敵の陣地の機関銃で部隊が身動きできなくなったとき、ストーンはたった一人で突撃して、敵の塹壕《ざんごう》に手榴弾《しゆりゆうだん》を投げ込んだ。「そいつが弾《はじ》け散るのが見えた。俺にとって最初の人殺しだ」。この戦功でストーンは青銅星章《ブロンズ・スター》を授けられた。

六八年十一月、二十二歳になったオリヴァー・ストーンは任期を終えて除隊した。「生き残ったのは運が良かっただけだ。きっと何かをするために運命が俺を生かしたんだ。たぶん、この経験を世の中に残すためなんだろう」

## 兵士の故郷

オリヴァー・ストーンは、除隊を父に知らせず、ニューヨークへ帰らずにメキシコに入った。しかしヴェトナムから持ち込んだマリファナを持ち歩いていたため、アメリカに再入国するときに逮捕され、サンディエゴの刑務所に送られた。ベッド三千の刑務所に一万五千人の囚人が詰め込まれ、ストーンは冷たい床で寝た。刑期は五年から二十年。慌《あわ》てたストーンは父に電話した。「いい知らせです。僕は帰ってきました。悪い知らせ。僕は刑務所にいます」。父が雇った弁護士のおかげですぐに釈放されたが、ストーンはボサボサの長髪で、ボロボロの軍服を着た、ヤク中の前科者で、学歴もなく、やたらFUCKを連発する、典型的なヴェトナム帰還兵になっていた。

故郷ニューヨークに帰った彼を父は怒鳴りつけた。「勝手に大学を辞めたお前に就職先なんてないぞ!」。父の言葉は本当だった。ストーンはそれから七六年まで、なんと七年間も、コピー屋の店員、郵便配達人、そして深夜のタクシー・ドライバーなど、最低賃金の職を転々としながら食うや食わずの生活を続けることになる。でも、他の戦友たちに比べれば、ストーンはマシなほうだった。

『プラトーン』公開時に『ピープル』誌はオリヴァー・ストーンの戦友たちに取材したが、たとえばストーンに缶切りの使い方を教えたブロジェットは中学を卒業してすぐに徴兵されたため、何の職能もなく、帰還してからは近所の庭の芝刈りをしながら水道もガスもない丸太小屋で暮らしていた。ストーンと同じタコツボに入っていたミネソタ出身のディック・ウェアが故郷に帰ったとき、彼を迎えたのは「ヴェトナムで子どもを殺すのはどんな気分だ！」と罵倒《ばとう》する人々だった。耐え切れなくなったウェアは深い森の中に引きこもって暮らした。皆、職業訓練を受けるべき人生のいちばん大切な時期を戦争に奪われた。身につけた殺人術はアメリカでは何の役にも立たず、戦場で覚えたドラッグは彼らの社会復帰をさらに難しくした。

「誰も帰還兵の話なんて聞こうともしなかった」とストーンは憤《いきどお》る。

孤独に打ちひしがれたストーンは、ニューヨークをふらふらしながらＬＳＤやマリファナに逃避していた。ホームレスのジャンキー寸前だった。ある日、強盗にナイフを突きつけられたが、ストーンは黙って睨《にら》み返しただけだった。彼のカラッポな目を見て強盗は逃げた。

何かやらなくては。ストーンはリハビリのためにヴェトナムの経験を脚本に書き始めた。彼にとって最初のシナリオ『ブレイク』は『プラトーン』のファンタジー版といわれている。それがきっかけでストーンは映画作家への道を本格的に目指すことにした。六九年、帰還兵が優先的に大学に入れる制度を利用してニューヨーク大学（以下、ＮＹＵ）の映画学科に入った。ストーンが学校で初めて撮った映画はニューヨークを放浪する帰還兵を描いた『ヴェトナム最後の年』という短編だった。

## タクシードライバー

NYUでオリヴァー・ストーンの指導を担当していたのはマーティン・スコセッシだった。すでに初長編『ドアをノックするのは誰?』(六七年)を完成させていたスコセッシはストーンの師匠として、怒りをフィルムに表現する技術を彼に教えた。しかし、NYUでもスコセッシ以外に友人はできなかった。周りは口先だけの学生ばかりだったからだ。

「『タクシードライバー』(七六年)のトラヴィスみたいに孤独だった」とストーンは言う。「俺もちょうどニューヨークで深夜のタクシー運転手を始めたヴェトナム帰還兵で、普通の市民に戻ろうと苦労していた」

七一年、ストーンはレバノン移民の女性ナジュバ・サルキスと結婚したが、まだ脚本家志望の無職で、生活のためにタクシー運転手を始めたのだ。

七三年、ワーナー映画の宣伝を担当していたマリアンヌ・ビリングズがニューヨークでタクシーを拾った。運転手に仕事を訊《き》かれた彼女は「映画の宣伝よ」と答えた。するとドライバーは「僕も映画のシナリオを書いてるんだ。いつか監督になってやる」と言った。ビリングズは笑ったが、十四年後に『プラトーン』の宣伝に雇われてストーンと再会する。

七四年、ニクソン大統領がウォーターゲート事件で失脚した。冷たく官僚的で感情を表に出さないニクソンにストーンは父と似たものを見ていた。「連中はヴェトナムについてウソをついていた。今度はウォーターゲートでもウソをついていたんだ」「ワシントンに攻め込んでニクソンを殺せ、と思った」「俺はトラヴィスみたいな歩く時限爆弾だった」「殺しなんかいつでもやれた」。当時の心境をストーンはそう回想する。しかし、彼はトラヴィスのようにマグナムをつかむのではなく、その思いをタイプライターに叩《たた》きつけたのだ。

七六年、アメリカは建国二百年を祝っていたが、三十歳のストーンの人生はドン底だった。相変わらずシナリオは一本も売れず、結婚は破綻《はたん》した。建国を祝う祭りを見ながら彼はヴェトナムの体験をもう一度シナリオにまとめることにした。「もし、今書かなければ忘れてしまう。あの戦争はアメリカの歴史の教科書から抹殺されている」

ヴェトナムから帰還して八年目、『プラトーン』が書き上がった。この渾身《こんしん》のシナリオをストーンはハリウッドのあちこちに送りつけた。

## アメリカが作りたがらなかった映画

しかし、どこからも返事はなかった。当時はまだ『ディア・ハンター』（七八年）、『地獄の黙示録』の公開前で、アメリカ人にとって屈辱だったヴェトナム戦争を映画にしようという映画会社はなかったのだ。コロムビア映画も『プラトーン』のシナリオの出来に感心したが、まだこれは映画にできないと考えた。その代わり、「これを脚色してみないか?」と一冊の本をストーンに渡した。

それはビル・ヘイズというアメリカ人がトルコで麻薬所持で逮捕され、脱獄した体験を綴《つづ》った本『ミッドナイト・エクスプレス』だった。ストーンは麻薬で逮捕された経験を活《い》かして脚本化し、なんといきなり七八年度のアカデミー脚色賞を受賞した。以降、彼は売れっ子脚本家として『コナン・ザ・グレート』(八二年)、『スカーフェイス』(八三年)、『イヤー・オブ・ザ・ドラゴン』(八五年)と次々に話題作を書き上げていく。ストーンは二度目の結婚をして、ハリウッドに家を買った。

それでも、ストーンの悲願はやはり『プラトーン』を監督することだった。ヴェトナムはおろか戦場も知らない人々が想像だけで作った『ディア・ハンター』『地獄の黙示録』のリアリティのなさに彼は不満だった。『イヤー・オブ・ザ・ドラゴン』を製作したディノ・デ・ラウレンティスが『プラトーン』への出資を約束したが、すでに保守反動の八〇年代が始まっていた。レーガン大統領が強いアメリカの再生を掲げて反共政策と中南米への軍事介入を推し進めていた。ヴェトナム帰還兵がヴェトナムにリターンマッチを挑む『ランボー／怒りの脱出』（八五年）が大ヒットした。ラウレンティスは、この時期にヴェトナム戦争の愚行を暴《あば》く映画はタイミングが悪いと判断して手を引いた。結局、アメリカでは誰も『プラトーン』に手を出そうとせず、イギリスの新興映画会社ヘムデイルが出資することになった。

八六年、ストーンが初稿を書き上げてから十年かかって『プラトーン』はやっと映画になった。製作費はたった六百万ドル。『ランボー／怒りの脱出』の七分の一にも満たない低予算だった。『プラトーン』の公開直前には、アメリカ海軍がどこかの共産主義国の戦闘機ミグを撃墜する姿を軽快なポップ・ミュージックにのせて描いたオシャレで陽気な戦争映画『トップガン』（八六年）が大ヒットしていた。ヴェトナムの悪夢を蘇《よみがえ》らせる『プラトーン』が、アメリカだけで製作費の二十倍を超える一億四千万ドルを稼ぎ出し、アカデミー作品賞と監督賞に輝くことになるとは、誰も予想していなかった。

## フレッシュ・ミート

「若者よ、青春を謳歌《おうか》せよ」

ユダヤの知恵の書である「コヘレトの言葉」からの引用で『プラトーン』は幕を開ける。

サミュエル・バーバー作曲「弦楽のためのアダージョ」が、ヴェトナムに空《むな》しく散った青春への鎮魂歌のように流れる。戦術輸送機C－130ハーキュリーズがクー・チにあるアメリカ軍基地に砂塵《さじん》を舞い上げて着陸する。妊婦のように膨らんだ機体が割れて赤ん坊を生み落とすように新兵たちを吐き出す。そのなかに主人公クリス・テイラー（チャーリー・シーン）がいる。

「クリスは二十一歳の俺自身だ」とストーンは言う。

クリスが最初に見たものは、新兵と入れ替わりにC－130に載せられて故郷に帰る黒い死体袋だった。

「フレッシュ・ミート（新しいお肉）の到着だ」。新兵《チエリー》を見て古参兵たちは言う。

「お前らもじきにナム（ヴェトナム）が好きになるぜ」

第一日目。クリスはポイントマンとして小隊の先頭に立たされた。ジャングルに道はないので、蛮刀で藪《やぶ》を切り開きながら進む。湿気と暑さで目眩《めまい》がする。重い背嚢《はいのう》が肩に食い込む。靴の中ではふやけた足の皮がずる剝《む》けになっている。さらに首、いや耳の中まで蟻《あり》が入ってくる。朦朧《もうろう》とするクリスは北ヴェトナム兵の腐乱死体に出会う。

生まれて初めて見る死体だ。蛆《うじ》と悪臭に思わずゲロを吐いて倒れるクリス。

「何してやがるんだ。死体は噛《か》みつきゃしないぞ。とっとと進め」

暗い目をしたバーンズ曹長（トム・ベレンジャー）が冷たく命じる。彼の顔の左半分は醜い傷痕で引き攣《つ》れている。

戦場では新兵に古参兵たちは何も教えてくれなかった。新兵はヘマをやらかすので、近くにいると巻き添えを食らうからだ。生き残りたけりゃ、自分で学ぶしかない。

「よけいな荷物を持ちすぎて重いんだ」。クリスが子どもの遠足のようにザックに詰め込んだ不必要な着替えや食料や本を捨ててやりながらエリアス軍曹（ウィレム・デフォー）が優しく笑った。「次のパッキングは俺と一緒にやろうな」

エリアスもバーンズもストーンが第1騎兵師団で出会った実在の人物だ。実際はエリアスは長距離偵察小隊、バーンズは歩兵機動部隊だったのだが、『プラトーン』では同じ小隊に置かれ、対比させられていく。

## ブート・キャンプ

『プラトーン』は、米軍に撮影協力を拒否された。だから『地獄の黙示録』と同じように、フィリピン軍の協力でマニラの近くで撮影された。クリス役のチャーリー・シーンの父マーティン・シーンは『地獄の黙示録』の主役だった（ちなみにどちらの映画も主役のモノローグで始まる）。オリヴァー・ストーンの分身役に選ばれたチャーリー・シーンは『ウォール街』でも同じ役回りを演じることになる。

「冷酷なバーンズ曹長と優しいエリアス軍曹のキャスティングは普通の逆を狙《ねら》った」とストーンは言う。「当時、トム・ベレンジャーは二枚目俳優で、ウィレム・デフォーは殺人鬼やテロリストばかりだった。しかし、トムにはギラギラしたものが、デフォーには精神的に崇高なものが隠されているように思ったんだ」

三十二人の兵隊役の俳優たちは、撮影開始の二週間前からフィリピンのロケ現場に入り新兵訓練《ブート・キャンプ》に参加させられた。

「キャンプに参加しないと映画に出さないと脅されたからしょうがなかった」とチャーリー・シーンは言う。

訓練の教官は、元海兵隊で三十一の激戦を戦い抜いてきた歴戦の英雄、デイル・A・ダイだった。彼は『プラトーン』の軍事考証の顧問でもあり、映画の中では中隊長ハリス大尉《たいい》として実際にプラトーンたちを率いている。

「キャンプの目的は六八年の兵隊になりきるためだ」とストーンが言うとおり、俳優たちはM16アサルト・ライフルのフルオート射撃と分解掃除などを教えられたが、それだけではなかった。キャンプでは俳優たちは役名で呼ばれ、ライフルや機関銃、弾薬、無線機など三十キロの装備を背負って道なきジャングルを歩かされた。食事は冷たいCレーション（米軍支給の缶詰）で、一日二食のみ。シーンは「シャワーや兵舎くらいはあると思ってたけど、甘かったね」と回想する。夜は身長くらいの深さのタコツボを掘らされ、そこにうずくまって寝る。シャワーどころかベッドもない。外部との連絡もいっさい禁じられた。しかも実戦と同じく、夜は二時間交代で起きて歩哨《ほしょう》に立たされる。兵士役の一人、ジョニー・デップがうっかり眠りこけたら、頬に拳銃《けんじゅう》を突きつけられて目が覚めた。ダイが「お前は死んだ」と言って引き金を引いた（もちろん薬室は空）。さらに特殊技術班が夜中にいきなり機関銃や爆薬の試験をして、爆音で全員を叩き起こした。

それを十日も続けているうちに、俳優たちはドロドロに汚れ、疲れ、無表情になっていった。兵士の顔になっていた。

「あの疲れ切った態度、怒り、苛立《いらだ》ち、人殺しや死に対する無感覚を体で覚えさせようとしたんだ」。ストーンは言う。「俺がヴェトナムでよく覚えているのは、とにかく疲れていたってことだ。あまりに疲れていたんで、ヴェトコンが出てきて俺を撃って、すべてを終わらせてくれ、と思っていた」

## 初めての戦闘

クリスは初めて実戦を経験する。ジャングルの中で野営。新兵は交代で起きて敵を見張る。雨が降るなかポンチョにくるまって寝ようとするが、顔めがけて蚊が群がるので眠れない。ふとジャングルの奥を見ると、北ヴェトナム兵たちが音もなく近づいてくる。見張り当番の黒人兵ジュニアは眠りこけている。みんなに知らせなくては。「でも、声を出したら殺されると思うと怖くて身動きもできなかった」。とストーンは回想する。

敵の襲撃。闇のなか飛び交う銃弾。クリスはクレイモア（榴弾を前方にバラまく指向性地雷）のスイッチを何度も押すが何も起こらない。安全装置がかかったままだ。ストーンも初めての戦闘では安全装置がかかったままのM16ライフルを振り回していたという。

オニール軍曹が敵に手榴弾を投げる。しかし手前に落ちて爆発。飛び散った破片は機関銃手テックスの腕を引き裂いた。クリスのうなじにも小さな破片が刺さる。これもストーンに起こった事実どおり。「ヴェトナムの死傷者の二〇〜三五パーセントくらいが事故か味方に殺されたんだ」。ストーンは言う。彼は、これ以外にもう一度負傷したが、そのときも味方が誤爆させたクレイモアで尻《しり》を負傷したのだった。

クリスはカスリ傷なのに大げさに「死ぬ死ぬ」と泣き叫ぶ。『プラトーン』にはハリウッド映画のような痛快なアクション、かっこいい戦闘シーンはいっさいない。兵隊たちは次々とぶざまでマヌケな理由で傷つき死んでいく。

ドキュメンタリー出身のロバート・リチャードソンによる撮影は、戦況も何もわからないクリスの混乱した、近視眼的な視点で貫かれている。ヘリコプターに乗り込むシーン以外では全体を俯瞰《ふかん》するような映像はない。観客は泥の中に這いつくばる歩兵の目になる。

クリスと一緒にヴェトナムに来たばかりの新兵ガードナーは胸に敵弾を受け、息絶えた。その死体を指してバーンズは叫ぶ。「お前ら、このザマをよく見ておけ！　戦闘でヘマすれば死体袋で帰ることになるんだ」。そしてクリスを睨んだ。「貴様、今度、居眠りしやがったら個人的に酷《ひど》い目に遭わせるぞ」

クリスは「曹長殿、見張り当番は僕じゃありません。ジュニアが……」と反論するが、手榴弾を投げそこなった「犯人」のオニール軍曹に遮られる。「言い訳はケツの穴と同じだ。誰でも一つは持ってる」

「オニールは俺たち新兵をイジメた実在の軍曹がモデルさ」。ストーンは笑って言う。「彼みたいに自分が生き延びることしか考えてない奴も多かった」

ガードナーの骸《むくろ》を見てエリアス軍曹がつぶやいた。

「あと二、三日生き延びたら、もう少しは利口になって生き残れたかもしれないのにな」

## 貧乏人の戦場

『プラトーン』の主要人物はクリスを除いて全員が実名もしくは実際のニックネームだという。

「第25歩兵師団と第1騎兵師団での体験をミックスしてある」

たとえば「キング」という仇名《あだな》の黒人兵は、ストーンと最初の塹壕仲間になったベン・フィッツジェラルドのことだ。手紙を書くときに「親愛なる」のDearも綴《つづ》れない南部出身の貧しい黒人キングは、ニューヨークの金持ち息子でインテリのストーンとなぜか大の親友になった。ストーンは七六年に『プラトーン』のセリフを書く際に南部の黒人の言葉についてキングに相談している。また映画が完成したときはプレミアに招待した。ヴェトナム戦争で確実に良かったといわれるのは、彼らのように肌の色を超える友情が数多く生まれたということだ。

キングは『プラトーン』の中でクリスに尋ねる。

「お前、インテリのくせにどうして戦場なんかに来たんだ?」

「志願したんだ。大学を中退して」

「気でも狂ってるのか？　大学を辞めて自分からこんなクソ溜《だ》めに？」

ヴェトナム戦争のとき、政府は大学生や会社で役職に就いている者を徴兵から免除した。「それこそが最大の間違いだった」とストーンは断言する。「中卒の貧乏人には徴兵を逃れる術《すべ》はない。貧乏人たちがジャングルで戦っている間、中産階級以上の連中は戦争をテレビで観《み》るだけで、金儲けに忙しかったんだ」

ストーンはクリスを「テイラー」という苗字《みょうじ》のWASPに設定した。彼はヴェトナムに行かなかった中産階級以上のアメリカ人の代わりに、レッドネックとマイノリティの中に放り込まれる。標準語でしゃべっている兵士は彼ぐらいで、あとはみんな各地のきつい訛《なま》りとデタラメな文法でしゃべっている。たとえばYou areをYouseというような。

「前略　おばあちゃんへ。彼らの出身地はテネシーのプラスキだの、ユタのポーク・ヴァンだの、聞いたこともない小さな田舎町ばかりです。高校もロクに出てない彼らは生きて故郷に帰っても、工場に就職できれば運がいいほうで、ほとんどはそれも無理でしょう。アメリカに見捨てられた人々です。でも彼らはアメリカのために戦っているのです。おばあちゃん、彼らこそアメリカの心と魂なんです」

クリスは手紙でそう書く。しかし、同時にオリヴァー・ストーンはこうも言っている。「この映画は、日曜日には教会に通っていた、天使のような顔をした田舎の無垢な少年が女子どもを殺すようになる過程を描いたんだ」

**アパッチ戦士エリアス**

キングはクリスをある塹壕に連れていく。そこはマリファナの煙に満ちており、ジェファーソン・エアプレインの「ホワイト・ラビット」が流れている。そこは、プラトーン内のHeads（Pot-headsマリファナ常用者）が集まる「アンダーワールド」だ。

リーダーはエリアス軍曹。エリアスはストーンが第1騎兵師団で出会ったファン・エンジェル・エリアス軍曹がモデルである。格好よくカスタマイズされた戦闘服を着たエリアスは「ロック・スターみたいだった」とストーンは言う。

エリアスはアメリカ先住民のなかでも最も戦闘的で勇敢なアパッチ族の末裔《まつえい》だった。偉大な戦士の血を継ぐ彼は、獣のように森を駆け抜けて敵を翻弄《ほんろう》する。平原に暮らしたアメリカ先住民の男性は狩猟と戦闘だけが仕事だった。白人に支配された後、農場や工場労働に従事したものの、それは男の仕事ではない、という思いが彼らをアルコールに逃避させた。そのため戦争が始まるとアメリカ先住民はこぞって志願したという。

ストーンはエリアスから装備を最小限にして軽くすること、カタカタ音の出る部品をテープで止めること、それに「頭でなく感覚で戦う」ことを教わったという。エリアスは兵士としては優秀だが、いまだに「ヴェトナム人を救う」という建前を信じていて、そのために上官と対立し、おかげで役立たずの新兵を押しつけられて危険な任務ばかりやらされていた。要領の良さだけが取り柄のオニールはエリアスを馬鹿《ばか》にしている。

「エリアスの奴はもう三年も戦場にいるのにキリスト気取りが抜けねえ」

アンダーワールドでエリアスはクリスにコンバット・ショットガンの太い銃口を突きつける。「くわえろ」

薬室からエリアスはマリファナの煙をクリスの口に吹き込む。このシーンはホモセクシャルだ。娼婦以外に女性経験がなかった当時のストーンにとって、ハンサムでたくましい先輩エリアスはアイドルだった。『プラトーン』の原型『ブレイク』を書いたとき、ストーンは彼のもう一人のアイドル、ジム・モリスンがエリアスを演じることを夢見ていた。

シナリオではエリアスがいかに女性にモテるかを示す逸話がいろいろと書かれてい

る。エリアスはセックスと、ドラッグと、音楽と、パーティと、そして戦闘を楽しみ、いつも笑っている。とくに戦闘の最中は。彼は昔ながらの戦士のような存在だ。戦争が男子にとってのフェアなスポーツ、神聖な儀式だった時代の生き残りだ。でも、現代の戦争はそんな無邪気なものではない。

ドラッグでハイになったエリアスやクリスは肌の色の区別なく抱き合い、スモーキー・ロビンソンの「トラックス・オブ・マイ・ティアーズ」を陽気に合唱する。

人は僕をパーティ野郎と呼ぶ
ジョークばかり言ってるからね
でも、ちょっと近くに来てごらん
僕の笑顔の向こうに見えるだろう
涙の跡が

**死神バーンズ**

「アンダーワールド」の乱痴気騒ぎを、ドラッグをやらない兵士たちは苦々しく聞いている。Heads に対して彼らは Juicers（酒飲み）と呼ばれる。カントリー・ミュージックを聴きながらバーボンを飲み、ポーカーをしている白人ばかり。

こちらのリーダーはバーンズ曹長。「バーンズはいつも冷たい目をしていた。彼に睨まれるとキンタマが縮み上がった」とオリヴァー・ストーンは回想する。『プラトーン』でのバーンズは、エリアスと逆に、決して笑わない。

バーンズは左目のすぐ上を撃たれた傷の跡が顔全体に醜く走っていた。七回も命にかかわる重傷を負いながら戦場に戻った不死身の男バーンズはヴェトナム人を憎み、容赦なく殺した。

「しかしバーンズは優秀な兵士だった。彼のような男のそばにいれば死ぬ確率は減る」

第1騎兵師団でオリヴァー・ストーンは無線係としてバーンズの後ろについて移動したという。カンボジア国境近くのジャングルの中を行軍していたとき、バーンズが突然「全隊止まれ」という意味で両手を挙げた。ストーンたちには何も見えず何も聞こえなかった。しかし、音を立てずにジャングルの中に分け入ってみると、北ヴェトナム兵が三人、冷えた焼魚を食べていた。三人は何が起こったかもわからないうちにバーンズに射殺された。「なぜ、敵がいるとわかったんですか？」と訊かれたバーンズは「魚の匂《にお》いがした」と答えた。

実戦経験豊富なバーンズは兵士たちの尊敬を勝ち取っていた。『プラトーン』では、士官学校上がりの小隊長ウルフを差し置いて、バーンズが実質的なリーダーシップを握っている。臆病者《おくびょうもの》のオニール軍曹たちがバーンズの取り巻きをしているが、バーンズは誰にも決して心を開かなかった。死の恐怖を感じたオニールが「休暇をくれ。今度こそ死んじまう気がする」と懇願しても、「人間、誰だって死ぬんだ」と無感動に言い捨てる。腕をちぎられて泣き叫ぶ兵士に、バーンズは地獄の底から響くような声で凄《すご》む。

「痛みを受け止めろ！」

バーンズは感情を殺すこと、マシンになることが戦場で生き延びる条件だと信じていた。『プラトーン』でバーンズは言う。「エリアスのような奴がいるとマシンは機能しない」

ストーンは気づいていないが、バーンズの現実に対する暗い哲学は、ストーンの父のそれとよく似ている。だからストーンはバーンズを尊敬し、憎んだのだ。マリファナを吸うクリスたちをバーンズは「こんなもので現実から逃避しようとしやがって」と叱《しか》り、自分を指差して叫ぶ。

「俺が現実だ！」

そしてエリアスのことを「奴は十字軍だ」と揶揄《やゆ》する。この場合「十字軍」は「正義の戦士」という意味だが、歴史上の十字軍はエルサレム奪回という聖なる大義を掲げながら、現実には行く先々で略奪と強姦《ごうかん》を繰り返した。エリアスは「ヴェトナムの人民を救う」という戦争の理想を、バーンズは「ヴェトナム人を踏みにじる」現実を象徴している。そして、理想と現実はついに激突する。

## 地獄の神話

第１騎兵師団におけるストーンたちの仕事は、カンボジア国境から南ヴェトナムに侵入する北ヴェトナム正規軍（以下、ＮＶＡ）のSearch and Destroy（索敵殲滅《さくてきせんめつ》）だった。

クリスたちは、ジャングルの中でＮＶＡの地下壕を発見するが、兵士の一人がブービー・トラップ（罠《わな》爆弾）で両腕を吹き飛ばされて死んだ。

クリスは、誰も見ていない場所でバーンズが部下を失った悲しみに涙をこぼす姿を目撃してしまう。マシンでも死神でもない、部下を本気で愛する男の素顔を観客は一瞬垣間《かいま》見る。

しかし、その涙はすぐに殺意に変わる。もう一人の兵士が喉《のど》を掻《か》き切られた死体で発見されたのだ。敵はどこにも見えない。バーンズの、プラトーンの怒りはどこに向かうのか。彼らは近くに「千年も前から何も変わっていないような」小さな村を見つけた。

「……バーンズの目には怒りが燃えていた。我らがエイハブ船長(白鯨への復讐《ふくしゅう》にとりつかれた男)は筋を通そうとしていた。その日、僕らはバーンズが好きだった」

ソンミ

村から走り去る農民の人影がはるか彼方《かなた》に見える。その小さな後ろ姿にバーンズはM16を撃ち込む。村の地下壕に女子どもが隠れているのを見て、バーンズは手榴弾を放り込む。ストーンは言う。「この映画で俺はミライの虐殺《ぎゃくさつ》がなぜ起こったのかを見せたかったんだ」

一九六八年三月十六日、南ヴェトナム領内のソンミ村のミライ集落をアメリカ陸軍のカリー中尉率いる小隊が襲い、非武装で無抵抗の村人五百四人が殺された。被害者のうち妊婦が十七人、子どもが百七十三人でそのうち赤ん坊が五十六人、老人が六十人いた。

クリスは農家の一つに入り、母親が隠そうとした青年を引きずり出す。地雷を踏んだのか片目で片脚だ。障害があるらしく薄笑いをやめない。怯《おび》えたクリスは彼の足元にライフルを撃ち込んだ。これはストーン自身がやったことだ。「その老人は笑うのをやめなかった。俺はカッとなって足元に乱射した。殺したかったが一歩手前で抑えた。でも、殺しても誰も気にしなかっただろう」

クリスは自分を抑えたが、まだ十六歳の少年兵バニー（ケヴィン・ディロン）が出てきて、片脚の青年をショットガンで殴り殺した。「見ろよ、頭が割れたぜ。脳味噌《のうみそ》が飛び出すのを見たのは初めてだぜ」。これもまたストーンが目撃した事実だという。バニーはバッグス・バニーの刺青《いれずみ》をした、まだヒゲも生えていない少年だ。

さらにバニーたちは村の少女を輪姦する。これをクリスが止める。「彼女だって人間なんだぞ！」。実際にストーンも米兵のレイプ行為を止めて恨まれたという。

ストーンの戦友ジム・パパートは「たしかに俺たちは村を焼いた」と認める。「俺も最初はクリスみたいに憤りを覚えた。けれども、さんざん敵に苦しめられるうちに、俺もいつしかヴェトナム人なら誰でも平気で殺せるようになっちまった」

アメリカ兵たちは決して冷酷な殺人鬼ではなかった。「貧しく教育もなく人生経験もない田舎の少年に銃を持たせて、毎日拷問《ごうもん》すれば誰だって女子どもを殺すようになる」。ストーンはヴェトナムの戦友たちを糾弾するのではなく、無垢《むく》な若者たちが殺人マシンになる悲劇を描きたかったのだ。

村の貯蔵米の中からソ連製の武器が大量に発見された。「この武器は何なんだ?」。バーンズが村長に尋問する。通訳(ジョニー・デップ)が間に入る。「村長が言うには、NVAの兵士が置いていったそうです。協力しないと殺されるので……」「ふざけた言い訳するんじゃない!」

「南ヴェトナムの農村はみんな北ヴェトナムのシンパだった」とストーンは言う。「当たり前だ。NVAは同胞のために戦っていて、俺たちアメリカ軍は侵略者だからね。俺たちもそれはわかってる。だからヴェトナム人が誰でもヴェトコン(共産ゲリラ)に思えてくるんだ」

みんな実は敵なのではないか。疑心暗鬼でアメリカ兵は「いいGook《グーク》(ヴェト公)は死んだGookだけだ」を合言葉に皆殺しを始めた。アメリカ原住民から土地を奪った白人たちも「いいインディアンは死んだインディアンだけだ」と言った。アメリカ兵がソンミでやったことは、アメリカの騎兵隊が先住民の集落で、日本軍がアジアで、ナチがヨーロッパで、世界中の侵略者がいつもやってきたことだ。

大事に育てた豚を殺し、米を焼くアメリカ兵に怒って村長の妻がバーンズに激しく抗議する。ヴェトナム語なので何を言っているかわからない。うるさい!とばかりにバーンズは彼女の頭を撃ち抜く。それを見た村長の娘が火がついたように泣き出した。バーンズは今度はその少女のこめかみに拳銃を突きつけた。「さあ、本当のことを言わないとお前の娘を殺すぞ！」

「やめろー！」

後から部隊に追いついたエリアスがバーンズに殴りかかった。

ソンミ村の虐殺現場でも、ヘリで通りかかったヒュー・トンプソン・ジュニア准士《じゅんし》官《かん》が殺される寸前の村人十一人を救った。「ヴェトナムの人々を救う」という、戦争の大義を忘れないアメリカ兵もいるにはいたのだ。

エリアスとバーンズの間に割って入った小隊長ウルフは結論を下す。この村そのものを消滅させせろ、と。村人たちが長年暮らしてきた家も田畑も焼き払われる。

「残虐行為の撮影中、オリヴァーもダイもほとんど無言だった」とトム・ベレンジャーは言う。チャーリー・シーンによると、ストーンは目をそむけていたと言う。「きっと忘れたい記憶が蘇ったんだろう」

## フラギング

陣地に戻ったエリアスは中隊長のハリス大尉にバーンズの残虐行為を告発する。しかし、ハリスはそれどころではなかった。NVAの第141大隊がカンボジア国境を越えて進撃してくると聞いたからだ。

出撃前夜、エリアスはクリスとともに星を見上げる。地上の罪悪と無縁に清く美しい星空を見てエリアスはつぶやく。「俺たちは戦争に負けるよ。さんざん酷いことをしたからな。今度はしっぺ返しを食う番だ」

この後、シナリオではクリスがエリアスに尋ねる。「軍曹は生まれ変わりって信じますか?」

「信じてるよ。生まれ変わったら何になりたいかな……。風か炎か……鹿《しか》でもいいな……うん、鹿がいい」

翌日、クリスの小隊は再びジャングルに入った。敵の機関銃が彼らを釘付《くぎづ》けにする。小隊長のウルフが後方に無線で機関銃陣地への砲撃を依頼する。ところが、標的の位置計算が間違っていた。砲弾は味方の上に降り注ぎ、気のいいビッグ・ハロルド(フォレスト・ウィテカー)は味方が仕掛けたクレイモアの起爆ワイヤーにつまずいて、破片を背中に浴びる。クリスはヤケクソになって敵に突撃し、手榴弾で機関銃陣地を吹き飛ばした。これはオリヴァー・ストーンが勲章を受けた戦功の再現だ。

エリアスは独りで敵地の奥深く入り込んでいた。野生の鹿のように軽やかに森を駆け抜け、次々に敵を仕留めるエリアス。その口元には思わず笑みが浮かんでいる。戦いという至上の快楽に酔いしれるアパッチの戦士の前にバーンズが現れた。告発したとはいえ、友軍であるバーンズにエリアスは微笑《ほほえ》む。それをバーンズは撃った。エリアスが軍法会議で証言する前に始末したのだ。

米軍が撮影への協力を拒んだ最大の理由はこの部分だ。米兵が米兵を殺すなんてとんでもないというわけだ。「七一年にアメリカ兵によるアメリカ兵の殺人は五百八十五件と発表された。実際はその四倍くらいあっただろうな」とストーンは言う。

米兵同士の殺しをフラギングFraggingと呼ぶ。破片 Fragmentから来た言葉で、嫌いな味方の近くに破片手榴弾《しゅりゅうだん》を投げて、事故に見せかけて殺そうとする行為だ。ストーンは除隊直前に、尊敬するエリアス軍曹が味方の手榴弾で謎《なぞ》の事故死を遂げたと知らされた。ストーンは今も彼が殺されたのだと信じている。

エリアスを殺したバーンズはクリスに出くわす。「エリアス軍曹は?」「死んだよ。撤退するぞ」。あの戦士が死ぬなんて、信じられないクリス。

ところが、離陸したヘリからジャングルを見下ろすとエリアスが見えた。バーンズに撃たれて瀕死《ひんし》のエリアスが、NVAの歩兵から逃げている。

「軍曹を助けましょう!」「もう間に合わない」

NVAの銃弾を何発もエリアスは背中に受け、倒れては立ち上がる。それは鞭《むち》打たれるキリストのようだ。ついに力尽きたエリアスは天に向かって両手を伸ばす。神に何かを訴えているように見える。シナリオには「エリアスは磔刑《たっけい》になった(Crucified)」と書いてある。これを演じたウィレム・デフォーは後にスコセッシの『最後の誘惑』(八八年)で本当にキリストとして十字架にかけられる。

このあたりから『プラトーン』はストーンの実体験から離れ、宗教的、神話的な展開を見せていく。

**俺の頭に爆撃しろ!**

基地に戻ったクリスはHeads仲間のラーにエリアスの復讐を訴える。「今夜、バーンズをFragしてやろうぜ!」。しかしラーは「何言ってんだ。お前はこの間までバーンズを尊敬していたじゃないか」と反論する。

「そもそも七発も食らって死なないバーンズをどうやって殺すんだ?」

「殺しの相談か?」。バーンズが立っていた。「いいぜ。俺を殺してみろ」

クリスはバーンズに殴りかかるが、あっさり返り討ちにされてしまった。

「死だと？　お前らが死の何を知ってるんだ？」

六八年一月一日、カンボジア国境近くに野砲陣地を築いたストーンのブラヴォー中隊七百人にＮＶＡ第１４１大隊二千人が襲いかかった。『プラトーン』ではこの激戦がクライマックスになる。

まず、爆弾を体につけた自殺兵がストーン少佐（監督自身）のいる指揮陣地に飛び込んで爆死。これで部隊は統率を失ってしまう。塹壕《ざんごう》は次々にＲＰＧ（ロケット推進式擲弾《てきだん》）で撃破され、防衛線は突破される。バニーが、ジュニアが、ウルフが戦死する。敵は陣地の中に押し寄せ、ライフルで殴り合い、銃剣で刺し合う白兵戦になった。

米軍のＦ４ファントム戦闘機は陣地の上空を旋回していたが、敵味方入り乱れているので攻撃できない。「さっきからスネーク（通常爆弾）とナパームを抱えて飛んでいるが、燃料が尽きそうだ」。無線を受けたハリス中隊長は考えた。もう敵は陣地内にあふれかえっている。敵の進攻を止めるには方法は一つしかない。ハリスは決断した。

「こちらブラヴォー・シックス。地上の指揮官だ。ありったけの爆弾を俺の頭の上に落とせ。陣地の内側に落とすんだ！　It's a Lovely Fuckin' War！（クソ楽しい戦争だぜ！）……送信終わり！」

そのセリフは『素晴らしき戦争 Oh! What A Lovely War』という反戦ミュージカ

ル（六三年）の引用だ。

混乱のなかクリスはバーンズを見つけた。弾丸の尽きたバーンズはスコップで敵を殴り殺していた。もはや彼にとって世界のすべてが敵だった。その勢いでクリスにもスコップを振り下ろす。

そこに爆弾が落ちた。炎は敵も味方も何もかも吹き飛ばし、焼き尽くした。

敵の大群の進攻を食い止めるために味方もろとも爆撃する戦術は、映画『ワンス・アンド・フォーエバー』（二〇〇二年）で描かれた一九六五年のイア・ドラン渓谷の戦闘や、ヴェトナム最大の激戦となったケサンの戦いなどで実際に行われている。

「俺たちは使い捨てのエサみたいなもんだった」。ストーンは言う。「（アメリカ軍は俺たちを使って）敵をおびき出して、俺たちの上に爆弾を落としやがったんだ。それが戦争ってやつなんだろう。アメリカ側は戦死二十五人、負傷者百七十五人だったけど、敵を五百人は殺したからね」

ストーンは爆風で十数メートル吹き飛ばされたおかげで逆に炎に巻き込まれずにすんで生き延びた。二週間後、彼は味方のクレイモアで負傷して後方で治療を受けた。

彼が入院中の一月三十日、ヴェトナム各地の米軍の拠点をヴェトコンが一斉に攻撃する「テト攻勢」が起こった。これでブラヴォー中隊も大量の死傷者を出し、ストーンが復帰したとき、知っている顔はほとんどいなくなっていた。

### アキレウスとヘクトール

翌朝、陣地跡を埋め尽くす死体の山から煙がくすぶり、ナパームの臭《にお》いが鼻をつく。焼け爛《ただ》れたクリスは目を覚ました。

鹿だ。美しい牡鹿《おじか》がいる。そういえばエリアスは死んだら鹿に生まれ変わると言っていた。

クリスはよろよろと立ち上がり、敵のAK47ライフルをつかんだ。バーンズも生きていた。しかし、全身血まみれで立ち上がることもできない。クリスはAK47でバーンズを狙《ねら》うが、やはり撃てない。バーンズはクリスを促す。

「やれ……やるんだ」

七六年にストーンが書いた『プラトーン』の初稿では、バーンズはたんに爆撃で死ぬ。また、八五年にストーンがリライトした撮影用台本では、バーンズは「やれ」とは言わない。これは現場でトム・ベレンジャーの「バーンズはもう死にたいんじゃないかな」という意見をストーンが取り入れてやらせたアドリブだ。

「バーンズもいつかは戦争が終わり、日常に戻らなければならないと感じていただろう」。ベレンジャーは言う。「しかしマシンになってしまったバーンズに戻るべき日常はない」

クリスはついに引き金を引いた。「彼はバーンズの狂える魂に安らぎを与えてあげたんだ」とストーンは言う。

ジャングルをかきわけて、ナチの旗を掲げたＡＰＣ（装甲兵員輸送車）が現れた。彼らはデス・コア（死神部隊）と呼ばれ、犬を使って死体の山から生存者をより分けるのが仕事だ。

「友軍の戦死三十七、負傷百二十二、敵の戦死推定五百、負傷二十二」

爆撃で開いた大きなクレーターにＮＶＡ兵士の大量の死体がブルドーザーで捨てられる。

クリスの他にも生存者はいた。ジャンキーのラーは死んだ敵兵のポケットからヘロインを頂戴《ちょうだい》する。こりゃ極上もんだ。まだ任期が残るフランシスは銃剣を自分の腿《もも》に突き刺した。こんなクレイジーな場所にこれ以上いられるか。死体に隠れて生き延びた臆病者のオニール軍曹は「君に第2小隊を任せよう」と昇進を知らされて呆然《ぼうぜん》。俺には無理だよ。

クリスの任期は終わろうとしていた。彼を乗せたヘリコプターが飛び立つ。ラーに向かって誇らしげに親指を突き立てるクリスは、安らかな笑顔を浮かべている。勝利の笑顔だ。しかし、彼が勝ったのは戦争ではない。

「僕が戦ったのは敵じゃなかった。自分自身だったのだ。敵は僕らの内にいた。僕の戦争は終わるが、戦いは一生終わらない。僕の中にはエリアスもバーンズもいる。彼らを僕は二人の父親のように思う」

バーンズ殺しは事実ではなく、象徴的、神話的な「父殺し」なのだ。

「俺にとってバーンズとエリアスは神々のようなものだった。ホメロスが書いたとおりだった」とストーンは言う。「バーンズは不死身で最強の戦士アキレウスで、アキレウスに殺されるヘクトールはエリアスだ」

エリアスとバーンズの対立は、戦争の理想と戦争の現実の対立であって、平和と戦争の対立ではない。『プラトーン』は、戦いや兵士それ自体を否定してはいない。ストーンにとって戦争とはLovelyでFuckin'なもの、両親と同じように、愛と憎しみの対象なのだ。

むしろストーンの怒りは、戦わないアメリカ人たちに向けられている。シナリオではラーが兵士の心情をクリスにぶつける場面がある。

「シャバの奴《やつ》らの生活なんてウソっぱちのインチキだ。奴らはロボットだぜ。バカくさいテレビを観て、バカくさい車に乗ってさ。誰も命を懸けてねえ。政治家はウソつきだって？　たしかに、奴らは俺たちのことなんか気にしちゃいないからな。だがな、それがどうした？　戦勝パレードで迎えてほしかったのか？　そんなものクソ食らえ！　戦時中でなきゃ、誰も兵隊なんか尊敬しねえんだ。戦死したってたいして変わらねえさ！　だからな、俺たちは誰のためでもない、自分のために戦うんだよ。自分の魂のためにな。それもきつい戦いだぜ。Love & Hate愛と憎しみの戦い。昔も今も変わりゃしねえのさ」

「この映画をヴェトナムで戦ったすべての人々に捧《ささ》ぐ」という献辞とともに『プラトーン』は終わる。

シナリオでは、死の前日に星を見ていたエリアスがヴェトナム戦争後のアメリカを想《おも》ってこう語る。

「この戦争で唯一《ゆいいっ》素晴らしいことは、君のような兵士が何千、何万と生き残ってそれぞれの故郷に帰ることだ。君たちは人の命を奪うことがどういうことか知っている。それが自分の魂をどうするのかも。君は残りの人生をそれと闘うことになるだろう。戦争は人殺しだ。それを立派なことのように言う奴に君は反吐《へど》を吐きかけるだろう。また戦争をやらかそうとする政治家に君は『FUCKしやがれ！』と叫ぶだろう。なぜなら君たちはもう知ってしまったから、見てしまったから……」

エリアスの願いはかなったのだろうか。

# 第6章
# デヴィッド・リンチ
# 『ブルーベルベット』
## スモール・タウンの乱歩

「うつし世は夢、夜の夢こそまこと」

――――江戸川乱歩

ぼ、ぼ、僕らは少年探偵団♪

昭和の小学校の図書館や学級文庫には必ず「少年探偵団」シリーズがそろっていた。勇気りんりん瑠璃《るり》の色、明朗快活な少年探偵団の大活躍に夢中になった少年は、江戸川乱歩の大人向け小説にまで手を出した。『芋虫』『陰獣』『屋根裏の散歩者』『人間椅《い》子《す》』……。そこに描かれていたのは、SM、覗《のぞ》き趣味、人形愛、屍《し》姦《かん》、その他ありとあらゆる異常性欲の地獄絵図！　まだ普通のセックスすら知らない少年は大人の世界の裏側を垣間《かいま》見《み》て恐怖に震えたのであった……。

アメリカにも「少年探偵団」がある。男の子向けには「ハーディ・ボーイズ」、女の子向けには「ナンシー・ドリュー」シリーズが学校図書館の定番探偵ものだ。

一九八六年、この少年探偵団ものにSM、覗き趣味を合体させるという、アメリカ映画が公開された。

その名は『ブルーベルベット』。監督の名はデヴィッド・リンチ。

## 胎児の悪夢『イレイザーヘッド』

「へえ、君もボーイ・スカウトだったんだ。奇遇だね」

二〇〇一年、ハリウッドの丘の上を走るマルホランド・ドライブにあるデヴィッド・リンチの自宅を訪ねた筆者を、リンチは三本指のスカウト式敬礼で迎えてくれた。

「でも、リンチ監督はイーグル・スカウトだから格が違いますよ」

「イーグル」は勲功を積んだスカウトに与えられる最高の称号なのだ。

「父に言われるままにボーイ・スカウトに入ったんだ。当時でもダサいと思われていたけど、僕には自分の意志というものがなかった。父の跡を継いで科学者になるんだと思い込んでいたんだ」

リンチの父は農林省の研究員で、木や土、虫の研究調査のため、家族を連れてモンタナやアイダホ、ヴァージニアの森林地帯を転々として暮らした。

「雄大な自然に囲まれた、本当に素晴らしい土地ばかりだったよ。アメリカ的な美しい建物ばかりで、近所の人たちも皆のんびりして親切で平和で安全で、ノーマン・ロックウェルの絵みたいだったよ」

田舎町のハンサムで真面目《まじめ》な優等生（高校の卒業パーティではキングに選ばれた！）デヴィッド。完璧《かんぺき》なアメリカン・ボーイの彼が、映画史上最も奇怪な悪夢を生み出すことになる。

「僕の少年時代は完璧だった。いや、完璧すぎたんだ……」

リンチはインタビューなどで少年時代の美しい風景を回想している。どこまでも空は青く、庭のフェンスは白く、芝生は緑だった。幸福と豊かさの象徴のような桜の木が立っている。リンチ少年はその木の根元に近づく。

「本当に古い木だった。樹液が染《し》み出してきて——本当に、本当に染み出してきたんだ——それに赤い蟻《あり》が……」

平和で清潔で完璧な日常でも一皮めくれば醜い蟲《むし》たちがざわざわと蠢《うごめ》いているのではないか……リンチ少年は恐怖した。しかし、地面の石を見つけるとひっくり返して、その下で蠢く蟲たちをいつまでもいつまでも見つめずにはいられなかった。彼はそれに魅了されたのだ。

**地獄風景**

リンチの人生を変えたのは、友人の父親ブッシュネル・キーラーとの出会いだった。

キーラーは売れない風景画家だったが、自由に生きていた。彼を見てリンチは「僕はやりたいことをしてもいいんだ、と初めて気がついたんだ」

リンチは好きな油絵を学ぶため、フィラデルフィアのアート・スクールに入った。

「フィラデルフィアは僕の作品に最も大きな影響を及ぼした。フィラデルフィアは〝友愛の街〟といわれているけれど、実際は逆だった。六〇年代後半、あの街の工場は次々と閉鎖し、貧困と暴力と哀《かな》しみが渦巻いていた。僕が育った森に囲まれた田舎町とは大違いだった。ある日、カトリックの家族が赤ん坊に洗礼するために教会に向かっているのを見た。そこにすれ違った街のゴロツキどもともみ合いになった。家族を守ろうと、一人の男の子が前に出た。ギャングは彼を殴り倒し、その後頭部を銃で撃ち抜いた」

リンチは恋人のペギーと一緒に、フィラデルフィアの工場地区にたった三千五百ドルで買った古い家に住んだ。近所には誰も住んでいなかった。向かいには死体置き場があった。リンチは室内を自分で真っ黒に塗り潰《つぶ》した。

一九六七年、ペギーが妊娠してしまった。リンチはまだ二十一歳だった。

フィラデルフィアで同じアート・スクールに通っていたジャック・フィスク（『ファントム・オブ・パラダイス』〔七四年〕などの美術監督）は、英国のテレビ番組のインタビューで、こう言っている。

「子どもができたとき、デヴィッドはこんな感じだったよ。『僕の人生は終わった。大人にならなくちゃ！』」

そして生まれた長女ジェニファーも同じ番組のインタビューでこう言う。

「父は家族なんて欲しくなかった。結婚はもちろん、子どもなんてね」

当のリンチは『ローリング・ストーン』誌でジェニファー出産について訊《き》かれて、「人生のある時期におけるショックは有益なものだよ」と答えている。「それで目が覚めるからね。僕の場合、それで映画を撮り始めた」

最初は油絵を学んでいたリンチは短編アニメーションを撮り始めた。それは暗く、陰鬱《いんうつ》で奇怪なイメージばかりで、出産をモチーフにしていた。それを観《み》たAFI（アメリカン・フィルム・インスティテュート）から映画製作の資金を得ることができた。

リンチは家族とともにロサンジェルスに引っ越し、初の長編映画を作り始めた。

『イレイザーヘッド』（七六年）である。

**大暗室**

イレイザーヘッドというのは鉛筆についている消しゴムのことだ。

「最初のイメージは男の頭部が地面でバウンドしていて、それを少年が拾って鉛筆工場に持っていく、というものだった。そのイメージがどこから来たかわからないけどね」（『タイム』誌　一九九〇年十月一日号）

髪の毛が全部天に向かって逆立っている、エイゼンシュテインのような奇怪な髪形をした男ヘンリーを主人公にした映画『イレイザーヘッド』の撮影は、七二年五月二十九日に始まった。

リンチはビヴァリーヒルズにあるAFIの使われていない厩舎《きゅうしゃ》にヘンリーのアパートのセットを組み立てた。ほとんど夜のシーンなので、毎日暗くなってから撮影が始まり、明け方まで続いた。リンチは家族でセットの中に勝手に暮らし始めた。AFIからの援助金はすぐに底をつき、撮影は中断した。リンチは『ウォール・ストリート・ジャーナル』紙の配達を始めて細々と資金を稼いだ。資金不足に苦しんだリンチは途中で何度も全編人形アニメで撮ろうかとすら考えた。

主人公ヘンリーを演じたジャック・ナンスは言う。「僕がドアのノブに手をかけるショットがあるだろ。でも実際にドアを開けて中に入るショットを撮ったのは、その一年後なんだ！」

撮影はずるずると四年以上続いたので、ナンスはあの奇妙な髪形を四年も維持しなければならなかった！

リンチはカリフォルニアの陽光をまったく浴びることなく暗いセットにこもって撮影を続けた。「昼間はずっと眠っていて、夕方に起きて、夜はずっと自分の住むセットで撮影していたから。でも、楽しかった。自分が映画になったみたいだった」。収入もなく、昼夜逆転した生活に耐え切れず、妻ペギーはリンチのもとを去った。

**芋虫**

『イレイザーヘッド』のテーマについて尋ねられたリンチは「フィラデルフィアだ」と答えている。彼はフィラデルフィアで自分が経験した数カ月をロサンジェルスで四年もかかって映像化していたのだ。

主人公のヘンリーはフィラデルフィア時代のリンチと同じく、荒廃した工場や倉庫の並ぶ地域のアパートに住んでいる。彼は背広の胸のポケットにペンをずらっと挿したおどおどした青年だ。

映画のファーストショットは横倒しになった頭。そこにリンチが「惑星」と呼ぶ岩の固まりがオーバーラップする。惑星の中では、爛《ただ》れた皮膚の男（ジャック・フィスク）が窓辺で佇《たたず》んでいる。リンチによれば彼は「神のような存在」だという。

なぜ、惑星の向こうに神が？

これはフランク・キャプラの『素晴らしき哉《かな》、人生！』（四六年）の奇妙な引用だ。『素晴らしき哉～』の冒頭でカメラは星空を仰ぐといっきに上昇し、クレーターだらけの「惑星」を飛び越え、その向こう側にある星雲群を映し出す。その星雲たちは地球の人々をいつも天から見守り、彼らの運命を司《つかさど》る天使たちなのだ。『素晴らしき哉～』で天使たちがかかわる人生は、卒中で倒れた父の代わりに会社を継いで大人になることを強いられた主人公ジョージ（ジェームズ・スチュワート）のそれだが、この『イレイザーヘッド』の主人公ヘンリーも大人になることを強いられる。

画面にはヘンリーの頭、そこに妊娠初期でまだ魚のような形の人間の胎児がオーバーラップする。「惑星の男」＝神が何かのレバーを倒す。それによって胎児が射出される。

「赤ん坊が生まれたのよ」

主人公ヘンリーは恋人メアリーの両親に呼び出される。

「あなたの子だよ」

「そんなバカな……」

「ママ、お医者さんたちは、あれが〝赤ん坊〟かどうかすらも確証がないのよ！」

生まれたのは皮を剝《は》がれたトカゲのような怪物で、包帯に包まれた胴体には手も脚もないようだ。

『イレイザーヘッド』はデヴィッドの父親になりたくない、という気持ちを描いた映画だ」

「惑星の男」ジャック・フィスクとリンチの長女ジェニファーはテレビのインタビューでそう断言している。リンチ自身は「想像に任せるよ」としか言っていないが、ジェニファーは「あの赤ん坊は間違いなく私よ」と言う。彼女は「湾足」で生まれたという。

ヘンリーは自分のアパートで妻と赤ん坊と暮らし始める。同じアパートには魅惑的な女性が住んでいる。ヘンリーは彼女との情事を妄想する。若くして妻子を持ってしまった彼には、かなわぬ欲望だ。

夜中も赤ん坊はぎゃあぎゃあと泣き続ける。

「もう、我慢できないわ！」

メアリーはヘンリーに赤ん坊を押しつけて実家に帰ってしまう。リンチの妻ペギーのように。

精神的に追い詰められたヘンリーは悪夢を見始める。

## 闇《やみ》に蠢く

ヘンリーの赤ん坊は、撮影現場ではスヌーピーの兄の名を取って「スパイク」というニックネームで呼ばれていた。苦しそうに口をパクパクさせるスパイクはあまりにもリアルで「本物」にしか見えない。

「あの赤ん坊はどうやって作ったんですか?」

七八年十月二十日号の『ソーホー・ウィークリー・ニューズ』紙で尋ねられたリンチは「あれは……いや、言いたくないんだ」と答えを拒否した。

「では、作り物かどうかだけ教えてください。牛の胎児だという噂《うわさ》もあるんで」

「そう言う人が多いね」

「僕は、作り物だと思うんですよ。でも、どうやって動かすのかわからない。電気仕掛けですか?」

「だから……言えないんだ」

「紙面には書きませんから、僕にだけ教えてくれませんか?」

「……頼む。勘弁してくれ」

「医者が協力者としてクレジットされてますが、何か関係あるんですか?」

「ああ、最初は違う方法を考えていたんだが……」

「どんな?」

「もし、それを話したら、僕は気分が悪くなる」

「それは法に触れることだからですか?」

後にリンチはインタビューで、他人に自分の家に来てほしくない理由として「家で人に見せたくないことをしてるから」と答えている。それは本物の猫の死体を解体しては組み立て直す動物模型ごっこだったと考えられている(魚の死体模型の写真は公開した)。スパイクもそれに類する何かの生き物なのかもしれない。スタンリー・キューブリックですらスパイクの正体を知りたがったが、リンチは答えず、今も沈黙を守っている。

**反撥《はんぱつ》**

しかし、スパイクのイメージはリンチのオリジナルではないと思われる。『イレイザーヘッド』は一九六五年にロマン・ポランスキーが監督した『反撥』に大きく影響されている。

『反撥』は、二十歳になったばかりの内気な女性キャロル(カトリーヌ・ドヌーヴ)

のセックスに対する反発を描いている。キャロルは前髪を長く伸ばして、いつも目を外界から隠している。ほとんどしゃべらず、しゃべるときも蚊の鳴くような声で、決して人と目を合わせず、いつも幼い子どものように爪《つめ》を噛《か》み、神経質に鼻をいじっている。

彼女はアパートに姉と同居しているが、姉は恋人を毎晩部屋に連れ込んでいる。夜になると壁の向こうから聞こえてくる姉のあえぎ声に悩まされてキャロルは眠れない。姉の恋人が洗面台に置いていった歯ブラシを見ただけで吐きそうになる。キャロルは美しいので道を歩けば男たちが振り向く（もしくはキャロルはそう思っている）。道路工事をしている汗と泥にまみれた労働者の笑顔がいやらしく思えて逃げ出してしまう。ボーイフレンドもいるが、キスされると押しのけて何度も何度も口を洗う。

ある日、姉は恋人と二人でイタリア旅行に出てしまう。一人っきりで部屋に残されたキャロルは、窓を閉め切って部屋に引きこもる。夜になると昼間の工事現場の労働者が部屋に押し入ってきて自分を犯す妄想に襲われる。姉が冷蔵庫に残していったウサギの丸焼きも気持ち悪くて食べられない。

キャロルが反発しているのは実は男性ではなく、自分の中に目覚めた「女」なのだ。皮を剝がれて皿の上で丸まったウサギの丸焼きが不快なのは胎児に似ているからだ。

『反撥』の後半、カメラは真っ暗なアパートの部屋から一歩も出ず、崩壊していくキャロルの精神の中に入っていく。どこまでが現実でどこまでがキャロルの妄想なのか観客にはだんだんわからなくなっていく。やっと旅行から帰ってきた姉たちは、子宮のような暗い密室で幼女にまで退行し切ったキャロルを発見する。

この『反撥』のイメージを、リンチは、父になることへの反発の映画『イレイザーヘッド』に拝借した。どちらも内向的な主人公が暗いアパートで体験する妄想を白黒映像で描いている。床の市松模様や、ヒーターのラジエーターなど直接の引用も多い。とりわけスパイクは、胎児の象徴であるウサギの丸焼きにそっくりなのだ。

## 異形の天女

ヘンリーは、部屋のヒーターのラジエーターをじっと見つめているうちに、その内側に小さなステージを発見する。そこでは頰の膨らんだ異形の女性「ラジエーター・レディ」が天使のような微笑《ほほえ》みを浮かべてダンスを踊り、市松模様の床の上で小さな胎児をぷちゅっぷちゅっと踏み潰す。

ヘンリーの布団《ふとん》の中から次々と胎児が湧《わ》いてくる。

ついにヘンリーはハサミで赤ん坊の包帯を切り開く。包帯の下には皮膚などなくいきなり内臓が剝《む》き出しになっていた。怯《おび》えたヘンリーははらわたをハサミで突いて赤ん坊を殺してしまう。

すると、「惑星の男」が何かの装置を操作する。画面は白熱し、光の中でヘンリーは「ラジエーター・レディ」と抱き合い、映画は終わる。レディの歌う「天国では何もかもうまくいく」という歌詞が、ヘンリーの最期《さいご》を暗示している。

『イレイザーヘッド』には全編にわたって工場の騒音のようなノイズが流れ続ける。リンチは音響効果マンのアラン・スプレットと二人でさまざまな自然音を収集し、それを加工してノイズを作っていった（シンセサイザーの類《たぐい》はいっさい使っていない）。それは耳を塞《ふさ》いだときに聴こえる「自分の頭の中の音」のようでもある。この『イレイザーヘッド』という映画は、リンチの頭の中そのものなのだ。

七六年、『イレイザーヘッド』は完成した。

「これは完璧な映画だ」

誰にも妥協せず、自分のヴィジョンを一〇〇パーセント表現したリンチは満足げにそう言うが、誰がこれを観てくれるのか、自分でも想像がつかなかった。

パノラマ島綺譚《きたん》

『イレイザーヘッド』を拾ったのはベン・バレンホルツだった。彼はアレハンドロ・ホドロフスキーの『エル・トポ』（七〇年）をニューヨークのアートシアターで深夜公開して大ヒットさせた配給業者で、「カルト・ムービー」というカルチャーを作った仕掛人である。第二の『エル・トポ』を探していたバレンホルツは、『イレイザーヘッド』を七七年秋、学生と芸術家が多く住むヴィレッジ地区のアートシアターで深夜から上映した。

観客は二十五人しかいなかった。翌週は二十四人だった。しかし全員が先週観た客だった。彼らはもう一度観たかったのだ。闇の中で撮られた夢の映画『イレイザーヘッド』ほどミッドナイト・ショーにうってつけのものはない。リンチはこれをモノクロで撮影したことについて「カラーはリアルすぎる。夢を見させてくれない」と言っている。「画面に闇があれば、観客の目はそこに吸い寄せられ、夢を見る。闇は潜在意識の奥へと通じている」

『イレイザーヘッド』は徐々に観客を増やし、ついには全米各地のミッドナイト・ショーで三年以上ロングランされた。

これで名が知られたリンチは『エレファント・マン』（八〇年）の監督に抜擢《ばってき》された。

「プロテウス症候群」による筋骨の変形のために「象男」と呼ばれて見世物にされたジョセフ・メリックの生涯を基にした物語で、リンチはメリックの異形と、舞台となるヴィクトリア朝ロンドンの産業革命の風景（およびノイズ）に魅了されただけだったが、世間は「人間の尊厳とは何かと問う感動作」と涙し、アカデミー賞にもノミネートされた。一流監督の仲間入りをしたリンチは超大作SF大河ロマン『砂の惑星』（八四年）に取りかかった。

ところが『砂の惑星』でリンチの本性は露呈してしまった。大物プロデューサー、ディノ・デ・ラウレンティスに雇われたリンチは、フランク・ハーバートの長大な原作小説に興味が持てなかった。そこで彼はナレーションであらすじを追うだけで人間ドラマを描くことを完全に放棄し、代わりに麻薬の副作用で怪物と化した「航海士」や、やはり副作用で生まれた異形の超能力少女、ネズミを潰してその体液を飲む醜い男《だん》爵《しゃく》など、異形のディテールにのみこだわった。豪華で奇怪で空虚なリンチの大パノラマ『砂の惑星』は興行的に失敗した。製作費五千二百万ドルの半分も回収できなかった。

## 美しさ歯の根も合わぬ『ブルーベルベット』

リンチはもう他人の作った話などやりたくなかった。

「『イレイザーヘッド』の製作中、デヴィッドは、街道沿いの酒場を描いた絵を見せてくれた」。ジャック・ナンスは回想する。酒場のネオンには「ブルーベルベット」と書いてあった。

「これをやるんだよ、ジャック」

「やるって何を?」

「映画にするんだよ」

リンチはボビー・ヴィントンの六三年のヒット・ソング「ブルーベルベット」からすべてが始まったと言っている(『ヴィレッジ・ヴォイス』紙のインタビュー)。

「あの歌のムードの映画を作りたいと思った。それとは別に、僕はずっと女の人の部屋に忍び込んで覗き見をしたいという欲望があった。もう一つは空き地に落ちた耳のイメージ。それは異世界への切符なんだ」

この三つを一本のシナリオにまとめたリンチは、ラウレンティスに企画を持ち込んだ。『砂の惑星』の大失敗にもかかわらず『ブルーベルベット』はGOサインを得た。ただし予算はわずか五百万ドル。『砂の惑星』の十分の一以下だった。
「僕らは負け犬気分だった。ラウレンティスに初日に撮ったフィルムを見せたが、露出を失敗して真っ暗で何も見えなかった。でも彼は『オー、ノー』と言っただけで、後は何の関心も払わなかった」

## 白昼夢

暗闇にスローモーションで揺らめく青いベルベットをバックに『ブルーベルベット』のタイトルが浮かぶ。甘く不吉で崩壊感漂う音楽は四〇年代フィルム・ノワールの劇伴のようだが、リンチが作曲家のアンジェロ・バダラメンティに「ショスタコーヴィチの交響曲15番」のイメージで、と依頼した曲だ。

15番はショスタコーヴィチの最後の交響曲で、第一楽章の曲想について本人は「無邪気な子どもの頃の思い出。夜のオモチャ屋。雲一つない青空」と語っている。

雲一つない青空、その下には白いフェンス、真っ赤なバラ。ファーストシーンの青と白の夢のようなコントラストは、リンチが敬愛する画家エドワード・ホッパーの『真昼』(四九年)を思わせる。三〇～五〇年代にアメリカの風景の光と闇を描いたホッパーのタッチは『ブルーベルベット』の美術の基調になっている。
そして流れるは、砂糖菓子のように甘いボビー・ヴィントンの歌声。

彼女は青いベルベットを着ていた
ベルベットより青いのは夜の闇
サテンより輝くのは星の光

舞台となる田舎町ランバートンは、ノース・キャロライナ州に実在する町ランバートンと近くのウィルミントンで撮影された。

「完璧な町だった。五〇年代のアメリカの建物がそのまま残っていて、五〇年代のような人たちが住んでいた」とリンチは語る。それはリンチが少年時代を過ごした五〇年代のボイジーのイメージだという。『ブルーベルベット』の時代設定はおそらく現代だが、音楽、ファッション、自動車の型などは五〇年代のもので統一されている。一九五〇年代、アメリカは夢を見ていた。ノーマン・ロックウェルの絵のような、コカ・コーラのポスターのような、明るく豊かなアメリカン・ドリーム。六〇年代以降に噴き出してくる人種差別、ヴェトナム戦争、家族の崩壊、ドラッグ、セックスの問題はまだクローゼットの奥、夜の闇、アンダーグラウンドに隠されていた。リンチは言う。

「これは、小さな健全な田舎町の日常の下に隠されたもの、人々の心の奥に隠されたものについての映画だ」

**蟲**《むし》

緑のまぶしい芝生で一人の中年男がホースで水を撒《ま》いている。突然、彼は卒中で倒れる。カメラは草むらの奥深くへと潜り込んでいく。そこには……。

蟲蟲蟲蟲蟲蟲蟲蟲……。

黒光りする甲虫たちが醜く激しく争っているではないか。

倒れた男は主人公ジェフリー・ボーモント（カイル・マクラクラン）の父親だった。ジェフリーはランバートンを出て都会の大学（カットされたシーンによればリンチと同じくアート・スクール）に通っていたが、故郷に呼び戻され、病院で父に面会する。話すこともできない父の代わりにジェフリーは家業の金物屋を継がなければならない。アートの道をあきらめ、田舎に骨を埋めるのか……。

ジェフリーの失望は、『素晴らしき哉、人生！』の主人公ジョージが、卒中で倒れた父の会社を継ぐために、幼い頃からの夢だったヨーロッパ留学をあきらめるはめになるのと同じだ。『ブルーベルベット』は『素晴らしき哉、人生!』のリンチ流リメイクといえる。冒頭の白いフェンスは『素晴らしき哉~』のヒロイン、メアリーの家の柵《さく》とそっくりだ。『素晴らしき哉~』のジョージは願をかけるのが癖で、ヨーロッパに行けるよう願って廃屋に石を投げる。窓ガラスが割れたら願いがかなう、というおまじないだ。陰鬱な顔で歩いていたジェフリーも願をかけようとしたのか、空き地で石を投げようとする。この行動は『素晴らしき哉~』を観ていないと意味不明だ。ところが、ジェフリーは石を拾おうとして奇妙なものを拾ってしまう。人間の耳だ。耳にはうじゃうじゃと蟻がたかっている。

「これは耳でなければいけない」とリンチは言う。「なぜならば耳は漏斗《ろうと》のようになっているからだ」

耳は迷宮のような形をしているので、ダリなどシュールレアリスムの画家が好んで描く題材である。その襞《ひだ》の奥の闇へとカメラは入っていく。それは『ロスト・ハイウェイ』(九七年)や『マルホランド・ドライブ』(二〇〇一年)の闇に浮かぶ道路のセンターラインと同じで、意識の底へと続いているのだ。『イレイザーヘッド』でも聞こえた、頭の中のようなノイズが高まっていく。

ZZZZZZZZZZ……。

## 少年探偵団

「ジェフリーは五〇年代の価値観を持った真面目で無垢《むく》な少年だ」とリンチは言う。ジェフリーを演じるカイル・マクラクランはリンチに『砂の惑星』でいきなり主演に抜擢された新人。リンチと同じく田舎町（ワシントン州ヤキマ）の出身で、顔の形もじつにリンチに似ている。

「人はカイルは僕の分身だと言うね」とリンチは言う。「フランソワ・トリュフォーの自伝的映画に出るジャン＝ピエール・レオみたいに」

ジェフリーはシャツのボタンをいちばん上まで閉めている。マクラクランは「ジェフリーはリンチの分身だと思ったから、彼の真似《まね》をしたんだ」と言っている。リンチは「ボタンが開いてるとなぜか落ちつかないんだ」と言う。『エレファント・マン』を製作したメル・ブルックスがリンチと初めて会った印象は、「きちんとボタンを閉めた彼はジェームズ・スチュワートみたいだった。ただし彼は火星から来たジェームズ・スチュワートだ」というものだった。

ジェームズ・スチュワートは『素晴らしき哉、人生！』や『スミス都に行く』（三九での役名がジェフリーズなのだ。『裏窓』大人になりきれず、女性に対して不能感を抱える男を演じさせられた。そして、『裏窓』を演じていたが、ヒッチコック監督作『裏窓』（五四年）や『めまい』（五八年）では、年）などのフランク・キャプラ作品では品行方正、清廉潔白《せいれんけっぱく》の「普通のアメリカ人」

ジェフリーは拾った耳を警察に届け、担当刑事の娘サンディ（ローラ・ダーン）と親しくなる。サンディはブロンドのポニーテールにフレアー・スカートという50's ファッションの女子高校生で、寝室には五〇年代のハリウッド・スター、モンゴメリー・クリフトの写真を飾っている。リンチは最初、サンディ役に『すてきな片想《かたおも》い』（八四年）で女子高生を演じたモリー・リングウォルドを予定していたが、シナリオを読んでびっくりした母親に断られた。

ジェフリーとサンディは高校生同士のようにふざけながら五〇年代風の住宅街を歩いていく。この場面も『素晴らしき哉、人生！』でダンスパーティから帰るジョージとメアリーの初デートを模倣している。

『裏窓』のジェフリーズは裏のアパートを覗き見するうちに犯罪の気配を感じ、恋人のグレイス・ケリーをアパートに忍び込ませたりして「探偵ごっこ」を始める。『ブルーベルベット』のジェフリーもサンディと「探偵ごっこ」を始める。

「あの耳はドロシー・ヴァランスというクラブ歌手と何かの関係があるんですって」

ジェフリーとサンディの会話はリンチが幼い頃親しんだ「ハーディ・ボーイズ」のタッチで演出されている。ジェフリーは言う。

「世の中って奇妙だね」

しかし、その奇妙さは少年少女の想像をはるかに超えるものだった。

## 屋根裏の散歩者

ドロシー（イザベラ・ロッセリーニ）みたいな女性に、ジェフリーは会ったことがなかった。クラブの真っ赤なステージに青いライトで浮かび上がったドロシーは、真っ青なアイシャドウに真っ赤な唇、黒いドレスに黒い髪で、気だるく、甘い甘い歌声で「ブルーベルベット」を歌う。

それは健全な青い空とは逆の、腐りかけた花のような美しさだ。

ドロシーに魅了されたジェフリーは、ゴキブリ駆除人に化けて手に入れた鍵《かぎ》で、夜中にドロシーの部屋に忍び込もうと言い出す。サンディはいぶかしげに尋ねる。

「探偵のつもり？　それともただの覗き？」

「僕もそれを知りたいんだ」

ジェフリーがドロシーの部屋に入ると、彼女はすぐに帰ってきた。クローゼットに隠れたジェフリーはドロシーの着替えを覗き続ける。室内に一人佇む下着姿の女性という構図は『ホテルの部屋』(三一年)などのエドワード・ホッパー作品からの引用だろう。青いベルベットのガウンを着たドロシーはジェフリーに気づいてナイフを突きつける。

「君はいつも女の子の部屋に忍び込んでるの?」

「ぼ、僕はあなたが見たかっただけです」

「脱ぎなさい!」

突然ドロシーはジェフリーのパンツを脱がし、その股間《こかん》に顔を埋める。ビクン!快感に震えるジェフリー。

「これ、好き?」

「は、はい、とっても」

「あたしを見ないで!」

そこでノックの音がした。ドロシーはジェフリーを再びクローゼットに隠す。入ってきたのはフランク(デニス・ホッパー)。テラテラと光る黒い革のジャケットが、冒頭の醜い甲虫そっくりの男だ。

## 赤い部屋

「パパのお帰りだ！　股《また》を開け。見せろ！」

このとき、イザベラ・ロッセリーニは実際に下着をつけていない。フランクはガスボンベを取り出して吸い始める。シナリオにはヘリウム・ガスと書かれている。ガスで赤ちゃんの声になったフランクは甘える。

「ママー、ボクちん、ママとＦＵＣＫしたいの」

そして普通の声で怒鳴る。

「さあ、ＦＵＣＫの準備をしろ！」

またヘリウムを吸って「ボクちん、ベルベットが欲しいの！」と言いながらフランクはブルーのガウンを切って、一つの切れ端をドロシーの口、もう一つを自分の口、さらにもう一つをドロシーの股間に突っ込む。

「ママー！」

ベルベットが柔毛に覆《おお》われた子宮の壁のメタファーなのは明らかだ。

「俺を見るんじゃない！」。そう言ってフランクはドロシーを殴る。つまり、ドロシーが先ほどジェフリーにしたことは、普段彼女がフランクにされていることだったのだ。

デニス・ホッパーはフランク役を求めて、リンチにこう迫ったといわれている。

「フランクは俺が演《や》る！　なぜなら俺はフランクだからだ！」

ホッパーはアメリカン・ニューシネマというジャンルを切り拓《ひら》いた『イージー☆ライダー』（六九年）を監督・主演して一躍スーパースターになったが、次の監督作『ラストムービー』（七一年）を時間軸を無視した編集で意味不明の映画にしてしまい、ハリウッドから干された。失意のホッパーは十年以上をアルコールとドラッグ中毒で廃人同様の生活を送っていたが、八六年に『ブルーベルベット』のフランク役の怪演で各地の映画祭で助演賞にノミネートされ、同じ年に『リバース・エッジ』『勝利への旅立ち』『悪魔のいけにえ2』と三本連続で強烈な演技を見せて奇跡のカムバックを遂げた。

リンチの脚本には、フランクがヘリウムを吸って赤ん坊の声になると書かれていたが、実際にはそのようには撮影されなかった。ホッパーが「それは滑稽《こっけい》だ」と拒否したからだ。ホッパーはあらゆるドラッグを試した経験から「笑気ガス」に変更しようと提案し、リンチはそれに従って撮影したが、後にホッパーは赤ん坊の声になるほうが異常で面白かったと反省している。

フランクはドロシーを我が物にするために、彼女の夫と息子を拉致《らち》監禁した。そして、一人二役で傲慢《ごうまん》な夫と甘ったれた子どもを演じる。壁も絨毯《じゅうたん》も真っ赤で、暗く、暖かい彼女の部屋で。イザベラ・ロッセリーニは「あの部屋は子宮なのよ」と説明している。

フランクが帰った後、ドロシーは再びジェフリーにむしゃぶりつく。「ドン、ドン、帰ってきてくれたのね」

ドンは彼女の夫の名であるとともに幼い息子の名前でもある。ドロシーは夫と息子を同時に年下のジェフリーに求める。「おっぱい見える？　乳首が固くなってるでしょ。触っていいのよ」。母親のように乳房に誘うドロシー。しかし、ジェフリーは脅えて退散してしまう。

「パパのお帰りだ」と言うフランクとドロシーのセックスを覗くことはジェフリーにとって両親のそれを見てしまったような恐怖体験であり、ドロシーに触れるのは母子相姦《そうかん》のように思えたからだ。

その夜、ジェフリーは自分の父とフランクが一体化した悪夢にうなされる。

## 人でなしの恋

フランクは麻薬や売春を仕切る悪党だった。この健全で平和な町ランバートンにもおぞましい裏面があることを知ったジェフリーは嘆く。

「どうしてフランクみたいな奴《やつ》がいるんだ」

パイプオルガンの音が聞こえてくる教会の前で、サンディはジェフリーに「こんな夢を見たわ」と語り始める。

「世界は真っ暗な闇に包まれているの。（害虫を食べる）コマドリがいないから。コマドリは愛の象徴よ。そして、突然何千ものコマドリが解き放たれて世界はまぶしい愛の光に満たされるの」

コマドリはマザーグースの童謡や『青い鳥』からの発想だ。サンディはいまだに少女じみたメルヘンの世界に生きている。

ドロシーもまたメルヘンの住人だ。彼女の名は『オズの魔法使』（三九年）のヒロインから取られており、『オズ』のジュディ・ガーランドと同じ赤いスパンコールの靴を履いている（フランクの名の由来はその原作者ライマン・フランク・ボームからか？）。

ただ、ジェフリーはもう無垢な少年ではなかった。彼は我慢できずにドロシーの部屋を訪れ、ついに童貞を捨てる。彼はサンディの知らない裏面を持ってしまった。ランバートンという町と同じく、他の大人たちと同じく。

**陰獣**

イザベラ・ロッセリーニと初めて会ったデヴィッド・リンチは、紹介してくれた人にこう言った。

「まるでイングリッド・バーグマンの娘みたいだね」

「何言ってるんだ。彼女は本当の娘だよ」

その瞬間、ロッセリーニはドロシー役に決まった。

イングリッド・バーグマンは『カサブランカ』(四二年)や『汚名』(四六年)の知的で清楚《せいそ》な美女として知られるが、『ジキル博士とハイド氏』(四一年)では珍しく場末のキャバレーの踊り子を演じている。彼女の舞台を見て魅了された医師ジキル(スペンサー・トレイシー)は、人相と人格を変える薬でハイド氏となり、バーグマンを愛人としてアパートに囲う。バーグマンはときどき通ってくるハイドのサディスティックな異常性愛の慰みものとなるが、金と暴力に縛られて逃げられない。……『ブルーベルベット』と同じ話ではないか！　しかも、バーグマンが全裸で馬車に繋《つな》がれて鞭《むち》打たれるシーンまであるのだ！

一九五〇年、バーグマンは夫と子どもを捨ててイタリアの映画監督ロベルト・ロッセリーニのもとに走ったことで世界的なスキャンダルになった。その二人の間に生まれたのがイザベラだ。彼女は『ブルーベルベット』の後、しばらくリンチと暮らすことになるが、その前はマーティン・スコセッシの妻だった。スコセッシも映画マニアで、バーグマンの面影を求めてロッセリーニと結婚したが、癇癪《かんしゃく》持ちでコカイン中毒のスコセッシはロッセリーニをさんざん苦しめた。つくづく変な男に惚《ほ》れやすい女優のようだ。

ジェフリーとセックスした後、ドロシーは言う。

「あなたは悪い子？　悪いことしてみたい？　私に痛いことしてもいいのよ」

自分のせいで夫と子どもが拉致されたと思っているドロシーは、自己懲罰の衝動にかられている。

「あなたを傷つけたくはありません。助けたいんです」

それでも虐待《ぎゃくたい》を求めるドロシーを、ジェフリーは思わず平手打ちしてしまう。打たれたドロシーは被虐の歓喜に唇を震わせる。二人は獣のような咆哮《ほうこう》を上げながら激しく互いを貪《むさぼ》り合う。絡《から》み合う二人の裸身をリンチは歪《ゆが》んだレンズでぐにゃぐにゃと蠢く肉塊のように映し出す。それは、フランシス・ベーコンの絵『二つの人体』（五三年）のようだ。ベーコンはリンチが最も尊敬する画家である。SF作家J・G・バラードは『ブルーベルベット』を観て、「まるでカフカが脚色してフランシス・ベーコンが美術を担当した『オズの魔法使』だ」と評している。

別れ際《ぎわ》にドロシーは愛《いと》しげに「私の中にまだ、あなたを感じるわ」と言う。それはジェフリーのペニスの感触が残っているという意味だけではない。彼を息子の代わりに子宮に感じているのだ。

## 地獄の道化師

彼女の部屋を出たジェフリーはフランク一味と鉢合わせしてしまう。

「ちょうどいい、一緒にジョイライドに行こうじゃないか！」

ジョイライドとは、ギャング用語ではこれから処刑する相手を乗せてドライブすることである。フランクはジェフリーとドロシーを連れて、まず、「おかまのベン」（ディーン・ストックウェル）の経営する町外れの娼館《しょうかん》を訪れる。

「フランク、あなたの健康に乾杯」

「健康なんてクソ食らえ。ＦＵＣＫに乾杯だ！」

その娼館はフランクの麻薬取引の現場であり、建物のどこかにドロシーの夫と子どもが監禁されているらしい。「キャンディー色の道化師だ！」。フランクは持ってきたテープをかける。流れるのはロイ・オービソンの歌う「イン・ドリームス」。ベンは作業ランプをマイクのように持って口パクを合わせる。

キャンディー色の道化師はサンドマン
夜ごと部屋に忍び込み
星屑《ほしくず》撒いて眠りを誘う
夢の中であなたと歩き
夢の中であなたは僕のもの

リンチはロケ地に向かうタクシーの中でラジオから偶然流れてきたこの歌を映画に使ったという。

この歌を聴いているうちにフランクの顔はだんだん哀《かな》しみに歪んでいく。そしてついにはテープを止めてしまう。何が彼を苦しめたのか？　ベンだけが「わかってるわ」という表情をしている。フランクの過去を知るベンを演じるディーン・ストックウェルは、実際にデニス・ホッパーと十代からの友人である。

哀しみを振り切るようにフランクは叫ぶ。

「ジョイライドの続きだ！　ＦＵＣＫしようぜ！　動くものは何でもＦＵＣＫしてや

る！」

フランクがFUCKと叫ぶ回数は映画史上最高で、『サウスパーク／無修正映画版』（九九年）までその記録は抜かれなかったという。ところがフランクがFUCKと言えば言うほど、その言葉は空《むな》しく響く。なぜなら彼はFUCKしていないからだ。最初のレイプシーンでフランクはペニスを挿入していない。真似事をしているだけだ。フランクの哀しみと苛立《いらだ》ちはおそらく性的不能によるものだろう。不能の理由は幼児期のトラウマではないか。ベルベットの感触や「イン・ドリームス」の歌詞はフランクに母親を思い出させるのだろう。

フランクは町外れの工場地帯に車を停め、ガスを吸ってドロシーに叫ぶ。

「ボクちん、乳首をつねりたいでちゅ！」

「彼女に触るな！」。ジェフリーは思わずフランクを殴ってしまう。

「このガキ、車を降りろ！」

フランクは真っ赤な口紅を塗ってジェフリーにキスする。

「かわいいねえ、かわいい」

カーステレオからは再び「イン・ドリームス」が流れる。

「夢の中、お前は俺のものだ。永遠に！」

フランクは強烈なパンチをジェフリーに浴びせる。母親に手を出した息子に制裁を加える父親のように。彼がジェフリーにキスをしたり、「お前は俺に似ている」と言うのも、フランクがジェフリーの精神的父親であることを意味している。それにジェフリーは心のどこかでフランクに魅了されている。まるでリンチに別の生き方を教えてくれたブッシュネル・キーラーのように。

**猟奇の果て**

フランクたちから殴られてボロ雑巾《ぞうきん》のようになったジェフリーは、翌朝、空き地で目を覚ます。自分の無力を知った彼はフランクのことを刑事に話す。もう忘れよう。ドロシーのことも。ジェフリーはサンディの高校で彼女とチークを踊り、キスを交わす。サンディは言う。「ジェフリー、愛してるの」

その帰り道、サンディのボーイフレンドのフットボール選手マイクに二人は襲われる。「人の女を横取りしやがって!」

その路上に、真っ白な裸体が飛び出した。驚いたマイクはジェフリーに訊《き》く。

「お前のママか?」

全裸で傷だらけのドロシーだ。

ジェフリーの腕の中に倒れ込むドロシー。マイクは訳もなく脅えて「ごめんよ、ごめんよ」と謝り続ける。

これはリンチがボイジーに住んでいた頃、実際にあった事件の再現だという。リンチが弟と家の前で遊んでいると、全裸の女性が道の向こうからふらふらと歩いてきた。精神を病んだ女性だった。リンチは「お、裸じゃん」と思ったが、幼い弟は脅えて火のついたように泣き出したのだ。

全裸のドロシーは狂乱してうわごとを言う。「ジェフリー、私の秘密の恋。あなたは私に病気をくれたの」

それを聞いたサンディは二人の爛《ただ》れた関係を知って、醜く、本当に醜く顔を歪めて泣き叫ぶ。

「私の夢はどこに行っちゃったの?」

ジェフリーは自ら決着をつけるべく、ドロシーのアパートに乗り込んだ。部屋には二つの死体があった。一人は椅子《いす》に縛られて眉間《みけん》を撃ち抜かれている。耳が切り取られている。ジェフリーが空き地で拾った耳は、その耳だろう。おそらく彼はドロシーの夫だ。彼が殺されたのでドロシーの精神の最後の一線が切れたのだ。もう一つの死体はフランクと通じていた汚職警官。頭を撃たれ、射出孔から脳味噌《のうみそ》がこぼれているが、立ったままだ。これはベーコンの絵『頭を怪我《けが》した男』（五五年）から引用したイメージだろう。

そこにフランクがやってきた。クローゼットに隠れるジェフリー。「隠れているのは知っているぞ、FUCK！」サイレンサー付きの銃を持ったフランクがクローゼットに迫ったとき、ジェフリーは汚職警官が持っていたマグナムでフランクの頭を撃った。噴水のような血飛沫《ちしぶき》を上げて、怪物フランクは倒れた。

**偉大なる夢**

耳の奥からカメラが出てくる。今度はジェフリーの耳だ。今まで我々はその奥にいたのだ。

外は明るい青空だ。木漏れ日の下でまどろむ彼をサンディが呼ぶ。「ご飯ができたわよ」

退院した父とサンディの父が談笑している。おそらくサンディとジェフリーは婚約したのだろう。窓辺にコマドリがやってくる。このコマドリは明らかに作り物だ。口には禍々《まがまが》しく黒光りする甲虫をくわえている。サンディがニッコリ笑う。「世の中って不思議よね」

ジェフリーのおばさんが言う。「蟲《むし》を食べるなんて、気が知れないわ」。しかし、ジェフリーは食べたのだ。フランクという害虫を。

冒頭と同じ青い空に白いフェンスに紅《あか》いバラ。無事に取り返した息子を幸せそうに抱きしめるドロシー。あの暴力とセックスの日々など幻のようだ。

そして、歌声が聞こえる。

私にはまだブルーベルベットが見える。

涙の向こうに……

試写を観《み》たラウレンティスは自主配給することに決めた。こんな強烈な映画を配給してくれる会社はハリウッドにはないからだ。

『ブルーベルベット』は世界中で「女性虐待映画だ」「リンチは変態だ」と非難の嵐《あらし》を巻き起こしたが、アボリアッツ国際ファンタスティック映画祭でグランプリを受賞、リンチはアカデミー監督賞にノミネートされ、瞬《また》く間にカルト・ムービーとなった。

作家バリー・ギフォードは『ブルーベルベット』を「醜悪で乱暴なスナッフ・フィルムだ」と酷評したが、もう一度観たいという誘惑に負けて何度も観るうちにその虜《とりこ》になってしまった。そして『ワイルド・アット・ハート』（九〇年）で、ギフォードは自分の小説をリンチに映画化させた。

## 幻影の城主

「人には知識や経験を積むべきときがある。それが危険であろうとも」『ブルーベルベット』のジェフリーは言う。母のようなドロシーとのセックス、父のようなフランクの暴力、そしてその克服は、彼にとって「通過儀礼」だった。それは、リンチにとって平和で美しいアメリカの田舎町から暴力と貧困のフィラデルフィアに移り住んだ体験であり、アメリカ全体にとっては、無邪気で健全だった五〇年代から激動の六〇〜七〇年代への流れで経験したことである。

五〇年代製の自動車しか出てこない『ブルーベルベット』の中で、唯一《ゆいいつ》フランクだけが七〇年式ダッジ・チャージャーに乗っている。リンチはフランクに六〇〜七〇年代を象徴させている。

六〇〜七〇年代、アメリカがそれまでクローゼットの奥に隠してきた暗黒面が堰《せき》を切ったように噴出した。ライフル弾に頭を吹き飛ばされるケネディ大統領、ナパーム弾で全身を焼かれたヴェトナムの少女が茶の間のテレビに映し出され、大学では州兵が反戦運動の学生を射殺し、ついに爆発した黒人たちの怒りは暴動となり、街を焼き払った。人々は、明るく豊かなアメリカン・ドリームが作り物だったことに気づいた。そしてセックスも解放された。結婚するまで純潔を守るピューリタンの建前を覆《くつがえ》すフリー・セックスが提唱され、女性は長いスカートとペチコートとブラジャーを脱ぎ捨てた。美しく甘いだけのポップソングは、政治やセックスを歌ったリアルなロックに滅ぼされた。美しく甘く、必ずハッピーエンドで終わる夢のようなハリウッド映画は、セックスと暴力と主人公の敗北で終わるリアルな「ニューシネマ」に席捲《せっけん》された。

その激動の時代を、リンチはフィラデルフィアの真っ黒な部屋と、『イレイザーヘッド』のセットの闇《やみ》で過ごした。ワイシャツのボタンをいちばん上まできちっと閉めて。

「あの頃、外の世界ではいろんなことが起きていたらしいけど、僕は何も知らないんだ」。リンチは筆者にそう語った。

『ブルーベルベット』は、五〇年代的な少年が六〇〜七〇年代的な闇をくぐり抜けて、再び健全な五〇年代に帰ってくるという構造だが、それはアメリカ全体が八〇年代のレーガン政権下に、六〇〜七〇年代の革命を否定して保守回帰したのとよく似ている。五〇年代の価値観への回帰を掲げたレーガン大統領は五〇年代ハリウッド映画の俳優だった。そのレーガンにリンチは投票している。

「政治のことは何もわからないんだけどね」

アメリカが無垢で幸福だった五〇年代を求めることは、ベルベットのように柔らかく温かな子宮への回帰願望と同じだ。しかし、しょせんは砂糖菓子のような作り物にすぎない。

ジェフリーは『素晴らしき哉、人生！』のジョージと同じように、暗黒の世界を体験させられてから、平和で明るい日常に戻ってきた。しかし、その暗黒の世界は夢などではなく現実だ。それはどこか遠い世界にあるのではなく、ジェフリーが自分の耳の中から出てきたように、我々の心の奥に潜んでいるのだ。

アメリカン・ドリームは果実と同じで甘ければ甘いほどその中身は爛《ただ》れ、腐敗している。『ブルーベルベット』のラストでフランクを象徴する黒い甲虫を食べる幸福の青い鳥は明らかに剝製《はくせい》で、リンチはわざと剝製とわかるように撮っている。美しい夢の死体を、リンチはその皮膚の下で蠢《うごめ》く蟲《むし》ごと愛するのだ。

「恐ろしさ身の毛もよだち、美しさ歯の根も合わぬ、五彩のオーロラの夢をこそ」

江戸川乱歩

# 第7章
# ポール・ヴァーホーヴェン『ロボコップ』
## パッション・オブ・アンチ・クライスト

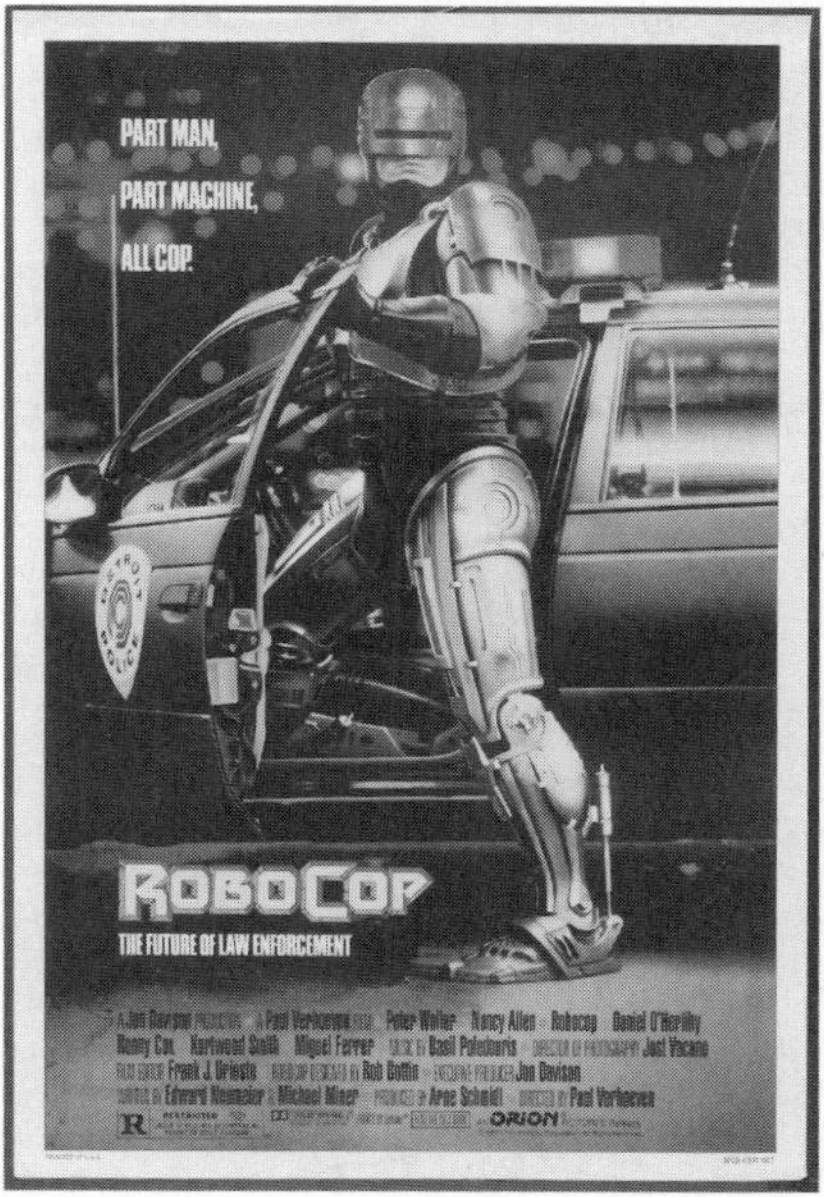

「私がオランダを去ったのは政府の委員会が私の映画に金を出そうとしないからだ。奴《やつ》らは私を俗悪で変態で退廃した人間だと決めつけている。それはたぶん事実だろうさ。だからといって私の映画作りの邪魔はさせない！」

——ポール・ヴァーホーヴェン

一九八五年九月、四十七歳のポール・ヴァーホーヴェンは、アムステルダムのスキポール空港からロサンジェルス行きのＫＬＭ機に乗ろうとしていた。ボサボサの長髪に巨大なメガネ、それに胸のボタンを開けっ放しにしたシャツを着て、旅行鞄《かばん》を肩にかけて母国オランダを離れる寸前のヴァーホーヴェンの姿をテレビ・ドキュメンタリー『オランダ映画の歴史』が記録している。映画の都ハリウッドに乗り込む自国の英雄を温かく見送る人々はなかった。ヴァーホーヴェンはカメラに向かって、オランダの映画産業への失望を吐き出した。

「この国における、私の映画に対する悪評にはもう我慢できない！　映画の製作費を調達するため、私のモラルに対する偏見と格闘するのは時間の無駄だ！」

オランダの映画産業は貧しく、監督たちは政府や財団から「文化事業としての援助」を受けて映画を製作していた。しかし、オランダの映画人は「ヴァーホーヴェンの映画は芸術ではない」と攻撃していた。そうした批判は、ヴァーホーヴェンの映画人生に最初からついて回っていた。

## 「俺は神様よりFUCKがうまいぜ！」

ヴァーホーヴェンの長編第二作『危険な愛』（七三年）は、ルトガー・ハウアー扮《ふん》する主人公が、自分を捨てた妻と一緒にいる男を撲殺する夢から始まる。そして妻を拉致《らち》して絞殺したり、射殺したりするのを夢想していたハウアーは、ベッドから起き上がって妻の写真を見ながら自分のペニスをしごいて叫ぶ。

「あああああああ、お前の尻《しり》の穴のクソを舐《な》めたい！」

『危険な愛』はアムステルダムのヒッピー文化を背景に、あらゆる権威やルールに反抗して獣のように生きる貧乏な彫刻家エリック（ハウアー）と、金持ちの一人娘オルガ（モニク・ヴァン・デ・ヴェン）のラブストーリーだ。雨の日は雨に濡《ぬ》れ、明日のことなど考えない、自由で向こう見ずな青春。フランスのヌーヴェル・ヴァーグやアメリカのニューシネマ、そして日本の藤田《ふじた》敏八《としや》の映画によくある話だが、『危険な愛』

が「危険」なのは、ヴァーホーヴェンの反モラル的でグロテスクな描写の数々だ。エリックは女性を片っ端から自宅に連れ込んで犯し、陰毛を切ってコレクションする。「ヒドイわ！　やり捨てなの？」と怒る女性には、自分のペニスの輪郭を鉛筆でなぞった絵を渡して言う。「俺だと思って大事にしな」。交差点で止まったオープンカーからさらってきた女性を裸にしてその乳房が垂れているのを見ると、ゲッソリして「お前に用があるのはオマンコだけだ」と言い捨てる。「用」が済んだ女性は素っ裸のままドアの外に放り出す。乳母車を押す母親と激しくセックスしながら、そのピストン運動で乳母車を揺らして赤ん坊をあやす。

それから、エリックとオルガの恋が回想される。赤毛の可憐《かれん》な美少女オルガに一目惚《ぼ》れしたエリックは彼女を追いかけ回し、両親の反対を押し切って結婚する。

新婚のエリックは、オルガの大便を素手でつまめるほどにオルガを溺愛《できあい》する。しかし、オルガが抱いた花束からは醜い芋虫の群れが裸の乳房に落ちて蠢《うごめ》く。オルガの父は癌《がん》で死の床に臥《ふ》し、ベッドの下の洗面器に糞尿《ふんにょう》を垂れ流す。オルガの父の店を継がされそうになったエリックはパーティの席でゲロを吐き散らす。オルガは実家に帰り、エリックが妻のために用意した食卓は何日も放置されて大量の蛆《うじ》が湧《わ》く。オルガはエリックから与えられた大量のドラッグのために脳障害となる。手術のために頭を剃《そ》り上げて入院したオルガの見舞いに、エリックは彼女が好きだったお菓子ターキッシュ・ディライト（原題）を持ってくる。すでに脳を侵されたオルガはターキッシュ・ディライトを貪《むさぼ》り食い、死んでいく。

『危険な愛』はオランダ映画史上最大のヒットになり、アメリカのアカデミー外国語映画賞にもノミネートされた。しかし、オランダの良識派のマスコミや評論家からは酷評され、とくにキリスト教信者たちは「神への冒瀆《ぼうとく》だ！」と猛烈に怒り狂った。たとえばエリックとセックスしていたメガネ少女が「こんなことしたら神様のバチがあたるわ」と怯《おび》えると、彼は少女の口にバナナを突っ込んで叫ぶ。

「俺は神様よりＦＵＣＫがうまいぜ！」

さらに、教会で結婚の誓いをしている臨月の花嫁が破水し、その羊水を犬がペロペロ舐める。

後にセックス、バイオレンス、グロテスクで世界を驚かせるヴァーホーヴェンはこのとき、三十五歳だった。

**善悪の彼岸とクソ**

「街は家の残骸《ざんがい》とバラバラの死体だらけだった」

一九三八年生まれのヴァーホーヴェンが幼かった頃、オランダはナチス・ドイツに占領され、彼の住むハーグ市は徹底的に破壊されたが、その惨状をヴァーホーヴェンは楽しんだ。

「ただエキサイティングだったね。子どもだったから自分や自分の家族だけは無傷だと信じていたし」

それは戦時下の少年の感覚として決して異常ではない。ジョン・ブアマンの『戦場の小さな天使たち』(八七年)や、J・G・バラードの小説『太陽の帝国』にも同じ体験が描かれている。

しかも、ハーグを爆撃したのはナチではなく、連合軍だった。ドイツ軍がロンドンに打ち込むV2号ロケットの発射基地が近かったせいだ。アメリカ兵の捕虜としてドレスデンで味方の爆撃を食らったカート・ヴォネガット・ジュニアのように、この体験はヴァーホーヴェンの世界観に影響を残した。

「善とか、悪とか、そんなものは本当は実在しないんだ。ニーチェもそう言ってるだろう?」

大学では教師だった父の跡を継いで数学を専攻したが、そのいっぽうでアートに魅せられていった。ヴァーホーヴェンは映画と絵画、いずれかの道に進もうと考えた。

オランダ絵画はレンブラント、フェルメール、ゴッホなどで知られるが、ヴァーホーヴェンがとくに愛したのはルネッサンス期の画家ヒエロニムス・ボッシュだった。ボッシュは緻密《ちみつ》な地獄絵図を描いた。セックスの快楽に溺《おぼ》れる裸の男女が地獄に落ちて、獣や鳥や魚をミックスした怪物たちに腹を裂かれ、手足を切り刻まれて責め苦を受ける。それは、ヴァーホーヴェンが幼い頃に路上に散らばっていた死体を思い出させた。

また、画面の隅々をよく見ると、放尿し、脱糞し、ゲロを吐く人々が描かれている。

「ボッシュは売春宿に小便をかける旅人を描いた。そんなものを描く画家がフランスやドイツ、イギリスにいただろうか？　また、ボッシュの別の絵では裸の男女が交わっているのを犬が見ている。最近、その絵をＸ線で撮影したところ、その犬を後ろからＦＵＣＫする別の犬の姿が塗り潰《つぶ》されていたんだ（ボッシュの死後〝修正〟されたのだ）」。

また、レンブラントも人が大便や小便をする姿に興味を抱いて多くのスケッチを残している。

「オランダの芸術家はつねにリアリズムを追い求めてきたと思う。普通の人々が見たくない現実まで見つめようとする。たとえばクソをする行為までね。これはオランダ人の国民的資質なんだよ」

結局、ヴァーホーヴェンは映画学校を選んだ。そして二十六歳のとき、戦争と同様にヴァーホーヴェンの生涯に影を落とす事件が起こった。

恋人のマルチーヌが妊娠したのだ。

「映画監督になるという未来が途端に閉ざされた気がした」

まだ収入のないヴァーホーヴェンは、生まれてくる子どものために就職しなければならない。

「私は市電の停車場でマルチーヌと話していた。市電を三本見送った。話していたのは子どものことじゃない。信仰についてだ」

中絶は欧米人にとっては信仰上の問題でもある。キリスト教には「汝《なんじ》の体は聖霊が宿る神殿である」（コリント人への第一の手紙六章一九節）、すなわち「肉体はその個人のものではなく、神からの借りもの」という考えがある。欧米では、中絶は人道的問題よりも聖書に背く行為として問題なのだ。

そのとき、一人の婦人がヴァーホーヴェンに近づいて、こう書かれたチラシを手渡した。

「神を探していますか？」

ヴァーホーヴェンにはまさに神の啓示に思えた。

彼はチラシに書かれた教会を訪れた。そこはペンテコステ派の教会だった。ペンテコステは「異言派」とも呼ばれる。信者の体に精霊が降臨し、神の言葉を口走るのだ。ヴァーホーヴェンは彼にチラシを渡した婦人に案内されて席に座った。そして信者の一人が話し始めたのは、神からヴァーホーヴェンへのメッセージだった。

「汝は映画監督を目指しているのだろう。しかし、そんな退廃的な仕事はすべきでない。この国を離れ、神の教えを広めるべし。汝に託せられた土地はアフリカだ」

ヴァーホーヴェンは神の存在を感じ、涙があふれだした。

彼はマルチーヌと結婚する決心をして、互いの両親に挨拶《あいさつ》して回ったが、その日の夜に親友の家を訪ねたとき、親友の父（医師）から「本当に子どもが欲しいのか？」と確かめられた。ヴァーホーヴェンは「いいえ」と本音を吐いた。そして中絶させた。

手術の後、ヴァーホーヴェンとマルチーヌは大好きな映画『キング・コング』（三三年）を観《み》に行った。上映前にスクリーンいっぱいにこんな字幕が出た。

「あなたの人生の脚本では主役はいつも神です」

それは教会のCMだったが、ヴァーホーヴェンは神に指弾されたようなショックを受けた。続いて映画が始まると、キング・コングは退廃した大都会ニューヨークで破壊と殺戮《さつりく》を繰り広げた。神の裁きを下すように。

「私はもう映画と現実の区別がつかなくなっていた」

贖罪《しょくざい》のために神の道に身を投じる寸前だった彼を現実に引き戻したのは、妻マルチーヌだった。大学院で心理学を学ぶ彼女は、ヴァーホーヴェンの体験に論理的説明を与えた。ペンテコステの「異言」は「んづあんかうくいあ」などといった意味不明のうわごとだ。それをヴァーホーヴェンに「通訳」したのは彼を勧誘した婦人だった。彼女はヴァーホーヴェンが映画監督だということを事前に聞いて知っていたのだ。

この教会での経験は、そのまま後の映画『スペッターズ』（八〇年）で再現される。事故で下半身不随になったモトクロスレーサーがペンテコステ教会で神の啓示を受け、立てなかったはずの体が天国に向かって引き上げられていく。しかし、突如、ハッと目覚めて現実の車椅子《いす》に落下する。

「それ以来、私にとって映画は、現実に自分を繋《つな》ぎ止めるための〝錨《いかり》〟になった。だから、私は映画でFUCKやチンポやクソやドラッグやハッパを執拗《しつよう》なまでに描き続けるのだ。現実の醜さを直視することで、美しい天上の理想に誘惑されそうになる自分の足を大地にしっかりと立たせておくために」

人は欲望のままに生きる残酷で自己中心的な生物である。皆、無垢《むく》の楽園から追放された罪人なのだ。この認識はヴァーホーヴェンの全映画を貫く思想となっていく。

## ボールを投げ捨てる子ども

『危険な愛』で良識派の酷評をものともせず、オランダ一金を稼ぐ監督になったヴァーホーヴェンは、続く『娼婦《しょうふ》ケティ』（七五年）でセックスを武器に生きていく女性を描いた。これは後の『ショーガール』（九五年）のプロトタイプとなる。三作目『女王陛下の戦士』（七七年）は、ナチからオランダを解放するために戦った英雄を描く国家的な映画で、プレミアにはオランダ王家も出席した。しかし、「善悪の彼岸」に身を置くヴァーホーヴェンらしく、ナチに身を投じた主人公の親友を、悪ではなくたんに不幸な選択をした男として描いたので、親ナチ的であると批判も受けた。

八〇年の『スペッターズ』はモトクロスに熱狂する若者たちの青春群像だが、一人は事故で下半身不随となり、自殺する。また一人はハードゲイたちに集団レイプされる。これが車椅子で生活する人々やゲイ運動家たちを激怒させ、「反スペッターズ運動」が沸き起こった。オランダの他の映画人たちも、スキャンダルを起こしては映画をヒットさせるヴァーホーヴェンに嫉妬《しっと》して、「悪《あ》しき商業主義の権化《ごんげ》」として攻撃した。

八三年の『4番目の男』は後の『氷の微笑』（九二年）の原点になる映画で、誘惑した男を次々と死なせる謎《なぞ》の女をめぐるサスペンスだ。『氷の微笑』と違うのは、全編にちりばめられたキリストのイメージである。

映画は十字架にかけられたキリスト像から始まる。その十字架に張った蜘蛛《くも》の巣には黒後家蜘蛛がいて、セックスした後にオスを殺して食ってしまう。主人公はカトリックでアルコール中毒でバイセクシャルで、十字架のキリスト像を見て欲情し、妄想の中でその腰布を取ったりする。この映画もまた、キリスト教とホモセクシャルを結びつけたために教会の非難を浴びた。

ヴァーホーヴェンは世間や常識に対する嫌がらせを楽しむ性分でもあった。

「子どもの頃、他の子たちがボールで遊んでいるとき、私はそのボールをそばの池に投げ捨てたくてしょうがなかった。それが私のゲームだ。他の人たちがやってるゲームを邪魔するのが楽しいんだ」

## スピルバーグからの手紙

ヴァーホーヴェン・バッシングの嵐の中、彼はハリウッドに飛んだ。スティーヴン・スピルバーグに招待されたのだ。スピルバーグはビデオでヴァーホーヴェンの作品群を観て、そのバイオレンスの強烈さと編集の巧みさに感嘆した。二人の才能は似ている。実は、撮影前に自分で絵コンテを描いて画面を設計することもスピルバーグとヴァーホーヴェンの共通点だった。ハリウッドではヒッチコックなど一部の巨匠を除いて、画面作りは撮影監督の領分であり、アクション演出は第二班監督の仕事だった。しかし、スピルバーグは『JAWS／ジョーズ』（七五年）で自ら絵コンテを描いてアクション場面を演出した。マンガ家でもあったヴァーホーヴェンも、細部まで描き込んだ絵コンテを使って自分のヴィジョンをフィルムに焼きつけようとするヴィジュアリストだった。

スピルバーグは、オランダにこんな電話をかけてきた。

「あなたのような才能にはオランダは狭すぎます。ハリウッドに来てください」

八〇年春、ヴァーホーヴェンは初めてアメリカの地を踏んだ。最初、スピルバーグは親友のジョージ・ルーカスに『スター・ウォーズ／ジェダイの復讐《ふくしゅう》』の監督として推薦しようと思ったが、やめた。

「だって『スペッターズ』みたいにジェダイがレイプし始めたら困るからね」

ヴァーホーヴェンはフランシス・フォード・コッポラにも会ったが、面と向かって「あんなに金をかけて『地獄の黙示録』（七九年）はあの程度の出来ですか。私はあれっぽっちの予算で『女王陛下の戦士』を作ったのに」と笑って、コッポラを怒らせた。

しかし、スピルバーグの手配でハリウッドの各映画会社がヴァーホーヴェンを待っていた。ワーナーではラヴクラフト原作のホラー映画、コロムビアではアガサ・クリスティもの、ディズニーでは恐竜映画をオファーされたが、どれもヴァーホーヴェンにはピンと来なかった。

結局、ミニ・メジャー映画スタジオのオライオンの共同出資で、ヴァーホーヴェンのオリジナル企画、『グレート・ウォリアーズ／欲望の剣』（八五年）を全編英語で撮ることになった。主役はかつての盟友ルトガー・ハウアー。彼はすでに『ブレードランナー』（八二年）で国際的スターになっていた。

## 肉と血

『グレート・ウォリアーズ』の舞台は中世末期、一五〇一年のヨーロッパ。騎士やお城やお姫様といったお伽噺《とぎばなし》の道具立てがそろった時代劇だが、ヴァーホーヴェンは正確な時代考証に基づくリアリズムで、メルヘンやロマンをFlesh & Blood（原題：肉と血）の海に突き落とす。『グレート・ウォリアーズ』はヴァーホーヴェンが好むボッシュやブリューゲルが描いた地獄絵図がそのまま動いているような映画である。

領主アーノルフィが自分を追い出した城塞《じようさい》都市を奪還すべく、金で雇った傭兵《ようへい》たちた生活共同体である。兵士たちは自分の私利私欲でのみ行動する。この当時は国民国家などないから、兵士たちは自分の私利私欲でのみ行動する。傭兵軍は情婦や自分の子ども、それに枢機卿《すうききよう》まで引き連れを引き連れて攻撃を仕掛ける。

「我が肉を食らい、我が血を飲む者には永遠の命を与えん」

枢機卿は戦闘前の傭兵たちに聖体（パン）を配る。その聖体を横からぐしゃっとわしづかみにしてムシャムシャ貪り食った男がこの物語のヒーロー（？）、傭兵マーティン（ルトガー・ハウアー）だ。

門を破って城壁の内側になだれ込む傭兵たち。枢機卿も剣を握り、倒れた敵兵たちに片っ端からとどめを刺していく。城を制圧した傭兵たちは男を殺し、女を犯して略奪の限りを尽くす。傭兵の子どもは犯されている女の耳からイヤリングを毟《むし》り取る。

傭兵隊長ホークウッドが建物の中から狙撃《そげき》される。ホークウッドはカーテンの向こうに隠れた狙撃手を斬《き》る。頭をバックリ割られて倒れたのは若く美しい修道尼《しゆうどうに》だった。

脳に傷を負った尼さんは壊れた機械仕掛けの人形のように痙攣《けいれん》し続ける。当時は下着がないので陰部は剝《む》き出し。カメラはそれをわざわざ股間《こかん》のほうから映す。罪の意識に苛《さいな》まれたホークウッドは尼さんを引き取って面倒を見たいと考える。それには金がいる。

ホークウッドは、領主アーノルフィから、傭兵に報酬を払わずに追い出したらお前だけに褒美をやると言われ、自らの部下である傭兵を裏切って彼らを一文無しで城の外に放り出す。

何もかも失ったマーティンたちは寒さと飢えに苛まれ、マーティンの情婦は子どもを死産する。棺《ひつぎ》の代わりに小さな酒樽《さかだる》に自分の赤ん坊を押し込むマーティン。それを埋める墓穴を掘っていると、地中から木彫りの聖人像が出てきた。聖人なのに手に剣を握っている。それは元兵士の聖人マーティンの像だ。それを見て枢機卿は神の啓示だ！と叫び、マーティンは聖人マーティンの再来だと言い出した。彼らは一種のカルト集団となり、アーノルフィたちに神の裁きを下すことを誓う。

自分の赤ん坊の入った樽を泥の中に放り込んでそれを踏みにじりながら復讐に燃えるマーティン。その姿には、映画監督の道を選ぶために最初の子どもを中絶させたヴァーホーヴェン自身が投影されているようだ。

いっぽうアーノルフィは、自分の息子スティーヴンのためにアグネス姫を招聘《しょうへい》した。アグネスを演じるジェニファー・ジェイソン・リーは当時二十三歳だが童顔と幼児体型でまるで少女のように見える。旅の途中でアグネス姫は侍女に言う。

「妾《わらわ》は男と交わったことがない。するところを見せなさい」

命令どおり侍女が護衛の兵とセックスしているところにスティーヴンが迎えに来る。アグネスはスティーヴンと二人きりになったとき、あるものを見て胸をときめかせる。それは縛り首にされた二人の泥棒の腐乱死体だった。カラスについばまれて破けた腹から垂れ下がったはらわたの下の地面をアグネスは掘り始める。

「縛り首の木の下にはマンドラゴラがあるのよ」。マンドラゴラはマンドレイクともいう、人間の形をした根菜。

「これを一緒に食べた二人は永遠の愛で結ばれるというわ」

「縊死《いし》した死体は尿と糞と精液を垂れ流す。それが地面に落ちてマンドレイクを育てたんだ」と語るスティーヴンは、アグネス姫と一緒にマンドレイクを齧《かじ》って口づけする。腐乱死体の下で。

そこに巡礼者に化けたマーティンたちが襲いかかる。彼らはアグネス姫を誘拐し、輪姦《りんかん》する前に、指で股間を確かめる。

「すげえ！　処女だぜ！」

一番乗りはもちろんマーティンだ。傭兵たちは男も女も一緒にアグネスを神輿《みこし》のように担《かつ》ぎ上げてマーティンに突き刺す。絶叫。子どもの叩《たた》く太鼓のリズムに合わせてみんなでアグネスを動かしてピストン運動させる。ところが、いつの間にかアグネスは妖艶《ようえん》な笑みを浮かべている。逆にマーティンの顔が快楽に歪《ゆが》み始める。それに気づいた傭兵の一人が叫ぶ。

「この娘は犯されてるんじゃない！　マーティンを犯してやがる！」

アグネスとはギリシア語では「純潔」を意味する。キリスト教では紀元三世紀の聖女アグネスを指す。アグネスはキリスト教を禁じていた当時のローマで密《ひそ》かにキリスト教を信仰していた。高官の息子から求婚されたが信仰のためにこれを退けたので、十三歳で娼婦にされ、兵によって裸にされた。このとき、奇跡が起こって髪が伸びて全身を覆《おお》い隠したという。アグネスはカトリックでは純潔、処女、貞操の守護聖人とされているが、ヴァーホーヴェンはそのイメージを汚《けが》す。

アグネスは、あっという間に果てたマーティンを母のように抱きしめて耳元で囁《ささや》く。

「あなたの女にして。他の奴《やつ》らにやらせないで」

言われたとおり、マーティンは次にアグネスを犯そうとする部下を邪魔してしまう。アグネスは破瓜《はか》の血をじっと見つめながら、生き残るために自分の武器を使うことを決心する。

翌日、移動中の馬車で昨晩やりそこなった部下がアグネスの口にペニスを押し込んでいると、聖マーティンの像が近くの城を指差した。あれをマーティンの城にしよう！

傭兵たちは城を襲って内部の人間を皆殺しにする。その様を見て笑うアグネス。城主の妻は幼い娘を抱えて城の塔から飛び降りて命を絶つ。

アグネスを捜し求めるスティーヴンは、戦災から逃げてきたらしい人々の中にアグネスが着ていたドレスを着た娘を発見する。

「これはアグネス姫の服だ！　娘！　お前はこれをどこで手に入れたんだ？」

しかし、娘は何も語らない。

「なぜ言わない！　なぜ黙っている！」

娘は黙って口を開けた。そこには舌がない。娘の母親らしい女が言う。

「この娘は兵隊どもに寄ってたかって犯されて、舌を切り取られたんだよ！」

**痴愚神礼讃《らいさん》**

書いていて目眩《めまい》がするような内容だが（脚本もヴァーホーヴェン自身）、これでやっと映画の半分ほどだ。『グレート・ウォリアーズ』の傭兵たちは、神の名の下に欲望の限りを尽くす。殺戮に酔うマーティンに後光が差すという描写もある。

「今まで神の名を騙《かた》ってどれだけの殺戮が正当化されてきたことか。十字軍遠征、異端審問、ナチズム、ホロコースト……」。ヴァーホーヴェンはキリスト教こそ西欧人の暴力性の源だと言う。「キリスト教徒は十字架をベッドの上に飾って眠るが、子どもの頃から毎日拷問図《ごうもん》を見て育てば残酷になるのも不思議じゃない」

神の名の下に蛮行が繰り返される『グレート・ウォリアーズ』で一人だけ異質なのは、アグネスを求めて戦う青年スティーヴンだ。彼は当時の先進国だったアラブから流入した火薬や医学などの科学知識をいち早く取り入れてロケット砲や要撃戦車を作り、最後は黒死病（ペスト）に感染した犬の肉をマーティンの城の井戸に投げ込んで逆襲する。これは、人々が神を畏《おそ》れていた暗黒の中世が終わり、科学の光で現実を見つめるルネッサンスが始まろうとしていた時代の物語でもあったのだ。

「スティーヴンはルネッサンス人だ」。ヴァーホーヴェンはスティーヴンに自分を投影しているという。オランダはイタリアとともにルネッサンス発祥の地だ。オランダのエラスムスとスピノザは「自由意志」を提唱し、神の奴隷《どれい》だった人間の鎖を断ち切り、科学と理性の時代「近代」を生み出す種をまいた。また、レンブラントやフェルメールなどオランダの画家のリアリズムも、人体や光に対する科学的な探究心、つまり近代の精神によって生まれた。

『グレート・ウォリアーズ』は、ヴァーホーヴェンにとって、エラスムスの『痴愚神礼讃』と同じ、キリスト教文化の欺瞞《ぎまん》への挑発だった。いや、自分を批判し続けたヨーロッパの偽善に対して、後ろ足で砂をかけたのだ。

『グレート・ウォリアーズ』は、すべての理想をバカにし、人間とはケダモノ以下の存在にすぎないと信じるシニカルな男の世界観だ」。オランダの『フォルクスクラント』紙はこう酷評した。

にもかかわらず、『グレート・ウォリアーズ』は、オランダのアカデミー賞にあたる「黄金の子牛」賞で最優秀監督賞と作品賞を受賞した。しかし審査員七名が、翌日の新聞で「このような反道徳的で冒瀆《ぼうとく》的な映画に賞を与えることに抗議する」と表明した。

ヴァーホーヴェンはその新聞が出た朝、オランダを後にしてハリウッドに向かった。オランダの映画人たちは、ヴァーホーヴェンのプロデューサーも含めて、「どうせすぐに帰ってくるさ」と高を括《くく》っていた。昔から数多くのヨーロッパの映画監督たちがハリウッドに呼ばれていったが、ロマン・ポランスキーを最後に成功者がいなかったからだ。ルイ・マルも、ヴィム・ヴェンダースも失敗して母国に帰った。

『オランダ映画の歴史』は、アメリカ行きの飛行機に乗り込む彼の後ろ姿にこんなナレーションをかぶせた。

「賛否両論を呼びながら誰よりも多くの観客を映画館に集めたオランダ人監督がハリ

ウッドに向かった。彼は『ロボコップ』という映画を撮ることになっている」

そのナレーションの『ロボコップ』という口調は明らかに小馬鹿《こばか》にした言い方だった。

## 鋼鉄のキリスト

『ロボコップ』(八七年)という幼稚な題名のシナリオが送られてきたとき、ヴァーホーヴェンは「バカにするな!」と、読みもせずにゴミ箱に放り込んだ。プロデューサーのジョン・デイヴィソンも「題名を聞いただけで誰も相手にしてくれなかった」と言っているくらいだから無理もない。

しかし、妻マルチーヌの「まず、読んでから断ったら」という助言を聞いて、ヴァーホーヴェンは英蘭辞書を片手にシナリオを読み始めた。

脚本を書いたのはマイケル・マイナーとエドワード・ニューマイヤー。ニューマイヤーは、ユニヴァーサル映画に山ほど送られてくるシナリオを読んで映画化できそうなものを見つける仕事をしていた。その合間に『ブレードランナー』の撮影現場を覗《のぞ》いて、そのセットの素晴らしさに感動し、同じような映画が作れないかと考えた。『ブレードランナー』は、人間のように見えるロボットを追う刑事の物語だ。では、ロボットのように見える人間の刑事の話はどうだろう?

ニューマイヤーのイメージは『アイアンマン』だった。『アイアンマン』は、自作のパワードスーツを着て悪と戦う軍需産業の経営者を主人公にしたマーヴェル・コミックだ。

「『ロボコップ』っていうのは、タイトルどおりマンガみたいな話なんだよ」とニューマイヤーは言う。「いいかい? 考えてもみろよ。ロボットの格好をしたイイ大人が主役なんだぜ。アホらしいだろ? だから、これは笑える映画にならなきゃダメなんだよ。ところが、監督を希望した人たちはみんな大真面目《おおまじめ》だった。シャレがわからないんだよ」

ヴァーホーヴェンには一発でわかった。もともとヴァーホーヴェンもマンガを描いていたのだ。彼は中学生の頃、『殺し屋』という四コママンガを描き続け、今も大事に保存している。『殺し屋』は、無法の西部で悪人を処刑する流れ者のガンマンが主人公で、ニセ医者に無理やりアルコールを飲ませてから、口に火のついたマッチを放り込んでドカンと爆発させる。残酷さで笑わせるセンスは、『ロボコップ』のそれと同じものだった。

ヴァーホーヴェンは『ロボコップ』を監督することにした。

## レーガン時代の悪夢

「僕が『ロボコップ』を書いたのは、アメリカで急激に暴力犯罪が増えていたからだ」とニューマイヤーは言う。「でも、後から『ロボコップ』を観てみると、映画全体が当時のレーガン政権への皮肉になっていた。無意識のうちにね」

『ロボコップ』はテレビのニュースから始まる。これは、ニューマイヤーがシナリオを書いた八四年当時、急激に成長していたニュース専門チャンネルCNNのパロディだ。『ロボコップ』は近未来を舞台にしているが、実は未来ではなく誇張された現代（八〇年代）なのだ。

ニュースでは軍事衛星がレーザー光線を誤射してカリフォルニアの高級住宅地サンタバーバラを焼き尽くし、元大統領が巻き添えで死亡した事件が報じられる。当時、レーガン大統領が提唱していた「スター・ウォーズ計画」（レーザー衛星で敵のICBMを迎撃するシステム）をおちょくっているのだ（サンタバーバラに住む元大統領と聞けば、アメリカ人なら引退後のレーガン大統領を想像する）。レーガン政権はソ連に対して強硬策を取り、軍備を拡大した。冗談で「ソ連をこれから核攻撃する」と口走って世界の肝を冷やしたこともある。『ロボコップ』では、ニュースの合間に「Nuke'em（核攻撃！）」という名の「ご家族向け卓上ゲーム」のCMが流れる。親子で楽しく核ミサイルを撃ち合うのだ。

レーガンは、経済面では「レーガノミックス」と呼ばれる改革を推進した。大企業や資本家に対して大幅な減税を行い、経済を活性化させるという建前だったが、財源を確保しなかったうえに軍事費を増やしたため、政府はすぐに赤字に陥った。福祉や警察の予算が削減され、健康保険や社会保障などの公共事業が分割民営化された。また、大企業は効率を上げるため、機械化や工場の閉鎖で情け容赦のないリストラを断行した。コスト削減と薄利多売による価格破壊と大規模なチェーン展開で小規模の同業者を圧倒し、それを合併吸収して、より巨大化していった。その結果、昔からの商店や飲食店が集まっていたダウンタウンはゴーストタウンになった。大企業は、ありとあらゆる業種を吸収してコングロマリットへと膨れ上がり、それが国家以上の権力となっていった。いわゆる「コーポレイト・アメリカ」だ。アメリカの産業は、生産よりも投資とM&A（合併と買収）が中心になり、ブルーカラーは仕事を失い、MBAを取得したスーツ姿のエグゼクティブたちが三十歳代で億万長者になった。貧富の差は天と地ほどに広がった。失業者とホームレス、それに犯罪者が街にあふれた。

「これが自由主義社会だ。何の保障もないってことさ」

『ロボコップ』でホームレスの一人があきらめたように笑う〔同じレーガン時代を背景にコミックス『バットマン／ダークナイト・リターンズ』〔八六年〕を描いたフランク・ミラーは、続編『ロボコップ2』〔九〇年〕の脚本を執筆することになる〕。

ニューマイヤーが物語の舞台にしたのは近未来のデトロイト。そこを統治するのは「市」でも「州」でもなく、オムニ社というコングロマリットだ。軍事から医療、放送まで傘下《さんか》に収めたオムニ社は、デトロイトの警察さえも運営していた。劣悪な労働条件のせいで殉職が相次ぎ、警官たちは改善を求めてストライキを計画するが、オムニ社は省力化のために警察の機械化を計画する。ロボット警官だ。

八〇年代、現実のデトロイトでは自動車産業が日本車に押されて工場を縮小し、街は核戦争後のような廃墟《はいきょ》と化し、警察は予算不足のために犯罪を野放しにしていた。しかし、リストラや合併吸収で会社を維持したＧＭやフォードの経営者たちは安泰で、ピカピカのハイテク高層ビルのてっぺんから足元で地獄と化したデトロイトを見下ろしていた。『ロボコップ』の冒頭でヘリから空撮されたビル群がそれだ。

しかし、現実のデトロイトはあまりに荒廃しすぎて近未来には見えないため、地上のシーンのロケはテキサス州ダラスで行われることになった。

## オムニ社というハリウッド

「コーポレイト・アメリカ」はすでに映画をも呑《の》み込んでいた。六〇年代から八〇年代、ハリウッドの映画会社はすべてコングロマリットに合併吸収された。パラマウントは石油会社ガルフ＝ウェスタン、ユニヴァーサルはテレビ会社ＭＣＡ（後に松下に転売）、コロムビアはコカ・コーラ（ソニーに転売）、20世紀ＦＯＸはオーストラリア生まれのメディア王ルパート・マードック率いるニューズ・コーポレーション、ワーナーはタイム・ライフ……。映画会社はＭＢＡを持ったエグゼクティブたちが仕切るようになった。「高級スーツを着たクソ野郎どもだ」とニューマイヤーは言う。彼はユニヴァーサルでエグゼクティブに交じって映画の企画会議に出席していた。「オムニ社の会議のシーンは、ユニヴァーサルの会議そのまんまだよ」

年老いた会長が何かを言うたびに、おべっか使いのエグゼクティブたちが拍手する。かつてハリウッドの企画は、映画監督とプロデューサーという現場の「映画屋」から生まれた。しかし今は大企業の一部門になって、映画のことなど何も知らないスーツ野郎に牛耳られてしまった。それは、ヨーロッパの映画作家がハリウッドで成功しなくなった理由の一つでもある。

『ロボコップ』を作ったオライオンは例外だった。ユナイテッド・アーチストでビートルズや007、マカロニウェスタン、それに『ロッキー』(七六年)に出資して成功してきたアーサー・クリムとマイク・メダヴォイが『天国の門』(八〇年)でユナイテッドが倒産する寸前に独立して立ち上げた会社で、ハリウッドでは唯一《ゆいいつ》の「映画作家のための映画会社」だった。『アマデウス』(八四年)、『プラトーン』(八六年)、『ダンス・ウィズ・ウルブズ』(九一年)、『羊たちの沈黙』(九二年)、とアカデミー作品賞を次々と獲得し、八四年には『ターミネーター』でも大ヒットを飛ばしていた。

ヴァーホーヴェンはハリウッド中から「バカバカしい」と敬遠された『ロボコップ』を引き受けて、職人としての実力を証明しようとした。しかし、それ以外ではいっさい妥協しないと決めた。

プロデューサーのデイヴィソンの要求でニューマイヤーがリライトした第二稿を読んで、ヴァーホーヴェンは叫んだ。

「最悪のシナリオだ！」

ニューマイヤーは呆気《あっけ》にとられた。「面と向かってあんなことを言う男と初めて会った。ハリウッドでは、気に食わない脚本があっても『いいね、でも……』と遠慮がちに言うもんだ」

ヴァーホーヴェンは「第一稿で撮る！」と言い張った。デイヴィソンは肩をすくめて言った。「監督の要求なら何でも従おう」

それはヴァーホーヴェン旋風の第一陣にすぎなかった。

ハリウッドに呼ばれたヨーロッパの監督は、田舎から都会の不良高校に赴任した新米教師と同じだ。百戦錬磨の現場スタッフたちは「あんたが今までヨーロッパでやってきたことは通用しない。ここではハリウッドのやり方に従ってもらうぜ」と、監督の指示に従わないのが普通だ。監督は「お客さん」だから勝手がわからないし、周りは全部敵だし、英語は上手《うま》くないしで現場をコントロールできない。それも、ヨーロッパの監督がアメリカで成功しにくい理由だ。

しかし、ヴァーホーヴェンは違った。自分のヴィジョンを実現させるため、映画王国ハリウッドを敵に回して一人で大暴れしたのである。

**ボッティン対ヴァーホーヴェン**

シナリオの次は、肝心要のロボコップ製作だ。デイヴィソンは『トワイライトゾーン／超次元の体験』（八三年）で組んだ特殊メイク・アーティスト、ロブ・ボッティンに依頼した。ボッティンは『ハウリング』（八一年）と『遊星からの物体X』（八二年）

でセンセーションを巻き起こした二十六歳の若者だったが、「ロボット警官なんて、画面に登場した途端に観客に失笑されるに決まってる」と二の足を踏んだ。ヴァーホーヴェンは『メトロポリス』（二六年）のロボット、マリアのようなデザインにすれば笑われないと説得し、ボッティンはいくつかスケッチを描いてみせたが、ヴァーホーヴェンは気に入らなかった。

「デイヴィソンのオフィスで打ち合わせしたとき、ヴァーホーヴェンにスケッチブックを手渡した」とボッティンは言う。「彼が画家だったことを知っていたから、まず、あなたのイメージを自分で描いてもらえませんか、と言ったんだ」

これをヴァーホーヴェンは「そんなに文句があるんなら、てめえで描いてみろ」と言われたと思った。彼はスケッチブックを引きちぎって怒鳴った。

「紙か？　紙なんか欲しかない！」

白い紙が部屋中に舞い散った。

こんな監督とはやっていけない、とボッティンは思ったが、実はヴァーホーヴェンはボッティンの才能を買っていた。

「ボッティンのデザインは完璧《かんぺき》だった。九〇パーセントは。でも私は一〇〇パーセント以上が欲しいんだ。でなけりゃダメ！」

ヴァーホーヴェンは参考のために日本の雑誌の切り抜きを集めて、ボッティンに無理やり見せた。そのなかには空山基《そらやまはじめ》のイラストや宇宙刑事ギャバンなどもあったという。

ボッティンはアトリエにロボコップの等身大粘土モデルを作った。ヴァーホーヴェンはそこを訪れるたびに大暴れした。

「君は私のコンセプトがわかってない！　ロボコップの股間の部分を強調するなと言ったろう！」

ヴァーホーヴェンにとって、ロボコップは性を超越した存在でなければならなかった。その理由は後述するが、堪忍袋《かんにんぶくろ》の緒が切れたボッティンは「じゃあ、あんたが自分で削れ！」と言い返して、ヴァーホーヴェンにスパチュラ（粘土を削るヘラ）を押しつけた。しかし、監督はそれをつかんでボッティンを刺すような構えをした。ボッティンはひるまずにヴァーホーヴェンの顔に自分の顔を突きつけた。

「貴様のデザインはクソだ！」

ヴァーホーヴェンが叫ぶと、ツバがボッティンの顔にかかった。イイ大人二人がロボットの粘土細工をめぐって殺し合う寸前だったのだ。

「でも、それほど重要なことだったんだよ」とニューマイヤーは言う。「ロボコップが観客に失笑されないですむかどうか、すべてはデザインにかかっていたんだ」

**大学教授がつけたロボコップ動き**

一九八六年七月、猛暑のダラスで『ロボコップ』の撮影が始まった。予定より二週間遅れでロボコップ・スーツが届いた。早朝四時から、主役のピーター・ウェラーのトレイラーで「着付け」が始まった。昼になっても誰も出てこなかった。夕方四時になって、ヴァーホーヴェンがとうとう業《ごう》を煮やしてトレイラーのドアを叩いた。ロボコップの出来が悪かったらボッティンを殺しかねない勢いだった。しかしドアを開けて出てきたウェラーを見て、ヴァーホーヴェンは驚いた。

「素晴らしい！」

それは彼のイメージどおりだった。大喜びの監督はウェラーの手を引っ張った。

「さあ、すぐに撮影しよう！」

「いや、僕は嫌です」

ウェラーは拒んだ。驚いた監督に主演俳優は言った。

「重くて全然動けないんです。まるで『地球の静止する日』（五一年）に出てくるロボット、ゴートですよ」

「バレリーナのように軽やかに動けるはずがないだろう。エイゼンシュテインの『イワン雷帝』（四四年）を知ってるか。ああいう風にオーバーアクションすればいいんだ」

しかし、ウェラーは頑としてそこを動こうともしない。

「自分であのスーツを着ないくせに勝手なことを言うなと思った」とウェラーは言うが、すでにクランクインから二週間が過ぎていた。ウェラーがスーツを着ないなら、クビにするしかない。裁判に備えて、ウェラーの発言は全部証拠としてビデオに記録された。

「でも、実は絶対にウェラーをクビにはできなかったんだ」とニューマイヤーは言う。

「製作費六千万円もするロボコップ・スーツはウェラーの体に合わせて作られている。似た体型のスタンドインなら見つかるだろうが、彼と同じ体形で彼と同じくらい有名な俳優を見つけるのはガラスの靴でシンデレラを探すより難しい」

助けを出したのは、またしてもヴァーホーヴェンの妻マルチーヌだった。彼女の勧めで、名門ジュリアード音楽院でダンスやパントマイムを研究するモニ・ヤキム教授がロケ現場に呼ばれた。この重いロボコップ・スーツで可能な動きをつけてもらうのだ。吹越満《ふきこしみつる》の得意芸になったほど有名なあの「ロボコップ動き」は、振り付けの世界的巨匠の作品だったのだ。

「あの動きのせいで、ロボコップは流線形の鋼鉄のスーパーヒーローではなくなった。哀れな金属の男なんだ」

ウェラーは納得して現場に戻った。そして猛暑のダラスでスーツを着て、毎日三ポンドずつ体重を減らしながら熱演した。

**三秒では長すぎる!**

遅くなったのはロボコップの動きだけだった。撮影が遅れた分を取り戻そうと、ヴァーホーヴェンは次から次に撮って撮って撮りまくった。

「私の言うとおりにやれ!」と朝から晩まで怒鳴り散らすヴァーホーヴェンをハリウッドのクルーや俳優たちは嫌ったが、彼の才能には驚嘆せざるをえなかった。

演出において、ヴァーホーヴェンは「リアルタイム・アクティング」を提唱した。台本を読むのと同じスピードで演技を進めろというのだ。つまり、いちいち台本に書いていない描写、立ち上がる、ドアを開ける、拳銃《けんじゅう》を抜く、それに無言の表情などはすべて省略され、ストーリー上意味のある動きだけが撮影された。『ニューヨーク・タイムズ』紙は「『ロボコップ』では何かがつねに動いている」と書いた。動きのない会話シーンではステディカムを使ってカメラのほうを動かした。

編集はロバート・アルドリッチやヴィンセント・ミネリなどの巨匠と組んできたベテラン、フランク・ユリオステが担当したが、三秒以上カットが続くと、ヴァーホーヴェンから「長すぎる！」と怒鳴られた。こうして『ロボコップ』は観客に一瞬たりとも退屈する暇を与えないハイスパート映画となり、ユリオステはアカデミー編集賞にノミネートされた。

「『ロボコップ』の映像と編集には強烈な衝撃と影響を受けた」

ジョン・マクティアナン監督は『ダイ・ハード』（八八年）のDVDの音声解説でそう言っている。

「『ロボコップ』の映像はつねに動き続けている。ときにはまったく必然性もなくカメラが上昇していくショットがある。でも、それがカッコいいんだ。今ではMTV（音楽のプロモーション・ビデオ専門チャンネル）などで当たり前になってしまったが、当時のハリウッドではまったく文法外だった」

ショックを受けたマクティアナン監督は『ダイ・ハード』を任されたとき、カメラマンには『危険な愛』からずっとヴァーホーヴェンと組んできたヤン・デ・ボンを、編集には『ロボコップ』のユリオステを雇った。それ以来、ヴァーホーヴェン流のMTV風カメラワークとハイスパート編集はハリウッドのアクション映画の主流になっていく。

ディスコにロボコップが入る場面で、一瞬だけメガネの男が長髪を振り乱してジタバタ暴れるカットが入るが、それがヴァーホーヴェンだ。

「ヴァーホーヴェンは女房にするには問題がある」。ピーター・ウェラーは苦笑する。

「でも、つねに完璧以上を求める彼の情熱は本当に尊敬するよ。彼は映画とガチンコの格闘をするんだ。『たかが映画じゃないか』なんて気楽な態度じゃない。ヴァーホーヴェンは自分の中にあるヴィジョンを何が何でもフィルムに焼きつけようとする。命懸けでね。一緒に仕事をすると最初は『まともじゃない』と辟易《へきえき》するけど、僕はそうじゃないとわかった。彼はスタートからいきなりトップにギアをぶちこんで爆走するだけなんだ」

**成人指定レベルの残虐《ざんぎゃく》描写**

スピードだけではない。ヴァーホーヴェンはバイオレンスのギアもつねにトップだった。

オムニ社の副社長ディック・ジョーンズ（ロニー・コックス）は、死なないし給料もいらない警察官として、ロボットＥＤ２０９を開発する。その完成披露で、実演のため若いエグゼクティブが銃をEDに向ける。

「武器ヲ捨テナサイ。二十秒以内ニ」

言われたとおりに銃を置いたのに、EDの20ミリ・バルカン砲は火を噴き、ヤンエグの体はズタズタに引き裂かれ、デトロイト市の模型の上に吹き飛ぶ。当初はこの後に、EDがさらに撃ち続け、弾丸に引き裂かれた死体がグロテスクなダンスを踊るショットがあった。

「試写ではここで爆笑になった。いいギャグだったのに」とヴァーホーヴェンは言うが、MPAA（アメリカの映倫）による成人指定を避けるため、カットせざるをえなかった。

EDの代わりにジョーンズのライバル、モートン（ミゲル・ファーラー）が提出した、殉職した警官の死体をサイボーグとして蘇《よみがえ》らせる計画が採用される。「ロボコップ」だ。

主人公の警官マーフィー（ピーター・ウェラー）は、クラレンス（カートウッド・スミス）を首領とするギャング団を廃工場に追い詰めるが、逆に捕まって嬲《なぶ》り殺しにされてしまう。まずショットガンで手首を木《こ》っ端微塵《ぱみじん》に吹き飛ばされ、次の散弾で腕を撃ちちぎられる。六人の敵から弾丸の雨を浴びせられて文字どおり蜂《はち》の巣のようになったマーフィーは、とどめに脳天を撃ち抜かれる。後頭部に握りこぶし大の穴が開いて脳味噌《のうみそ》が飛び散る。この残虐描写は他のシーンと同じくヴァーホーヴェン自ら細かく絵コンテを描いて設計したものだったが、やはり劇場公開版では短くカットされた。マーフィーの死体はロボコップとして蘇り、女性をレイプしようとした暴漢の性器をベレッタ93Rの三点バーストで粉砕する。この描写もヴァーホーヴェンが現場で出したアイデアだ。

クラレンスの黒幕はジョーンズだった。ロボコップはジョーンズを逮捕しようとするが、オムニ社の社員には危害を加えられないようプログラムされていた。「大企業の資本家は何をしても許され、我々は誰も企業支配からは逃げられない現実を象徴している」とニューマイヤーは言う。逆にロボコップは警察に追われ、SWATから集中砲火を受け、命からがら脱出する。この銃撃も血こそ出ないものの、思わず目をそむけたくなるほど延々と続く。

ジョーンズはロボコップを倒すため、オムニ社の軍事部門が開発した対戦車兵器「コブラ砲」をクラレンスたちに支給する。コブラ砲は実在する長距離狙撃《そげき》銃バレッタ50口径ライフルだ。コブラ砲で廃工場に潜んだロボコップを狩り立てるギャングたち。そのうちの一人が産業廃液を頭から被《かぶ》って、ドロドロに溶けた化け物になってしまう。さらに、仲間の車にはねられて木っ端微塵に砕け、車のフロントガラスに溶けた肉片と内臓がベチャッと飛び散る。このシーンは、プロデューサーのデイヴィソンが死守してカットさせなかった。これを観た『ニューヨーク・タイムズ』紙は「成人指定レベルの残虐描写」と書いた。

## ロボコップの受難

「マーフィー射殺の描写は徹底的に残虐でなければならない」

ヴァーホーヴェンはその必要性をこう説明する。

「あれはキリストの磔刑《たっけい》を意味しているからだ。まず手首を撃つのは、キリストが手を十字架に釘《くぎ》打たれたことを象徴している」

ヴァーホーヴェンは、悪漢クラレンスにナチス親衛隊のヒムラーを思わせるメガネの中年男カートウッド・スミスをキャスティングし、その子分には「マンガのように凶悪な」顔の俳優たちを選んだ。ボッシュの『十字架を背負うキリスト』に描かれたような顔のギャングたちが笑いながらマーフィーを撃つのは、キリストの鞭《むち》打ちなのだ。

「そして、マーフィーはキリストと同じように復活する。悪に裁きを下すために」

しかし、マーフィーは人間としての記憶を失っている。彼は自分が住んでいた家を訪れて衝撃を受ける。

「妻や息子の記憶が蘇るが、彼は過去を取り戻すことはできない。人間として生きることはあきらめるしかない。楽園からは追放されてしまったのだ」

そして、ロボコップは警官隊の銃撃で「もう一度死ぬ」。マーフィーとして蘇るために。

満身創痍《まんしんそうい》のロボコップはマスクを外してマーフィーの顔を見せる。彼が廃工場に潜んで傷を癒《いや》しながら銃の練習をする場面は、『荒野の用心棒』（六四年）などマカロニウェスタンでおなじみの場面だ（ちゃんと西部劇には定番の焚《た》き火まである）。クリント・イーストウッドなどのマカロニウェスタンのヒーローは一度、拷問されて死に近づくが、奇跡的に復活し、悪に裁きを下す。そこにはやはりキリストが象徴されている。

ロボコップは射撃の的に、自分の食料であるベビーフードの瓶を使う。「子どもという人間的な希望を捨てる決心を象徴している」とヴァーホーヴェンは言う。ロボコップを生殖器のない存在として造形するようボッティンに命じたのは、もはや人間ではない、復讐《ふくしゅう》の天使として描きたかったからだ。

「クラレンスとの対決で大きな水溜《みずたま》りを歩いて渡るロボコップの足元をよく見てほしい」。ヴァーホーヴェンはＤＶＤの副音声で解説する。「私は水面下ギリギリに板を置いて、その上を歩かせた。だからロボコップは水の上を歩いているんだ。キリストのように」

実は、ヴァーホーヴェンは『ロボコップ』製作と並行して「キリスト学会」に出席していた。これはワシントン州セーラムで、ロバート・W・ファンク教授の呼びかけで集まった七十七人の研究者が、実在の人間としてのキリストを明らかにしようとした研究会だ。この研究会は八年間続き、九三年に『五つの福音／キリストは本当は何と言ったのか？』という本にまとめられた。そこでは考古学的資料に基づいて、「キリストはマリアの長男ではない」「大工として生計を立てていた」「磔刑の後、復活しなかった」などの結論が導き出された。ヴァーホーヴェンは新約聖書のギリシア語版を持って出席し、積極的に発言した。さらに学会の研究結果に基づいた映画『その男キリスト』を企画した。

「実在の人間として、真実のキリストを描きたい。キリストは、二千年にわたって、教会や国家や権力やさまざまな集団に勝手に解釈され、都合のいいように利用されてきたからね」

メル・ギブソンの『パッション』（二〇〇四年）がキリスト処刑の罪をユダヤ人に押しつける反ユダヤ映画であると抗議を受けながらも大ヒットしたとき、ヴァーホーヴェンもキリストの処刑を映画化したいと発言した。「ユダヤ教の一宗派だったキリスト教がローマの国教となるには、ユダヤ人であるキリストを実際に処刑したのはローマ人なのに、それをユダヤ人の罪に転嫁《てんか》する必要があった。私はその欺瞞を暴《あば》きたい」と言っている。また、ヴァーホーヴェンはヒットラーが独裁を確立するまでを映画化しようとしたが、それはナチスに加担したカトリック教会とドイツ国民の罪を問うためだった。神の名を騙る者たちを憎み続けるヴァーホーヴェンは、ロボコップを科学が生んだ鋼鉄のキリストとして描こうとした。

落とされた鉄骨の下敷きになったロボコップに、クラレンスは鉄パイプを突き刺す。これはもちろんロンギヌスの槍《やり》を意味している。しかし、ロボコップは「もう、お前を逮捕しない」と言い捨てて、クラレンスの喉《のど》に情報端末用スパイクを突き刺して処刑する。

「ロボコップはアメリカのキリストだ。アメリカ人は右の頰を叩かれて左の頰を差し出しはしない」

## 君の名は

妻子を失い、生殖器を失ったマーフィーの体の半分以上は機械で、残りの半分は死体だ。キリスト教圏のドラマならフランケンシュタインの怪物のように絶望し、滅んでいく存在として描かれるのが常だが、マーフィーは人間としての葛藤《かっとう》を振り切り、悟りを得たように見える。同僚の婦人警官アン・ルイス（ナンシー・アレン）との間にも恋愛感情は起こらない。アンがロボコップを助けようとして瀕死《ひんし》の重傷を負うと、悲しむそぶりすら見せずにこう言ってのける。「君もオムニ社にロボコップにしてもらえばいいさ」

オムニ社の会議室に乗り込んだロボコップは、黒幕ディック・ジョーンズの正体を暴露するが、オムニ社員プロテクトのため、何もできない。しかし、会長が彼を解雇した。

「ディック、お前はクビだ！」

その言葉でオムニ社員のプロテクトが解除された。ジョーンズはロボコップに撃たれ、窓を突き破ってビルから墜落する。それを見た会長がロボコップを誉《ほ》める。

「いい腕だ。君の名は？」

「マーフィー」

テスト試写の観客は、ここで大歓声を上げて立ち上がった。このシーンの後にエピローグとしてアン・ルイスの手術を報じるニュース映像が続くのだが、テスト試写の反応を見て、公開版では「マーフィー」というセリフで観客が熱狂した頂点で「ROBOCOP」とエンドタイトルが出るよう編集し直された。

『ロボコップ』は一九八七年の夏休み映画としてアメリカで公開され、五千万ドル以上を稼ぎ出した。小さな国オランダのアート映画作家は、ハリウッドのヒットメイカーに生まれ変わった。それからの十年間、ヴァーホーヴェンは髪を振り乱し、胸のボタンを開けて、怒鳴り散らしながら、ハリウッド映画を汚し続ける。血とゲロと精液で。

ピーター・ウェラーは後に、こんな思い出を語っている。クラレンスたちがコブラ砲で街を破壊するシーンを見物に行くと、すでに撮影は終わっていた。炎と黒煙が噴き上がり、建物や自動車の残骸《ざんがい》が散らばって戦場のような有り様だった。火薬の量が多すぎたのだ。一台のカメラが爆炎に呑まれてオシャカになった。しかし、ヴァーホーヴェンは真っ赤に上気した顔でウェラーを迎えた。

「いいものを見損ねたな！　最高の爆発だったぞ！」

ウェラーはこんなに嬉《うれ》しそうな監督の顔を初めて見た。彼の瞳《ひとみ》はきっと、無残に破壊されたハーグの街を興奮して走り回った六歳の頃と同じ輝きをしていただろう。

「ヴァーホーヴェンはオランダの映画界ではこんなに大量の火薬を使うことは許されなかった。でも、今は好きなだけ自分の夢を実現できる」とウェラーは言う。

「つまり、ハルマゲドンさ」

ヴァーホーヴェンがライフワークとして掲げ続けている企画は『十字軍』。十字軍がキリスト教の名の下にイスラム世界で強姦略奪を繰り広げた事実を暴く大作になるという。

# 第8章
# リドリー・スコット
# 『ブレードランナー』
## ポストモダンの荒野の決闘者

© Allstar/amanaimages

「私を惹《ひ》きつけるふたつの根本的な問題は、『現実とは何か?』『真正の人間を形作るものは何か?』というものです」
――フィリップ・K・ディック
(七八年の講演「二日後に壊滅しない宇宙の創造法」(飯田隆昭訳))

「四つくれ」

デッカード(ハリソン・フォード)は屋台に座るとメニューを指差して注文した。「二つで充分ですよ!」。店の親父《おやじ》は日本語で断る。デッカードは指を四本出して「いや、四つだ。二足す二で四つだ」と粘る。

「二つで充分ですよ!」と親父は繰り返す。デッカードは聞く耳を持たない。「それと、うどんだ」

「わかってくださいよ」。親父はまだ渋っている。

日本人にとってあまりにも忘れがたい『ブレードランナー』(八二年)のこのシーン。いったい何が二つなのか? さまざまな論議を呼んできた。うどんの玉だろ? いや、四つは食えないよ。それに「And Noodles」と付け足してるから、握り寿司《ずし》か何かじゃないか？

この謎《なぞ》は、デヴィッド・ピープルズによって書き直された撮影用シナリオ（八一年二月二十三日付）を読めばわかる。デッカードはうどんと丼物《どんぶりもの》のセットを頼んだのだ！しかし出てきた丼物に「Fish」が二つしか載っていないのを見て、デッカードがガッカリするシーンがシナリオにはあった。実際にデッカードが丼の中を見るショットも撮影され、試写用の「ワーク・プリント」（後述）の段階では丼飯の上に黒い魚が二つ並んだクローズ・アップが入っていたが、完成版からはカットされた。つまり、客の注文を無視するガンコ親父をネタにしたギャグだったのが、オチを切られて意味不明になったわけだ。

じつにどうでもいい話だ。

しかし、うどんですら論議になってしまうのが『ブレードランナー』のカルト・ムービーたる所以《ゆえん》だ。「レイヤリングをした」と、監督のリドリー・スコットは言っている。つまり、レイヤー（層）を重ねるように、思いつく限りのアイデアを画面に詰め込んだのだと。詰め込みすぎたせいで説明不足や矛盾も多く、しかも当初ついていたナレーションを監督が最終的に削除してしまった。それでも、剝《は》がしても剝がしても尽きぬ謎が今もなおファンをとらえて放さない。その意味で『ブレードランナー』は

『2001年宇宙の旅』（六八年）に似ている。

『ブレードランナー』は間違いなく一九八〇年代で最も重要な映画だ。映画としてだけでなく、アート、音楽、建築など、あらゆる方面で論じられ、引用され、影響を与えた。とくに八〇年代を席捲《せっけん》した「ポストモダン」の象徴とされた。

社会学教授デヴィッド・ライアンが学生のためのポストモダン入門として書いた『ポストモダニティ』は、冒頭でまず「ポストモダン映画の最高傑作である『ブレードランナー』から話を始めよう」と宣言し、この映画からポストモダンの諸問題を抽出している。「ポストモダン」は当時の流行語として消費されてしまったが、ここでは『ブレードランナー』という映画が八〇年代を震撼《しんかん》させた理由を知るため、当時のポストモダニストの批評を復習しながら、この映画の厚いレイヤーを剝いでいく。

## 『電気羊』から『ブレードランナー』へ

『ブレードランナー』の原作はフィリップ・K・ディックが一九六八年に発表した小説『アンドロイドは電気羊の夢を見るか？』である。舞台は未来のサンフランシスコ（当時ディックが住んでいた）。主人公のデッカードは賞金稼ぎ（バウンティハンター）。

人間に混じって逃亡中のアンドロイドを狩り出して処分するのが仕事だ。アンドロイドはメカニカルではなく、バイオ工学で造られているので肉体は人間と何も変わらない。唯一《ゆいいつ》の違いは「他の生き物に感情移入できない」という点のみ。それを判定するには「ヴォート・カンプ方式」と呼ばれる共感テストが使われる。「牛革の財布」「蝶《ちょう》の標本」「熊《くま》の毛皮の敷物」「生きたエビの料理」などの言葉に対する眼球の反応を測るのだ。

ディックがこの小説を書いた六〇年代後半のサンフランシスコは、サマー・オブ・ラブ、ヒッピー・ムーヴメントの真っ最中だった。人間のように見えて内面がまったく理解不能なアンドロイドたちには、当時四十歳のディックから見たヒッピーたちへの違和感が投影されているといわれる。反乱アンドロイドのリーダー、ロイ・バッティは、アンドロイドのための新興宗教の教祖で、六九年にロマン・ポランスキー監督夫人らを殺害したヒッピー・カルトの教祖チャールズ・マンソンがモデルだと思われる。ディックは『電気羊』を書いた直後、その映画化に関するアイデアをメモしているが、そのなかであっけらかんとデッカードとセックスするアンドロイド娘のレイチェル役にサンフランシスコのサイケデリック・バンド、ジェファーソン・エアプレインのボーカル、グレース・スリックをキャスティングしたがっていた。

『電気羊』の面白さは、誰がアンドロイドで誰が人間なのか、次第にわからなくなってくるところだ。警官デッカードは警官に逮捕されてしまう。警官たちはデッカードがバウンティハンターとしてのニセの記憶を植えつけられたアンドロイドだと言う。デッカードは自分は人間だと思うが、それがニセの記憶ではないと自分でも確信できない。

「自分は自分でないかもしれない」「いや、存在すらしないのかもしれない」「自分は他の誰かの夢の登場人物かもしれない」。フィリップ・K・ディックはそんな不安を繰り返し描いた作家だ。たとえば『流れよわが涙、と警官は言った』の主人公はある日、突然、自分に関するあらゆる記録がなくなってしまう。彼が彼であることを証明するのは彼の記憶だけだ。しかし、その記憶も作り物なのだとしたら？『にせ者』の主人公はある日突然、敵のスパイとされてしまう。敵は自分そっくりのクローンを作って本物の自分と入れ替えた。それが自分らしいのだ。自分が自分であるという意識も記憶もコピーにすぎないというのだ。

アメリカのサイエンス・フィクションの世界でディックは異端だった。あまり科学的ではなく、SF的アイデアやパルプ・フィクションのスタイルを「現実とは何か」「人間とは何か」という実存的不安を描くための道具として利用していただけだったからだ。そのため映画『ブレードランナー』公開直前の八二年三月に死ぬまで経済的には不遇だった。しかし、ヨーロッパではカフカと同じく不条理を描いた作家として読まれており、死後、アメリカでもサイバーパンクの先駆者として評価された。

## 未来のフィリップ・マーロウ

一九七七年、売れない映画俳優のハンプトン・ファンチャーは友人のブライアン・ケリーと共同で出資して『アンドロイドは電気羊の夢を見るか？』の映画化権を手に入れた。そして自らシナリオにまとめた。

ファンチャーの脚色で『電気羊』にあった二つの大きな要素が縮小された。

一つは「電気羊」。これは、核戦争でほとんどの動物が死滅した世界で飼われるロボット羊を意味している。本物の動物は大金持ちしか買うことができない、庶民の夢だ。この時代の人は、本物の動物を飼う行為ではじめて「人間」として認められる。主人公デッカードは妻との夫婦仲が冷え切っており、アンドロイドを五人殺して賞金を稼げれば、動物を買って夫婦の心も癒《いや》されるだろうと思っている。人間たちは本物の羊を飼うことを夢見ている。アンドロイドは電気羊の夢を見るのだろうか？という デッカードの疑問が書名の由来である。しかし、動物はファンチャーのシナリオでは小さな役割になった。

もう一つ、ファンチャーが縮小したのは「妻」だ。『電気羊』はジェイムズ・ジョイスの『オデュッセイア』ないし『ユリシーズ』に似た構成で、家を出たデッカードがサンフランシスコの街で地獄めぐりをした後、家に帰るまでの物語だ。途中、セイレーンのような三人の女性アンドロイドに心を動かされるが、ついに敵を倒して帰ってきたデッカードを、冷たかった妻は優しく迎え、ほんのり温かいハッピーエンドとして幕を閉じる。しかし、ファンチャーはデッカードを女房に逃げられた男と設定し、妻をドラマから切り捨てた。

その代わりにファンチャーが強調したのは、ハードボイルド探偵ものの要素だ。『電気羊』はいちおう刑事が犯罪者を追う話だが、デッカードはフィリップ・K・ディックの他の小説の主人公と同じく泣き言ばかり言っているしょぼくれた小役人だ。しかしファンチャーは、彼をレイモンド・チャンドラーが描く私立探偵フィリップ・マーロウのようなヒーローとした。舞台をサンフランシスコから、マーロウが活躍したロサンジェルスに移し、マーロウと同じソフト帽とトレンチコートを着せたのだ。ファンチャーのイメージは『さらば愛《いと》しき女よ』（七五年）でマーロウを演じたロバート・ミッチャムだったという。そして、マーロウ調の自嘲《じちょう》的な独白でストーリーを進めることにした。これはハリウッドのフィルム・ノワールの手法だ。

## リドリー・スコット

一九七九年、ファンチャーの脚本は『デンジャラス・デイズ』と題され、『ディア・ハンター』（七八年）を作ったイギリスのプロデューサー、マイケル・ディーリーが映画化権を取得した。ディーリーは『エイリアン』（七九年）を製作中のリドリー・スコットに監督をオファーした。

リドリー・スコットは一九三七年、イングランド北部の町サウスシールルズに生まれた。父は軍人で、ノルマンディ上陸作戦ではエンジニアとして働き、戦後は進駐軍としてドイツに渡った。彼は息子たちを軍隊風の厳しい規律で育てたが、リドリーはそれに適応し、少年時代は軍人になることを夢見ていた。

学校はリドリーにとって退屈極まりなかった。勉強に興味が持てないので、映画ばかり観《み》ていた。最初の回から最後の回まで映画館に居座って、同じ映画を何度も何度も観た。画面の隅々まで、何が映っているのか確認しながら観た。映画を作りたくてしょうがなかった。当時のイギリスには映画学校はまだなかったので、奨学生として王立芸術大学に入学した。

卒業したスコットは美術デザイナーとしてBBCテレビで働いた後、六七年にテレビCMの製作プロダクションを立ち上げた。当時のテレビCMはまだ、商品のための宣伝にすぎなかった。しかし、スコットは映画のようにスタイリッシュな映像を使って、CMをアートの域に高めた。数々の賞に輝いたスコットは世界で最も有名なCMディレクターとして、現在までに二千本のCMを撮ることになる。

一九七七年、四十歳になったスコットは『デュエリスト／決闘者』で映画監督デビューする。

**デュエリスト／決闘者**

『デュエリスト／決闘者』は、ジョセフ・コンラッドの短編小説『決闘』が原作。スコットはコンラッドの愛読者だそうで、続く第二作目『エイリアン』でも、鉱石運搬用宇宙船の名前を、コンラッドの小説のタイトルから「ノストロモ」号と名づけている。また、ノストロモ号の緊急脱出艇ナルキッソス号もコンラッドの小説『ナーシサス号の黒人』にちなんでいる。

『決闘』はナポレオン時代のフランスに実在した二人の兵士をヒントに書かれたものだという。

『デュエリスト』の主人公デュベール中尉《ちゅうい》（キース・キャラダイン）は真面目《まじめ》で実直な軍人だったが、ひょんなことでフェロー中尉（ハーヴェイ・カイテル）から決闘を挑まれ、手首を切りつけて勝ってしまったために十五年間も追い回される。復讐《ふくしゅう》に燃えたフェロー中尉はデュベールの行く先々で何度も何度も決闘を挑み、お互い何度も瀕死《ひんし》の重傷を負う。ところがいつしか、デュベールは彼を無理やり決闘に巻き込むフェローに友情のようなものを感じ始める。そして最後の決闘。最初の決闘からすでに十五年が経《た》っていた……。

『デュエリスト』でスコットはダヴィッドやフェルメールなどのさまざまなスタイルのヨーロッパ絵画を各ショットで再現してみせる。フェローが雲の間から差し込む太陽の光を見つめるラストショットは奇跡のように美しい。

この監督デビュー作のテーマ「決闘」は、その後のリドリー・スコットの作品『ブラック・レイン』（八九年）、『G．I．ジェーン』（九七年）、『グラディエーター』（二〇〇〇年）などで繰り返されることになる。それは監督三作目『ブレードランナー』にも共通している。

ロング・トゥモロー

リドリー・スコットとハンプトン・ファンチャーは八〇年四月、ハリウッドで合宿して脚本の練り直しに入った。

「映像においてスタイルはテーマそのものになる」

それが、CM出身のスコットのポリシーだ。彼は、まずファンチャーに尋ねた。

「窓の外はどうなってる?」

『ブレードランナー』の舞台はどんな世界か、と訊《き》いたのだ。ファンチャーが答えられないと、スコットは言った。

「『ヘヴィ・メタル』だ」

それは、フランスのコミック雑誌『メタル・ユルラン』の英語版の名で、スコットがとくに意識したのはメビウスが描いた『ロング・トゥモロー』という短編だった。メビウスはスコットの『エイリアン』に宇宙服のデザインで参加している。

『ロング・トゥモロー』はまさに「未来のフィリップ・マーロウ」だ。舞台は未来。主人公のピートは私立探偵。彼は美女の依頼で荷物の回収に行かされ、命を狙《ねら》われる。ピートはその美女と恋に落ちてベッドをともにするが、彼女の正体はアメーバのように不定形の怪物だった。それは地球大統領暗殺のために異星から送り込まれたスパイだったのだ。タフな探偵の一人称の語り、依頼人の美女の誘惑、そして裏切り。『ロング・トゥモロー』はハードボイルド探偵小説のパターンを未来世界で展開する。メビウスは『ロング・トゥモロー』の未来都市を空にそびえる摩天楼ではなく地下に向かって何百層も続く地獄のように描写した。さらに、すべての風景にゴミやガラクタをゴチャゴチャと描き込んだ。それは、それまでのSF映画で描かれるピカピカに清潔な未来都市とは正反対だった（ただし、ゴミと手垢《てあか》で薄汚れた宇宙船なら七二年にソ連のタルコフスキーが『惑星ソラリス』で見せている）。

『ロング・トゥモロー』のストーリーを書いたのはダン・オバノン。スコットの『エイリアン』の最初のシナリオを書いた男だ。彼はフィリップ・K・ディックの大ファンで、『トータル・リコール』（九〇年）と『スクリーマーズ』（九六年）でディックの原作を二回も脚色している。

この『ロング・トゥモロー』こそが、スコットにとっての『ブレードランナー』の「原作」である。なにしろ彼は『アンドロイドは電気羊の夢を見るか?』を読んでいないのだから！

## フィルム・ノワール

原作は読んでいないが、スコットはファンチャーの脚本の「未来のフィリップ・マーロウ」というアイデアに興奮した。彼はロマン・ポランスキー監督の『チャイナタウン』（七四年）のようなフィルム・ノワールを撮りたいと思っていたからだ。

フィルム・ノワールとは、おもに一九三〇年代のハードボイルド小説を原作として、四〇年代にハリウッドで作られた白黒の犯罪映画を指す。最大の特徴は闇《やみ》だ。夜の闇に、雨に濡《ぬ》れた舗道、ネオンサイン、噴き上がる蒸気、タバコの煙、ブラインドや換気扇越しの光が白く切り抜かれる。フィルム・ノワールはたいてい主人公の憂鬱《ゆううつ》な独白で始まる。彼は謎めいた美女に誘われ、愛も情も踏みにじられる暗黒の世界へと入っていく。フィルム・ノワールは、明るく勧善懲悪のハッピーエンドを描き続けたハリウッド映画史上の異端児だ。その厭世《えんせい》主義の原因は二度の世界大戦で残酷な現実を体験したせいだといわれている。「フィルム・ノワール」という呼び名は、それらの映画がフランスで上映されたときにつけられたもので、この言葉がアメリカに逆輸入された五〇年代には、ハリウッドはすでにそういった暗くネガティヴな映画を作るのをやめて、カラフルで明るく健全で保守的なハッピーエンドの映画が主流になっていた。

しかし、六〇年代終わりから、ヴェトナム戦争を背景に、ハリウッドでは再びアンハッピーエンドの映画が作られた。いわゆるアメリカン・ニューシネマである。ハリウッド映画が描かなかったアメリカのダークサイドを描こうとしたニューシネマは、ハリウッドが闇を描いていた四〇年代のフィルム・ノワールを再生した。それがスコットの愛する『チャイナタウン』であり、ファンチャーが愛する『さらば愛しき女よ』なのだ。

「『ブレードランナー』の設定は（製作時から）四十年後の未来だが、映画のムードは四十年前の一九四〇年代に作られたフィルム・ノワールを模した」とスコットは言っている。当初、デッカードはフィリップ・マーロウ風にトレンチコートにソフト帽を被《かぶ》る予定だったが、ハリソン・フォードが『レイダース／失われたアーク《聖櫃》』（八一年）で先にソフト帽を使ったのでコートだけになった。

## アンドロイドからレプリカントへ

リドリー・スコットはディックの原作にある「バウンティハンター」という職業名は平凡すぎるとファンチャーに言った。ファンチャーは自宅の本棚から『映画：ブレードランナー』という本を見つけた。著者はウィリアム・バロウズ。ファンチャーはバロウズのファンで、『電気羊』の前にバロウズの『裸のランチ』の映画化権を買おう体が共通している。

としていたのだ。バロウズもディックも麻薬常習者で、現実と妄想の区別が曖昧《あいまい》な文体が共通している。

Blade は手術用メス、Runner は「密売人」というスラングで、Blade Runner とは医療用品の密売業者のこと（銃の場合は Gun Runner となる）。そもそも、自身も医者だった作家アラン・E・ナースが七四年に医療用品の密売者を主人公にした小説『ブレードランナー』を書いた。それを七九年にバロウズが勝手にアクション映画風に書き直したのが『映画：ブレードランナー』だ。両者ともに内容的には映画『ブレードランナー』とは関係ない。

スコットから次々に飛び出す要求に応《こた》えようとしたファンチャーだが、ついに二人は衝突してしまう。スコットは勝手に脚本家デヴィッド・ピープルズを雇ってシナリオをリライトさせた。

スコットがまずピープルズに要求したのは、やはり呼び名の変更だった。「アンドロイド」という言葉は機械っぽい。生物学的に作られた人造人間には別の名前が必要だというのだ。そこでピープルズは生化学を学ぶ娘から教えてもらったクローン技術用語の「複製（レプリケイション）」から、「レプリカント」という造語を作った。

## いくつもの『ブレードランナー』

さらにピープルズ版では、ファンチャー版の全編に書き込まれていたデッカードのモノローグがすべて破棄され、ラストに二つだけ新たな独白が書き加えられた。このピープルズ版を台本にして映画は撮影された。しかし、そこから先にもいくつものヴァージョンが生まれることになった。

まず、一九八二年三月五日コロラド、翌日六日テキサスで一般観客を集めて『ブレードランナー』のテスト試写が行われた。エンド・クレジットもない未完成のものだったので「ワーク・プリント（作業中のフィルム）」と呼ばれる（このプリントは九一年に発見され、ロサンジェルス他数カ所で上映された）。

しかしテスト試写の観客の反応が良くなかったので、製作側の意向に従ってフィルムは再編集され、八二年六月二十五日に全米公開された。これは「オリジナル公開版」と呼ばれる。説明不足を補うために再びデッカードの独白が加えられたが、それはファンチャーの脚本とは違う、新たに書き起こされたものだ。また、エンディングが暗すぎるということで、明るいエピローグが撮り足された。この「オリジナル公開版」は、MPAAを通すために残虐《ざんぎやく》シーンがカットされたが、それが残った「完全版」もある。これはアメリカ以外の国で公開されたもので「国際版」と呼ばれる。日本で初公開されたのはこれ。VHSのビデオやレーザーディスクで発売されたのもこのヴァージョン。

そして、公開から十年目の一九九二年、リドリー・スコットは『ブレードランナー』を自分の意図どおりに編集し直して「ディレクターズカット／最終版」と題して公開した。デッカードの独白は破棄され、エンディングも「ワーク・プリント」と同じものに戻され、さらにデッカードがユニコーンの白昼夢を見るシーンが加えられた。

ここでは基本的に「オリジナル公開版」をテキストに映画を紹介していく。

## 虚空《こくう》の眼

「二一世紀初め、タイレル・コーポレーションは遺伝子工学による人造人間〝レプリカント〟を開発した。彼らは地球外植民地の奴隷労働に使われたが、反乱を起こしたため、地球に逃亡したレプリカントは発見され次第、ブレードランナーによって射殺されることになった。それは処刑ではない、〝廃棄〟である」

映画『ブレードランナー』は暗闇の中に主要スタッフとキャスト名が浮かぶメインタイトルの後、以上のような字幕（大意）が流れる。

そして、「ロサンジェルス　2019年11月」という字幕に続いて、眼前に巨大なロサンジェルスの風景が広がる。雨に煙る暗闇にロサンジェルス南部の製油所が炎を噴き上げている。カメラの視線はその工場の上空を飛んでいく。屋根に回転灯をつけたエアカー（ポリス・スピナーと呼ぶ）が画面の奥から飛んできてすれ違う。

画面いっぱいの眼のクロース・アップがカットインされる。大きく見開かれた青い瞳《ひとみ》には製油所の炎が映っている。カメラの視線はピラミッドのような、マヤの神殿のような形の巨大なビル、タイレル・コーポレーション本社に近づいていく。ということは、この眼の持ち主は、タイレル社に向かって飛行しているようだ。だが、これが誰の眼なのかは最後までわからない。

ハンプトン・ファンチャーのシナリオ（八〇年七月付）も眼のクロース・アップで始まる。この場合はタイレル社の中でレプリカント判定テストを受けている脱走レプリカントのレオンの眼である。検査官は眼球の反応を見るからだ。しかし、映画では眼がタイレル社に外から近づいており、そのときすでにレオンはタイレル社の中にいる。撮影用ストーリーボードには、レオンをテストする検査官ホールデンの眼だと書かれているが、レオンと同じ理由で、映画でアップになるのは彼の眼ではない。

この巨大な眼を見たとき、フィリップ・K・ディックの読者なら『虚空の眼』を思い出すかもしれない。ディックは全体主義国家やファシズム、監視社会をつねに恐怖していた。リドリー・スコット自身はインタビューで「(冒頭の眼は)独裁者の視線だ」と抽象的なことを言っている。これがオーウェルの『1984年』のように「ビッグ・ブラザー」を描く物語ならば、そうかもしれない。しかし『ブレードランナー』には政府や体制は登場しない(むしろ統制が崩壊した社会を舞台にしている)。スコット自身がそれをいちばんよく知っているはずではないか(追記:2017年に公開されたリドリー・スコット監督作『エイリアン:コヴェナント』も眼の超クロース・アップで始まる。それは人間に反乱を起こすアンドロイド、デヴィッドの眼である。すると、『ブレードランナー』の冒頭の眼もロイ・バッティの眼かもしれない)。

この眼の持ち主が誰なのか、今のところはわからないが、観客の素直な感覚はこう受け止めたのではないか。目の前に突然広がった二〇一九年の風景にまさに眼を見張る自分自身の眼だと。眼のクロース・アップが最も印象的な映画は、スタンリー・キューブリックの『2001年宇宙の旅』だろう。ボーマン船長は恒星間航行装置である「スターゲイト」に突入し、時空を超えて銀河を飛び抜ける。窓の外に目まぐるしく展開する壮大なパノラマにボーマンはただ瞠目《どうもく》し、まばたきする眼のクロース・アップが何度も繰り返される。あの眼もボーマンの眼であると同時に観客自身の眼でもあった。ちなみに、この『ブレードランナー』の二〇一九年のロサンジェルスの風景を作り上げたのは、『2001年宇宙の旅』の「スターゲイト」を作り上げたダグラス・トランブルだった。

**レトロフィット**

原作者ディックは完成した映画を観ずに他界したが、死の直前にダグラス・トランブルによる未来都市の映像を観せられ、原形をとどめないほど変えられた脚本を読んで立腹していたことも忘れて、すっかり機嫌をよくしたという。

フィルム・ノワールの主役は都市の風景だ。夜のビル街やネオンサイン、自動車のヘッドライトなしには成立しない。リドリー・スコットも『ブレードランナー』にとって都市こそが最も重要だと考えていた。彼は映画のタイトル自体を『ゴッサムシティ』に変更しようとしたほどだ。ゴッサムシティとはコミック『バットマン』の舞台となる都市の名だ。

スコットは都市のデザインのため、前述の『ヘヴィ・メタル』などのコミックや画集を山ほどかき集め、使えそうなイメージを片っ端から抜き出していった。たとえばエドワード・ホッパーの絵『ナイト・ホークス』。深夜営業のコーヒー・ショップに佇《たたず》む男女を描いた絵で、大都会の孤独が伝わってくる。

その資料のなかにフォード車のデザインなどをしてきた工業デザイナー、シド・ミードの画集『センチネル』があった。スコットはミードを雇って、未来のパトカー「スピナー」、主人公の持つ拳銃《けんじゅう》（これは使われなかった）など、二〇一九年のロサンジェルスをデザインさせた。

スコットがシド・ミードに与えたコンセプトは「レトロフィット（古い機械に新しい部品を組み込んで動くようにすること）」だった。一九二〇年代のアールデコ調のビルに、未来的な巨大テレビモニターを組み込もう。完璧《かんぺき》に最新式の建物ばかりの街など、核戦争か何かで前時代の建物が完全に一掃されない限りありえないからだ。たとえば、現在のニューヨークの建物の半分以上は百年近く前に建てられたものではないか。

「『ブレードランナー』はわずか四十年後の世界だから地に足がついた未来像が欲しかった」とスコットは言う。

だが、リアルさ以上にスコットが欲しかったのは、四十年前の一九四〇年代に撮られたフィルム・ノワールの背景だった。撮影はハリウッドの北にあるワーナー・ブラザースのスタジオにあるニューヨーク市街のセットで行われた。実際に四〇年代の映画で使われたセットである。そこに換気ダクトや得体のしれないパイプやネオンを取り付けて、二〇一九年のロサンジェルスが作られた。
スタッフはこのセットを「リドリーヴィル」と呼んだ。

## 無秩序都市

『ブレードランナー』で最初に世間の注目を集めたのは、混沌《こんとん》の極みとしか言いようのないリドリーヴィルの風景だった。それは当時、建築デザインの世界を騒然とさせていた「ポストモダン建築」そのものだったからだ。

さて、とうとう「ポストモダン」を説明するはめになった。一九八〇年代に大学生以上だった世代は今さら聞きたくもないだろうけれど、それ以降の世代の読者のため、しばらく拙《つたな》い素人《しろうと》解説をお許しください。

### 人類の進歩と調和

まず、「モダン」とは何か。映画ファンに理解しやすい例として、ハリウッドのメジャー・スタジオのトレードマークを挙げよう。『ブレードランナー』の頭には、ワーナー・ブラザースの「盾」のマークが出る。これは一九二七年から使われてきた伝統的なロゴマーク。「デコラティヴ」で「レトロ」で「ノスタルジック」なデザインだ。しかし、一九六〇年代終わりからワーナーのロゴは装飾を削《そ》ぎ落した「モダン」なデザインに変わり、特に一九七二年、商業デザイナーのソウル・バスによるシャープなロゴが採用され、一九九〇年まで使われた。ユニヴァーサルも20世紀FOXもパラマウントもMGMもコロムビアも「モダン」なマークになった。伝統的にスタジオを経営してきた創業者とその家族が退き、近代的（モダン）な経営体制に交代したからだ。

近代化とは、無駄なもの古いものを捨て、機能性と有効性を目指して全体を調和させ、統合することだ。未来への進歩を続けようとする運動だ。

近代以前のヨーロッパでは、キリスト教の教義や伝統を守ることが正しいとされ、変化や新しいものはいいことではなかった。しかし、ルネッサンスからフランスの啓《けい》蒙《もう》主義、科学と産業の発達によって、世の中は急激に進歩し始めた。無意味な伝統や迷信を振り払い、合理的で機能的にものを考え、ものを作り、金を稼ぐことで、産業を、社会を変えていった。それで人はより豊かになり、平等で平和になり、ユートピアに近づいていくと考えられた。「人類の進歩と調和」という一九七〇年大阪万国博覧会のスローガンどおり、進歩によって人類は調和して一つになるのだと信じられた。その考え方の究極が、貧富の差も国境も宗教も克服して人類が一つになる未来を目指す共産主義だ。

近代のモニュメントといえるのがモダニズム建築、ガラス張りの四角いビジネス・ビルディングだ。「Less is more（必要最小限が美しい）」をモットーに、西欧の建築物につきものだったデコレーションを徹底的に削ぎ落とし、機能美を限界まで追求したモダニズム建築が戦後のアメリカから全世界に広がった。アジアだろうとアフリカだろうと、大都市はガラス張りの四角いビルディングと背広姿のビジネスマンという風景に均一化されていった。

ところが六〇年代後半、一人の建築家が「Less is bore（機能美だけでは退屈だ）」と言い始めたのだ。

## ラスヴェガスに学べ

アメリカの建築家ロバート・ヴェンチューリが一九六六年の著書『建築の多様性と対立性』で、機能的に無意味な装飾や、異なる様式が調和しないまま同居した建築もいいではないかと主張したのだ。

さらにヴェンチューリは七二年の著書『ラスヴェガスに学べ』（邦題『ラスベガス』）で、客寄せのためにゴテゴテに下品で無秩序な進化を遂げたラスヴェガスのカジノ・ホテル群を評価した。冷たく上品で禁欲的に統一されたモダン建築は高級なエリートたちを喜ばせるだけだが、ラスヴェガスはもっと大勢の「普通の大衆」の欲望を刺激しようとして、遊園地のように「遊び心のある」装飾やインチキな時代考証によるさまざまな建築スタイルを無制限に組み合わせる。そのほうが「楽しい」とヴェンチューリは評価した。これはモダン建築の全体主義、階級主義的傾向への徹底批判だったので、当時、大論争を巻き起こした。

七七年、建築評論家チャールズ・ジェンクスは著書『ポストモダニズムの建築言語』でヴェンチューリが提唱したような建築を「ポストモダニズム建築」と名づけ、その言葉が流行した。ポストモダン建築は、未来に向けて統一されたモダン建築へのアンチテーゼなので、一つの決まった様式を指してはいない。アールデコ調や古典主義、エジプト風やローマ風などさまざまな時代や文化のスタイルを混在させることである。『ブレードランナー』のレトロフィットによるロサンジェルスは、まさにこのポストモダン建築を都市全体に拡大したものだったのだ。デタラメな様式の建築と猥雑《わいざつ》で毒々しいネオンサインが入り乱れたカオスはまさに「ラスヴェガスに学んだ」ように見える。『ブレードランナー』のセットには実際、フランシス・フォード・コッポラの映画『ワン・フロム・ザ・ハート』（八二年）のラスヴェガスのセットに使われたカウガールのネオンが流用されている。

このように、「ポストモダン」という言葉は最初は建築の分野で知られ始めたが、七九年にフランスのジャン＝フランソワ・リオタールが『ポスト・モダンの条件』を発表してから、思想、芸術、政治、経済、心理学などあらゆる領域でポストモダンが論じられるようになった。アメリカでは評論家フレドリック・ジェイムソンがポストモダンの紹介者になった。

「それは、ポスト産業社会とか、多国籍資本主義とか、消費社会とか、メディア社会とか、さまざまな名で呼ばれる新しい社会が出現し始めたということなのである」（フレドリック・ジェイムソン「ポストモダニズムと消費社会」より大意）。

ジェイムソンが八二年に発表したこの論文はアメリカにおけるポストモダン宣言だ。彼はＳＦや探偵小説の批評でも知られており、アメリカでは評価が遅かったフィリップ・Ｋ・ディックはジェイムソンを自分の数少ない理解者だと言っている。そして、この論文発表と同じ八二年に『ブレードランナー』が公開された。これから引用するフレドリック・ジェイムソンなどのポストモダン論が書かれたのは、映画『ブレードランナー』が作られたのと同時だった。だから両者は互いに影響されていない。それなのに互いが互いを批評しているように見えるほど内容が一致している。両者は同じ時代の精神をそれぞれの形で表現していたのだ。

## 行き止まりの未来

フレドリック・ジェイムソンは、同じ八二年に、こんな題名のエッセイを発表している。

「進歩 vs. ユートピア／我々は未来を想像できるのか？」

ジェイムソンの答えは「できない」だ。

一九七〇年代まで、SF小説の挿絵やSF映画、それに科学雑誌では、数々の未来世界の予想図が描かれてきたが、平均するとだいたいこんなところだ。──天に向かってそびえる滑らかな超高層ビル群。それはモダニズム建築を推し進めたウルトラ・モダンだ。その間を高速道路や動く歩道が走り、空を流線形のエアカーが飛ぶ。地球外にも人類は移住し、ロケットが飛んでいく。道にはチリ一つ落ちていない。街を歩く人々はみんな美しい服を着て、豊かで、幸福そうだ。きつい仕事はロボットがみんなやってくれるから。

アメリカではアニメ『宇宙家族ジェットソン』が、日本では『鉄腕アトム』や真鍋《まなべ》博《ひろし》のイラストが描いた未来図を思い出してほしい。今では信じられないかもしれないが、一九六二年生まれの筆者も小学校に入るまで（つまり一九六九年までは）そんな二一世紀を確信していた。科学の進歩がすべての問題を解決し、人類は宇宙に向けて発展していくのだと信じていた。七〇年の大阪万国博覧会はそんなユートピアのシミュレーションだった。

しかし、七〇年代になって、人々は、こんな未来は来ないと気づいてしまった。まず、石油ショックと公害につまずいた。こんな未来都市を作るためのエネルギーをどうするのか？　原子力はすでに万能な未来のエネルギーではないことが判明していた。それに廃棄物はどうするのか？　食糧は？　貧困は？　発展途上国は？　解決策のない問題が山ほど噴き出した。

そもそも、そんな未来が本当に必要なのか？　人々は自問した。ハイテクの超高層ビルだって？　本気でそんなものに住みたいのか？　郊外に出れば緑に囲まれた一軒家に住めるのに。懐《なつ》かしい歴史のある建物をわざわざ壊して人間味のないモダンなビルを建てる必要がどこにある？　宇宙に行こうだって？　米ソは六〇年代、あれほど宇宙開発競争をしたが、六九年に月に着いてみたら何もなかった。いったい何の得があるんだ？　宇宙への熱はいっきに冷めた。『アンドロイドは電気羊の夢を見るか？』では、人類は地球外に植民地を広げているが、大多数の人々はそこに行くよりも環境汚染された地球に骨を埋《うず》めることを選んでいる。

科学技術だけは進歩を止《や》めなかったが、それが目指す未来世界の地図はなくなってしまった。科学のユートピアの夢はレトロ・フューチャー（かつて夢見た未来）となった。この先には何も見えない！

『ブレードランナー』のロサンジェルスは、都市計画に基づいた古いビルの取り壊しと新しいビルの建設がないまま、現在（八二年当時）の建物に無計画な増築と改造を重ねていった姿だ。つまり未来像なき未来都市である。

『時は乱れて』『去年を待ちながら』など、ディックの小説には、ある時点から時間が前方に進行しなくなる小説が多い。『逆まわりの世界』ではタイトルどおり、墓場から老人が蘇《よみがえ》り、だんだん若返って赤ん坊に戻っていく。『ユービック』ではすべてのものはどんどん古いものに退行していく。最新型の自動車に乗って走っているうちに車はクラシック・カーに退化してしまう。

『ブレードランナー』のロサンジェルスも退化した都市に見える（タイレル本社を除く）。どのビルも奇怪な形に成り果てているので、どれが廃墟《はいきょ》かもわからない。壁や柱は落書きだらけで道端にはそこらじゅうにゴミの山がたまっている。その姿は未来というより「現在が腐ったもの」とでも言ったほうが似合っている。

このゴミだらけの風景で、二〇一九年のアメリカは建築だけでなく、経済や政治の進歩も止まっていることがわかる。『ブレードランナー』は警察官が主人公だが、政府や国家の影は見えない。代わりに君臨しているのは神殿のようにそびえるタイレル・コーポレーションである。レプリカントは奴隷労働者としてこの時代の産業の底辺を支えているのだから、レプリカントを独占的に供給するタイレル社は現在の石油産業以上の権力を持っているはずだ。これは八〇年代に成立した「コーポレイト・アメリカ」の行き着く先だ。レーガン政権は「小さな政府」を掲げ、大企業に対する大幅減税や規制緩和を行った。その結果、大企業はより強くなり、合併吸収を繰り返して巨大な権力となった。政府ではなく大企業が社会をリードするコーポレイト・ソサエティ（企業社会）だ。大企業の利益は国民の利益、という思想はレーガン以降のアメリカ保守派のイデオロギーとなり、大企業は労働者を搾取《さくしゅ》し、貧困層を生み出し、環境を汚染し、酸性雨を降らせる。

『ブレードランナー』はほとんどが夜のシーンなので、実は廃墟のような建物も落書きもゴミも闇に沈んでよく見えない。眼に飛び込んでくるのは、光り輝く巨大スクリーンとネオンサインばかりだ。ネオンサインの目くるめく色と光で荒涼とした砂漠を暗闇に隠すラスヴェガスのように。

## CM天国

『ブレードランナー』のストーリーに戻ろう。タイレル社の中でレオンという男がレプリカント判定テストを受けていたが「母親について」質問されたとき、検査官を射殺して逃亡する。そして場面はロサンジェルスのダウンタウンに切り替わる。大気汚染のため酸性雨が降り続いている。

ビルの壁面の巨大なスクリーンにはゲイシャが映し出され、「強力わかもと」の錠剤を口に入れる（このCMは映画のために撮影されたもの）。上空に浮かぶ飛行船の巨大スクリーンでもCMを流している。

「地球外の植民地では新しい人生があなたを待っています。機会均等の国でやり直すチャンスです」

実は植民惑星は過酷な自然条件の開拓地で、レプリカントが奴隷のように働かされている。これは誇大広告である。

『ブレードランナー』の広告都市とでもいうべき風景は「すべての公共空間は広告によって侵食される」「都市全体が一つのスクリーンになる」「広告それ自体が我々の現代建築なのだ」など、フランスの思想家ジャン・ボードリヤールの言葉と一致する。ボードリヤールはフレドリック・ジェイムソンと同じくフィリップ・K・ディックを早くから高く評価していた。

ボードリヤールは『消費社会の神話と構造』（七〇年）などで、消費社会では広告は商品そのもの以上に重要になると論じた。資本主義の基本である「等価交換」は、商品の価値は品質と機能によって決まるというルールだが、商品があり余る状態になると商品そのものは重要ではなくなる。その商品がまとうイメージが価値を決めることになる。同じ機能と品質ならよく知られているブランドのほうが高く売れるわけだ。だから商品の品質よりも広告のほうが重要になる。つきつめると、ブランド名だけ宣伝すれば商品そのものは見せなくてもいいわけだ。

ＣＭを何千本も撮った男リドリー・スコットはまさにそれをやってきた。たとえばシャネルの香水のＣＭでは、テレビでは香りを伝えられないのでブランドのイメージだけを宣伝するしかない。

『ブレードランナー』のロサンジェルスにはネオンや看板の広告があふれている。パンナム、アタリ、コカ・コーラ、バドワイザー、シチズン、デンティーン、ＪＶＣ、ＴＤＫ、マルボロ、ポラロイド、東芝、ＴＷＡ……。しかし見えるのは企業名やブランド名だけ。商品の図像は「強力わかもと」の錠剤以外はいっさい見えない。『ブレードランナー』以前の映画やテレビでは実在の企業名やブランド名は画面に映らないよう巧みに隠され、ときにはモザイクで消されていた。性器並みに「見せてはいけないもの」だった。それが『ブレードランナー』では執拗《しつよう》に画面に入り込もうとする。クライマックスにすら、そのドラマ性をぶち壊すように企業名のネオンが画面に割り込んでくるのだ。

ディックの小説にも広告やCMがやたらと登場する。広告飛行船はディックの小説『ザップ・ガン』に登場する。そのものずばり世の中が広告だらけになった『CM地獄』という小説も書いている。超小型のCM受信機が寄生虫のように体にとりついて朝から晩まで脳内にCMを流し込んでくる悪夢をディックは想像した。しかしボードリヤールは広告は悪夢ではなく「恍惚《こうこつ》だ」と言う。広告の「絶え間ない誘惑」によって人は「もはや自分が本当は何が欲しいのかすらもわからなくなってくる」。それは「めまい」にも似た「幻覚剤的な」快楽だと。

『ブレードランナー』のCM都市とボードリヤールが語るCMの快楽は、一九八〇年代の日本で過激に実現していた。西武セゾン・グループは「おいしい生活」などの宣伝コピーで実体のある商品ではなく、ライフスタイルのイメージを売ろうとした。渋谷という街全体を若い女性の好みに合わせて改造し、そこに行くだけでまるでオシャレなCMの中に入ったような気分になるヴァーチャル・リアリティにしようとした。

ＣＭはそれ自体がエンターテインメントとなり、ただの宣伝屋にすぎないＣＭプランナーやコピーライターがアーティストとしてもてはやされ、たんに商品を売ることを超えたメッセージを送り出したい、などと真顔で言う事態になった。

もう、誰も、どれが自分が本当に欲しいもので、どれが欲しいと思わされたものなのか、わからなくなった。

## 寿司《すし》

『ブレードランナー』の広告天国の中で最も目立つのは「強力わかもと」をはじめ、日本語の広告だ。広告飛行船のミニチュアは今もバーバンクのワーナー・スタジオに保存されており、筆者は数年前に見ることができたが、船体の表面には日本の女性週刊誌から切り抜いた見出しがベタベタ貼《は》られていた。

リック・デッカードは新聞の求人欄を読んでいる。

「殺し屋の求人広告はないな。それが俺の仕事だ。元刑事。元ブレードランナー」

一九八二年のオリジナル公開版ではフィルム・ノワールの伝統どおりデッカードの独白が聞こえるが、ファンチャーが脚本に書いた独白ではなく、『刑事コロンボ』などテレビドラマの脚本家ローランド・キビーが新たに雇われて書いた。

デッカードは屋台の日本料理屋に座り、例の「二つで充分」のやりとりがある。「寿司か……」。デッカードの独白。「別れた女房は俺をそう呼んでたな。冷たい男ってことさ」

寿司はこの映画が作られる数年前までアメリカではほとんど知られていなかった。生の魚を食べるなんて想像もできない行為だったのだ。しかし七〇年代後半に日本の自動車や電化製品の対米輸出が飛躍的に伸び、七九年には社会学者エズラ・F・ヴォーゲルが『ジャパン・アズ・ナンバーワン』を書いてベストセラーになった。八〇年、テレビのミニシリーズ『将軍／SHŌGUN』がアメリカで国民的な大ヒットとなり、それをきっかけに日本ブームが巻き起こった。そして寿司レストランがいっきに全米に広がったのである。

リドリー・スコットの『エイリアン』では、アンドロイドがヒロインのリプリーを殺そうとして口に突っ込む雑誌が『平凡パンチ』だった。なぜ『平凡パンチ』？ 実は彼らの乗る鉱石運搬船は「ウェイランド湯谷」という日系企業のものだからだ。八〇年代半ばにはジャパン・マネーのアメリカ進出が拡大し、ハリウッドの映画会社やロックフェラー・センターまでが日本企業のものになった。当時のアメリカ人は本気で、日本に経済的に占領されるのでは？と恐れていた。

市場経済というモダンなゲームでは、そのゲームを考案した欧米が圧倒的な強さで世界を支配してきたが、アジアもそのゲームを覚え、ついに欧米に逆襲を始めた。この『ブレードランナー』という映画自体、香港《ホンコン》の老舗《しにせ》の映画会社ショウ・ブラザースが出資している。

### チャイナタウンに呑《の》み込まれた都市

二〇一九年、ロサンジェルスに混沌をもたらしているのは建築や広告だけではない。雑踏にひしめく人々の人種や服装、飛び交う言葉は韓国、ヴェトナム、メキシコ、インド、アラビア、ドイツ……。ネオンサインや路上の落書きも日本語や中国語や……数え上げればきりがない。デッカードのような白人はここでは圧倒的に少数派だ。

近代以降、欧米は最初はキリスト教を、次は科学、資本主義、それに民主主義をアジアやアフリカや中南米に移植し、世界を欧米化しようとしてきた。「発展途上国」などという言葉があるように、近代化という競争に参加していない国を勝手に遅れていると決めつけ、民族的なもの、土着的なものを駆逐して、背広とネクタイの生活に均質化しようとしてきた。しかし、その流れは一九七〇年代に逆転する。欧米の都市は逆に非・白人の移民に侵略され始めたのだ。

たとえばアメリカではアジア人の移民を約八十年間も禁じてきた移民法が一九六五年に改正され、堰《せき》を切ったように中国と韓国から移民が流入した。また七〇年代にはインドシナの共産化によってヴェトナム、ラオス、カンボジアなどから大量の政治的難民が入ってきた。これによって移民法改正以前は全人口のわずか〇・五パーセントしかいなかったアジア系アメリカ人は、いっきに六倍以上に増加したのである。

また、政治的、経済的に不安定な中南米やイスラム諸国からも大量の移民が入り、七〇〜八〇年代は、二〇世紀初めにヨーロッパから大量の移民があって以来七十年ぶりの大移民時代となった。白人はすでに五〇年代以降、都市から逃げ出して郊外に住むようになっており、都市部は非・白人によって占領された。

七十年前のロシアやギリシャ、イタリア、ポーランド、チェコからの移民たちはそれぞれの民族的伝統を捨てて「アメリカ人」になろうとした。それを金属を溶かす坩《る》堝《つぼ》にたとえた。しかし八〇年代のアジア、中東、中南米からの移民たちはそれぞれのエスニシティを捨てなかった。坩堝ではなく、違ったまま共存する「サラダボウル」のたとえが生まれた。文化多元主義の時代だ。

もともと『ブレードランナー』は『チャイナタウン』のSF版を目指して企画されたが、チャイナタウンと私立探偵との組み合わせは一九二〇年代の探偵小説「チャーリー・チャン」シリーズとその映画化にルーツがある。舞台となる禁酒法時代のサンフランシスコのチャイナタウンは阿片窟《アヘンくつ》と人身売買市場が並ぶ、異界だった。しかし、移民法改正後、サンフランシスコやロサンジェルス、マンハッタンのチャイナタウンは爆発的に、無限に拡大した。同じようにコリアンタウンも、リトル・サイゴンやリトル・アフガンも、黒人のゲットーも、ラティーノのバリオも八〇年代に急激に広がり、のたうつ龍《りゅう》の浮き彫りや金の仏像、後光の差したキリストや生首をぶら下げたカーリーなどの土着的で民族的なデコレーションやアイコンが、モダンな都市の風景を前近代化してしまった。

## シティ・スピーク

屋台でうどんをすするデッカードに、警察官ガフが話しかける。

“Monsieur, azonnal kövessen engem bitte”

ガフの言葉にはいくつもの言語の単語が交じっている。Monsieur は仏語の「ムッシュー」、azonnal kövessen engem はハンガリー語。bitte はドイツ語の「ビッテ」。「旦那《だんな》、一緒に来てください」という意味だ（うどん屋の親父《おやじ》は「あなたを逮捕する」と通訳するが、それは間違い）。

ピープルズ版のシナリオではガフは日本語をしゃべることになっていた。だからうどん屋の親父が通訳する。しかし、ガフを演じる名脇役《わきやく》エドワード・ジェームズ・オルモスはベルリッツ語学学校の協力で、「下町言葉《シティ・スピーク》」という架空の言語を自分で作った。二〇一九年のロサンジェルスの下町で使われている言葉で、他民族間での共通語ということらしい。英語があるのになぜ?とも思うが、これは当時アメリカで論争を呼んでいたマルチリンガル社会を反映しているのだろう。八〇年代から、公共の表示は英語だけでなく、スペイン語、ときには中国語も併記されるようになった。

オルモス自身はメキシコ系アメリカ人だが、ガフには日本人や白人の血も流れている設定だという。

“Captain Bryant toka me, Ni omae yo.”これは“Captain Bryant talked to me (ブライアント警部が俺に言った), Omae ni yo (お前に用がある)”という意味だ。

オルモスは青いコンタクトレンズと黄色いドーランをつけて、ガフを黒人にも白人にもアジア人にも見えるようにした。ガフという人物自身が多元文化のロサンジェルスを象徴している。

以上で、やっとこさ『ブレードランナー』の舞台が一九八二年当時のポストモダン的状況であることを説明し終わった。しかし、何のために? これから始まる「レプリカント狩り」のために、このような舞台が必要だったからだ。時代と民族と貧富が入り乱れ、どれがゴミで、どれが広告で、どこまでが現実で、どこまでが自分の考えで、どこまでがメディアの情報なのか、まるでわからなくなった都市、そこで人間とまったく見分けのつかないレプリカントを探すゲームが始まるのだ。

## レプリカント狩り

デッカードはガフの操縦するスピナーで警察署に連れていかれ、ブライアント警部からレプリカント狩りを命じられる。

原作によれば、レプリカントは最底辺の労働力だ。地球の資源は地球外の植民惑星に依存しているが、過酷な外惑星に行きたがる人々は少ない。そこでレプリカントは採掘などの重労働に使われている。未来の奴隷《どれい》である。その奴隷的境遇に耐えられず逃げ出した野良《のら》レプリカントを「廃棄処分」するのがブレードランナーの仕事だ。

二週間前、植民惑星で六人のレプリカントが二十三人の人間を殺害して宇宙船をハイジャックし、地球に入り込んだ。すでに一人は死んだので、残り五人を処分しろと警部は言うが、デッカードは断る。ガフは黙って、紙くずを折って小さな鶏を作る。「チキン（弱虫）め」という意味だ。ガフは日系の親からオリガミを習ったという設定がある。

「貴様なんぞ、警官辞めたら、ただのか弱き庶民（Little people）だぞ」

ブライアントの言葉を聞いたデッカードは「選択の余地はなさそうだな」と、あきらめ顔で仕事を引き受ける。

ブライアントは標的のデータを見せる。

「ロイ・バッティ。二〇一六年製。戦闘用モデル。こいつがおそらくリーダーだ」

「ゾーラ。二〇一六年製。警察官としての訓練を受けた、美女で野獣だ」

「プリス。二〇一六年製。基本的にはセックス用。外宇宙の軍人クラブの常備品だ」

これにレオンを加えて四人。なぜか五人目は指示されない。

「レプリカントは人間のあらゆる機能をコピーして設計された。感情以外はな。だが、何年かして、彼らに感情が芽生えていることがわかった。憎しみ、愛、恐怖、怒り、羨望《せんぼう》。そこで安全装置が組み込まれた。寿命を四年間に設定したんだ」

原作ではレプリカントが地球に来た理由は明確ではないが、『ブレードランナー』では、四年と定められた寿命を延ばす方法を見つけるのが目的になっている。

### レイチェル

デッカードはタイレル本社を訪ね、レプリカントの生みの親エルドン・タイレルに面会し、秘書のレイチェル（ショーン・ヤング）を紹介される。

レイチェルの髪形と肩パッドの入ったスーツは、ジェームズ・M・ケイン原作のフィルム・ノワール『深夜の銃声』（四五年）のヒロイン、ミルドレッド・ピアース（ジョーン・クロフォード）を模している。男に食い物にされてきたミルドレッドは誰にも頼らず生きていく決心をしてビジネスの世界に挑戦する。彼女の肩の張ったスーツと喫煙は自立した女性のプライドを表している。しかし、男性優位社会は彼女を悲劇に追い込む。

レイチェルはタイレルの愛人だと思われる。というのは、ギャングのボスに雇われたタフガイがボスの愛人と駆け落ちするフィルム・ノワール『ギルダ』（四六年）をリドリー・スコットは参考にした映画の一本に挙げているから。

タイレルはデッカードにレプリカント判定用のヴォート・カンプ試験を見せてほしいと頼む。レイチェルを実験台にして。デッカードは質問しながらレイチェルの眼球の反応をチェックする。レイチェルは落ち着きなくタバコを吸い続ける。

「誕生日に牛革の財布をプレゼントされた」

「受け取らないで警察に通報するわ」。原作どおり、この時代は本物の動物は稀少《きしよう》なので保護されている。

「小さな男の子が蝶々《ちようちよう》の標本と毒薬のビンを見せてくれた」

「病院に連れていくわ」。答えるときの彼女の瞳が赤く光っている。

動物に対する共感性テストを終えてレイチェルを退席させてからデッカードはタイレルに言う。

「彼女はレプリカントですね？　彼女はそれを知ってるんですか？」

「疑い始めているようだ」

タイレルは「人間より人間らしい」レプリカントを目指して、レイチェルにニセの記憶を植えつけたと言う。

「私をレプリカントだと思ってるのね？」。レイチェルはデッカードのアパートに押しかけて問い詰める。デッカードは突然、レイチェルしか知らないはずの記憶を語り始める。

「六歳のとき、お医者さんごっこをして怖くなって途中で逃げただろう？　窓に張った蜘蛛《くも》の巣を見ていたら……」

「……卵が割れて……百匹の子蜘蛛が母蜘蛛を食べてしまった……」

「それは植えつけられたタイレルの姪《めい》の記憶だよ」

ぽかんと開いたレイチェルの唇が震え始める。何も言葉は出ない。出るはずがない。二十数年間の記憶がすべてニセモノで、自分は作られた架空の存在で、人間としては実在しない、と知ったのだ。あまりにも完璧に現実から否定されたレイチェルは、ただ、うるんだ目から涙を一筋こぼすしかない。

**シミュラクラとハイパーリアル**

『アンドロイドは電気羊の夢を見るか？』以外の作品でフィリップ・Ｋ・ディックは、人間そっくりのものを指して「シミュラクラ（うわべだけのもの）」という言葉を使う。ディックの小説ではあらゆるものが突如ニセモノだと発覚する。ニセモノの人間、ニセモノの記憶、ニセモノの感覚、ニセモノの社会……。現実とまったく区別ができないニセモノは、それが存在すると知っただけで人を不安にさせる。これは贋札《にせさつ》と同じことだ。本物とまったく見分けがつかない贋札が作られたら、本物の札の信用度はゼロになる。

たとえば、映画『トータル・リコール』の原作『追憶売ります』では、経験していない記憶が売り買いされる。いったん記憶をインストールしてしまうと、自分では本物の記憶としか思えない。それがニセモノだと知覚できたら記憶とは呼べないからだ。するとと、たとえ記憶を買った記憶がなくても、今の自分の記憶が本物だと確信することはできなくなる。しかも恐ろしいことに、記憶とはたんに過去の出来事ではなく「自分とは何者であるか」という認識そのものなのだ。つまり記憶販売が可能だと知るだけで、人は自分が自分だという自信がなくなってしまう。人間そっくりのアンドロイドがあると知っただけで、自分が人間かどうかは怪しくなる。

でも、実際はアンドロイドなんか存在しないじゃないか、と安心はできない。シミュラクラという実体などなくても、シミュレーション（仮想すること）だけで充分、現実は脅《おびや》かされる。ボードリヤールは『ブレードランナー』公開の前年、『シミュラークルとシミュレーション』という評論で、高度なシミュレーションが蔓延《まんえん》することで本物の価値が下がっている現状を指摘した。わかりやすい例を挙げると、ポルノはセックスのシミュレーションだが、実際のセックスでアダルトビデオのように女性が反応しないと男性は自分が本物のセックスをしていないように感じる。また女性はビデオを真似《まね》して感じている演技をする。アダルトビデオのほうが現実に真似される「本物」になってしまったのだ。これと同じで、本来「真似事」であったはずのシミュレーションが現実より優位に立つ事態はあらゆる場所で起こっている。映画、テレビ、マンガ、ゲーム、ＣＭで見せられる生活や恋愛や人生や異性こそが「あるべき姿」に思えてくると、現実はみすぼらしい出来損ないにしか見えなくなる。退屈な日常よりも、感動や興奮に満ちたシミュレーションのほうがリアリティがある！

現実（リアル）よりも完璧なシミュレーションをボードリヤールは「ハイパーリアル」と呼んだ。レプリカントはハイパーリアルだ。なにしろ、タイレルはレプリカントを「人間以上に人間らしく」作ったというのだから。

## 家族の肖像

レイチェルは記憶を証明する唯一《ゆいいつ》の証拠として、幼い頃に母親と並んで撮った写真をデッカードに見せる。冒頭で母親のことを質問した検査官を撃ち殺したレオンも、水着の女性と少年の写真を大事に持っていた。自分が親も過去もないレプリカントだと知っているレオンは、他の誰かの家族写真を自分の過去の代わりに持ち歩いているらしい。

その写真と一緒にデッカードは、レプリカントのリーダー、ロイ・バッティが写った写真を押収《おうしゅう》する。デッカードはその写真をモニターで拡大して、画面奥に見える丸い凸面鏡に注目する。その鏡を極限まで拡大すると、逃亡レプリカントの一人、ゾーラが写っていた。この凸面鏡は一五世紀オランダの画家ヤン・ファン・エイクの「アルノルフィーニ夫妻の肖像」の引用である。王立芸術大学卒のリドリー・スコットは絵画に詳しく、『デュエリスト』では一七世紀オランダの絵画を模倣した画面を作っていた。図像解釈学者アーウィン・パノフスキーによると、この凸面鏡にはファン・エイク自身が「立会人」として映り込んでおり、この絵は「結婚証明書」にあたるという。現代なら結婚式の写真である。レオンがロイとゾーラを撮ったこの写真は家族写真のシミュレーションだ。

デッカードも孤独な一人暮らしで、触れ合い、共感し合う家族はいない（妻と離婚したという独白は後からつけられたもの）。レイチェルが泣きながら部屋を出ていった後、デッカードは酒に酔って物憂《ものう》げにピアノに寄りかかる。そのピアノの上には家族写真らしきものがたくさん飾られている。しかし、どの写真もセピアに退色し、写っている女性の服装も第二次世界大戦前のものだ。二〇一九年からすれば七十年以上前だ。これは本当にデッカードの家族の写真なのだろうか？

「ディレクターズカット／最終版」ではこのシーンに森の中を駆け抜ける白いユニコーンのスローモーションが挿入される。それはデッカードの幼い頃の記憶なのだろうか？

## 叫び

デッカードはレオンの部屋で拾った鱗《うろこ》を手がかりに、探偵小説風の捜査を始める。マーケットでレプリカントの動物を売る商人から、その鱗は人造蛇のものだと教えられ、裸身に蛇を巻きつけて踊るトップレス・ダンサーにたどり着いた。彼女は逃亡レプリカントのゾーラだった。

ゾーラは原作ではルーバという名前でオペラ歌手をしている。彼女の歌を聴いてデッカードは感激する。共感力のないはずのアンドロイドが人間以上に感情を表現できるなんて。ルーバはわざわざ植民惑星を脱走して歌手になろうとした。ゾーラも舞台でダンスがしたかったのだろうか。

ルーバは美術館でムンクの絵画『思春期』（一八九四年）を食い入るように見つめる。アンドロイドには思春期はないからだ。そんな彼女をデッカードは殺せなくなってしまう。

美術館に展示されたムンクの『叫び』（一八九三年）を見てバウンティハンターのレッシュはデッカードに言う。「きっとアンドロイドはこんな風に感じているんだろうな」ところが、そのレッシュはルーバを何の躊躇《ちゅうちょ》もせずに「処分」する。彼はアンドロイドにはまるで共感しない。

『ブレードランナー』のデッカードもためらうことなくゾーラを射殺する。それも丸腰で逃げる彼女を背後から四発も撃って。

**どんな気分だ?**

ゾーラの死体を眺めたデッカードは自己嫌悪《けんお》に顔を歪《ゆが》め、憂さ晴らしのためか酒を買う。そこにスピナーに乗ったブライアント警部とガフが降りてくる。

「さすが、俺が見込んだワンマン・スローターハウスだ」。警部がデッカードを誉《ほ》める。もちろん丸腰の女性を背後から撃った非情さを指している。

「残るはあと四人だ」「三人の間違いだろう?」。デッカードは訊《き》き返すが、逃亡したレプリカントは六人で死んだのは二人だから、たしかに四人のはずだ。しかし、警部は新たな標的を告げる。「レイチェルがタイレルから逃げ出した。こいつも処分しろ」

呆然《ぼうぜん》とするデッカード（呆然としてばかりだ!）に、ゾーラの復讐《ふくしゅう》に燃えたレオンが襲いかかる。素手のレオンをデッカードは撃とうとして、銃を払い飛ばされる。デッカードは格闘になるとからっきしで、たちまちレオンに半殺しにされる。

「恐怖の中で生きるのはどんな気分だ?」

デッカードを嬲《なぶ》りながら、レオンが問いかける。彼らは共感が欲しいのだ。しかし、デッカードは「わかるよ」と無表情に言う。とどめを刺される瞬間ですらデッカードは叫びもしない。「さっさとやってくれ」と言わんばかりに。

**アルファヴィル**

レオンを撃ってデッカードを救ったのはレイチェルだった。

彼女は自分がレプリカントだと知ってタイレルから逃げてきた。処分命令の出ているレイチェルをデッカードは自分のアパートにかくまう。

原作でのレイチェルは「小さな乳房、小さな腰」、そして「隙《すき》のない利口そうな目」をした少女と書かれている。デッカードとも気軽にセックスする、現代的な少女だ。

映画のレイチェルは冷たく無表情なビジネス・ウーマンの姿で登場する。しかし、本当は無垢《むく》な三歳の少女にすぎない。頑《かたく》なさが解けないレイチェルをデッカードは荒々しく壁に押しつける。

「『あなたを愛してる』と言ってみろ」

「……あい・してる」

「もう一度！」

「愛してる！」

唇を貪《むさぼ》り合う二人。

このシーンは、『ブレードランナー』の十七年前に作られた近未来SFノワール映画、ジャン＝リュック・ゴダールの『アルファヴィル』（六五年）の引用だ。

フィルム・ノワール好きのゴダールは、スパイ活劇『左利《き》きのレミー』（六一年）の主人公だったレミー・コーション（エディ・コンスタンティーヌ）を一九八四年の未来都市α市《ヴィル》で活躍させた。市民はコンピュータに管理され、その行動はすべて記号化されている。感情は記号化できないので、持つことを禁じられている。『アルファヴィル』はSFXを使わず、全編パリでロケされている。それは、現代の人間もすでにα市民のように感情を失いつつあるというゴダールの批評である。

レミーはロボットのように無表情なナターシャ（アンナ・カリーナ）に「ある言葉」を言わせようとする。

「その言葉、私は知らないの」

「でも言わなきゃ、君は死人も同然だ」

「……愛してる……あなたを愛してるわ！」

**デッカード**

ところがデッカードとレイチェルのラブシーンはロマンティックに盛り上がらない。なぜか？

通常のハリウッド映画なら、このシーンを境にデッカードはヒーローに変身するはずなのに、そうならないからだ。

ディックの原作をスティーヴン・スピルバーグが映画化した『マイノリティ・リポート』（二〇〇二年）と比較するとわかりやすい。こちらの主人公アンダーソン（トム・クルーズ）もデッカードと同じく警察官で、プレコグ（予知能力者）によって犯罪が起こる前に犯罪予定者を逮捕するのが仕事。しかし、アンダーソンは自分が犯罪予定者だとされて逃亡する。彼は自分が犯罪を犯すのかどうか自分でもわからないというディック的不安に苛《さいな》まれるが、結局、すべては黒幕である権力者の陰謀だと判明し、アンダーソンは単身、犯罪防止システムに立ち向かってそれを崩壊させる。

アンダーソンが戦う決心をしたのは、一生をマシンに接続されて生きる哀れなプレコグの少女に共感したときだ。他の例では、『未来世紀ブラジル』（八五年）の小役人（ジョナサン・プライス）がテロリストの濡《ぬ》れ衣《ぎぬ》を着せられた女性を愛したことで体制に反抗を始める。『ターミネーター』（八四年）のウェイトレス（リンダ・ハミルトン）は未来から来た孤独な戦士に同情し、彼を愛したことで、人類の運命に逆らう戦いを始める。みんな、愛のために、自分の意志で生きることに目覚める。

デッカードがもしハリウッド的ヒーローならば、レイチェルを愛したとき、彼女を守るため、彼女の処分を命じた警察、それに彼女の生を弄《もてあそ》んだタイレル・コーポレーションと戦う決心をするはずだ。今までは警察の傭兵《ようへい》にすぎなかったデッカードが、自分の意志で、本当のヒーローになることを選ぶわけだ。もし、そうしていたなら、このラブシーンで観客の感動は盛り上がっただろう。そうして観客をデッカードに共感させられたなら、『ブレードランナー』は初公開時にもっとヒットしていたかもしれない。

しかし、そうはならなかった。

## ハリソン・フォード

フィリップ・K・ディックの小説の主人公はいつもハリウッド的ヒーローとはほど遠い。理不尽な体制の下で文句を言いながらも現状を変える力を持たない庶民（Little People）として描かれている。

原作『電気羊』のデッカードはレイチェルと寝てしまったことでアンドロイドに共感してしまい、彼らの処分を人殺しとしか思えなくなる。実はレイチェルの目的は最初からそれだった。企《たくら》みを知ったデッカードはレイチェルに銃を突きつけるが、彼女は「さっさとやって」と無感動に言う。自分にすら無関心な人間。連続殺人鬼以上に不気味な存在なのだ。結局、生活のため、デッカードは逃亡アンドロイド殺しを貫徹するが、自分の心が麻痺《まひ》してしまうのを恐れて、その前に自殺しようとする。『電気羊』という小説は、普通の男デッカードの内面の葛藤《かっとう》が丹念に描かれて読者の共感を呼ぶ。ところがハリソン・フォード演じるデッカードは、ヒーローとしての共感も、普通の男としての共感も呼びはしない。彼がどんな人間なのかまったくわからないので観客は共感のしようがないのだ。

登場したときからずっと、ハリソン・フォードは曖昧な表情を浮かべ続ける。レイチェルが泣いても、ゾーラを殺しても、レオンに殴られても、「どんな感情を示せばいいのかわからなくて困った顔」を崩さない。彼の性格や過去を示す描写もない。彼がレプリカント狩りをする理由も曖昧なままだ。何を考えているか、何を感じているか、まるでわからない。

ハリソン・フォードはいつもそうだ。彼は間違いなく一九八〇年代ハリウッド最大のスターだった。しかし、ヒーローとして頼りがいのある笑顔や闘志を見せるのは『スター・ウォーズ』シリーズだけで、それ以外の映画ではたいてい「困り顔」だ。

『刑事ジョン・ブック／目撃者』（八五年）、『フランティック』（八八年）、『推定無罪』（九〇年）、『逃亡者』（九三年）などのハリソン・フォードは次々に起こる事態に受け身で反応していくだけだ。ケイリー・グラント型の「巻き込まれ型」ヒーローとはいえ、グラントのような笑顔も見せず、例の憂鬱《ゆううつ》そうな困った顔をキープし続ける。『フランティック』や『推定無罪』『逃亡者』のハリソン・フォードは自分を愛した女性を失うが、眉間《みけん》に皺《しわ》を寄せるだけで涙も見せない。ハリソン・フォードといえば冒険活劇のヒーロー、インディ・ジョーンズが当たり役だが、第一作『レイダース／失われたアーク《聖櫃》』には、デッカードがゾーラを射殺するシーンとよく似た場面がある。半月刀を振り回して決闘を挑んできたアラブ人をインディが拳銃であっさり射殺するのだ。これはもちろんスピルバーグ監督らしいブラックなギャグだが、アラブ人を撃った後もニヤリと不敵に笑うでもなく、曖昧な表情を浮かべるだけのハリソン・フォードは、眩《まぶ》しい太陽の下でアラブ人を拳銃で射殺した『異邦人』のムルソーを思い出させるのだ。

ハリウッドのスーパースターはそれぞれの時代の理想を象徴していた。ジョン・ウェインは強いアメリカ、ジェームズ・スチュワートはアメリカの良心、ジェームズ・ディーンは不良少年の反抗、というように。しかし、ハリソン・フォードの空虚な表情は八〇年代の何を象徴しているのだろうか？

レイチェルは思わずデッカードにこう尋ねる。

「あなた自身はレプリカント判定試験を受けたことあるの？」

## 二一世紀の統合失調症

原作者のディック自身は判定試験に合格する自信がなかった。

ヴォート・カンプ試験はもともと、ルリー・カンプという精神科医が「分裂病質（スキゾイド）と分裂病患者（スキゾフレニア）」の「感情移入能力の減退」「情動の平板化」をアンドロイドのそれと比較する研究から始まったと、ディックは設定している。「ごく少数だが、検査に合格できぬ人間もいると考えているんだ」。ディックは、分裂病質の人間はアンドロイドと判定されて殺されるというのだ。

実は、ディック自身、精神科医に「分裂病」と診断されていた。そのことに生涯悩み、ドラッグによる幻覚に溺《おぼ》れる原因にもなった。実際に入院もしている。分裂病質の主人公の視点で書かれた『火星のタイム・スリップ』は重度の分裂病患者を巻き込んで悪夢のような展開になる。入院体験をもとに書かれた『アルファ系衛星の氏族たち』では、精神病患者だけが隔離された病院惑星が舞台になる。

分裂病は現在、統合失調症と呼ばれている。その症状は多様だが、一般によく知られているのは、自分の内側と外側の区別が曖昧になる症状だ。自分の頭の中に他人の考えが入ってくると感じる「考想吹入」、頭の中のことが他人に抜き取られていると感じる「考想奪取」、自分の行動は自分の意志ではなく他人に操られているのだと考える「被影響体験」……どれもディックのSF小説そのものではないか。

実際、ディックは統合失調症による妄想をSF小説として表現したのだといわれている。ディックの小説はどんどん関係ない方向に展開していくのも特徴の一つだが、それも「連合弛緩《しかん》」と関係があるようだ。考えが一つのテーマから他のテーマに何の脈絡もなく飛躍し、話の流れが「支離滅裂」でまとまらなくなる症状だ。

その他、統合失調症には以下のような症状がある。感情の起伏が平坦《へいたん》になり、他人だけでなく、肉親にも愛情を感じなくなり、自分自身に対しても無関心で無感情となる「感情鈍麻」、ただ黙って呆然と立ち尽くしてしまう「昏迷《こんめい》」、意欲が減退して何も行動に移せない「無為」、自発的意志なしに命令に機械的に従う「命令自動」……これらがあてはまるのはレプリカントだろうか？　それともハリソン・フォードの演技だろうか？　いや、他者との触れ合いを避け、したいことが何も見つからず、ただテレビやゲームやネットの情報を吸収するだけの我々現代人すべてだろうか？

ディックの小説『あなたをつくります』（七二年）には、一九八一年、つまり『ブレードランナー』が製作されていた年に全世界で精神分裂病患者が激増すると書かれている。

## 物語と主体の喪失

ポストモダンの建築は、統合を失ったそのスタイルを「分裂症的」と評された。フレドリック・ジェイムソンらのポストモダンの学者たちも、「ポストモダンは分裂症の時代だ」と主張した。

統合失調症の人は、過去の経験を自分のものと感じられないために、未来に対する希望も持てなくなってしまうという。

未来に向かって物事が良くなっていく、という考えは、近代（モダン）の基本であり、近代の科学、産業、経済、国家、芸術、哲学のすべてがこの「進歩史観」に基づいている。この考え方を「物語」にすると「日常に流されていた主人公が、現実に潜む問題に目覚め、自分の意志で状況を改善しようと行動する」という展開になる。これは近代の劇作の基本パターンで、主人公は「自分がなすべきこと」に目覚めてヒーローになる。フランク・キャプラ監督の『スミス都へ行く』（三九年）から『マイノリティ・

リポート』まで、数え切れないハリウッド映画が基本的には同じ物語である。この物語を教育に置き換えると、「勉強して立派な大人になって世の中をよくしましょう」という近代市民教育の理念となる。歴史に置き換えると、「中世の因習と無知の闇《やみ》に閉じ込められていた民衆が、啓蒙《けいもう》によって目を開かれ、市民としての自覚を持ち、主体的に国家を作っていく」という西欧近代市民社会の理念となる。建築や科学、芸術に置き換えてもいい。近代のものは皆「啓蒙→主体確立→全体の進歩」という同じ「物語」に支えられているのだ。

リオタールは『ポスト・モダンの条件』で「ポストモダンとは『大きな物語』が信じられなくなること」と書いたが、それはこの「物語」のことを指している。

かつて西欧の「物語」はキリスト教で、主役は「神」だった。神が天地を創造し、その王国を地上に実現させるまでが「歴史」であって、人は脇役にすぎなかった。読むべき書物は聖書だけで、人間が書いたものに価値はなかった。しかし、ルネッサンスの人文主義《ヒューマニズム》で人間と人間が作るものの価値が認められ、さらに産業と経済と科学の発達で人が豊かになると、人間はもはや脇役でいることに我慢できなくなり、世界という「物語」の主役を神から奪った。これが近代だ。教会ではなく人間たちで作った法律と議会で社会を統治する。産業と経済と科学によって人間は自分の意志で世界を変える。人間は自分の意志で歴史という物語を進め、世界に秩序をもたらすヒーローなのだ。これを「近代的主体」と呼ぶ。

シナリオ用語ではジェイムズ・ジョイスに基づき、主人公が自らの役割に目覚めて物語の主体（ヒーロー）になることを決心することをepiphanyと呼ぶ。これは本来、宗教家が神に課せられた自分の使命に目覚めることを意味する言葉だ。「自己を実現する」という言葉があるように、「人間は本質的に世界に対して何かの役割を持っている。すべての人間の生には意味と目的がある」という古代ギリシアのプラトン以来のイデア思想が実はすべてのイデオロギーの根っこになっている。たとえばすべての人間が主体として国政に参加するよう期待する思想が民主主義だ。

しかし、それもみんな、ただの物語《フィクション》にすぎないとバレてしまった。観客が物語から醒《さ》めてしまえば、主役のオーラも消え失《う》せる。裸にされた王様である「人間」は、より良き未来を築くために生まれてきた神の子などではなく、他のあらゆる物質と同じく何の意味も目的もない存在にすぎなかったのだ。人間とシミュラクラを分かつ本質などない。

未来なき都市で、他者とのつながりもなく、自分自身にすら無感覚で、ただ迷子のような表情で、命令どおりレプリカントを狩り続けるハリソン・フォードのデッカードは、主体なき時代の主人公なのだ。

では、最初から過去も未来もない存在として造り出され、生きる意味も目的も、実現すべき自己も持たされていないレプリカントはどうだろうか？

**失楽園**

「炎の天使たちは舞い降りた」

レプリカントのリーダー、ロイ・バッティ（ルトガー・ハウアー）は何かの詩を暗誦《あんしょう》しながら登場する。

「雷鳴が彼らの岸のまわりに低く轟《とどろ》いた。オークの樹《き》と燃えながら」

これはウィリアム・ブレイクの『預言詩アメリカ』（一七九三年）の緩い引用だ。原文は「炎の天使たちは立ち上がった」だが、ロイは外惑星から地球に「舞い降りた」のだ。しかし、なぜブレイクなのか？

ロイはレプリカントの眼球職人チュウの工房に押し入り、寿命を延長できないかと問い詰める。「知らんよ。わしゃ、目玉を作るだけじゃからな。あんたのその眼もわしが作ったんじゃ」。チュウはロイの薄いブルーの瞳《ひとみ》を指差す。

「俺がこの目で見たものをお前に見せることができたらなあ！」

いつも困惑顔のデッカードに対して、ロイはいつも不敵に笑っている。ディックの原作では影の薄いキャラクターだったロイ・バッティは、『ブレードランナー』で圧倒的な存在感を示すことになる。

**セバスチャン**

チュウはロイに、タイレル社で働いていた遺伝子エンジニアのセバスチャンを通じれば、タイレルに会えるかもしれないと言う。

セバスチャンの住むアパートにレプリカントのプリス（ダリル・ハンナ）がやってくる。派手な化粧とガーターベルトは娼婦《しょうふ》のスタイル。プリスは捨て猫のようにゴミの中に身を沈め、帰ってきたセバスチャンは彼女を拾う。彼は巨大なアパートに一人暮らしだった。

「淋《さび》しいでしょ」

「そんなことないよ。友達がいるから」

セバスチャンの部屋は、自動人形やマネキンや、ありとあらゆる人形で埋め尽くされている。ピノキオのような軍人とテディ・ベアが歩いている。セバスチャンが作ったレプリカントだろう。

セバスチャンは二十五歳の天才技術者だったが、急激に老いていく「メトセラ病」にかかり、人に醜い顔を見られたくないから閉じこもるようになったという。そんな彼にプリスは「ありのままのあなたが好きよ」と言って抱きしめる。

フィギュアに囲まれて暮らす孤独な青年が、ゴミ捨て場で拾ったネコのような少女に愛されるファンタジーはオタク系コミックの定番ではないか。セバスチャンは現実よりもシミュラクラを愛した人間だが、そのファンタジーはすぐに裏切られる。プリスはロイの命令でセバスチャンに近づいただけだった。

「プリスはロイのためならいつでも死ねるのよ」。後にダリル・ハンナは筆者とのインタビューでそう語った。

植民者の慰安用レプリカントだったプリスを苦界から救い出してくれたのがロイ・バッティだったからだ。二人の関係を知ってセバスチャンは落ち込むが、同じく寿命を限られた者として共感し、タイレルとの面会を手引きする。

**フランケンシュタインとミルトン**

「ずいぶん時間がかかったじゃないか」

寝室に現れたロイにタイレルは微笑《ほほえ》む。

「造物主（メイカー）に会うのは楽じゃないぜ」

ロイはタイレルに「もっと生きたいんだ！」と迫る。

この場面は、メアリー・シェリーの小説『フランケンシュタイン』（一八一八年）でフランケンシュタインに造られた怪物《クリーチャー》が、「俺を造った責任を取れ。子孫を残すための妻を造れ」と要求する場面をなぞっている。

シェリーはその序文で、『フランケンシュタイン』に最も影響を与えた作品としてミルトンの『失楽園』（一六六七年）を挙げ、同書から、最初の人間アダムの言葉をエピグラフに掲げている。

「造物主（メイカー）よ、私はあなたに、造ってくれと望みましたでしょうか？」

この場合の「メイカー」は、土くれをこねて人間を造った神である。

ミルトンは一六四九年のイギリス清教徒革命に参加し、王制を打倒した。この世界最初の「革命」で国王チャールズ一世は処刑された。ミルトンはその処刑を支持し、共和国政府の高官として働くが、結局、革命政府は崩壊、王政は復古し、ミルトンは王を殺した反逆者として追放された。すでに両目を失明していたミルトンは、絶望と闇の中で、五年の歳月をかけて叙事詩『失楽園』を口述した。主人公は、最高位の天使として神に仕えていたルシファー。彼は傲慢《ごうまん》によって神に反逆し、敗北して天界から地獄に追放される。悪魔サタンとなった堕天使は、それでもあきらめずに悪魔の軍団を率いて父なる神に挑戦し続ける。ミルトンは挫折《ざせつ》した革命をサタンに投影し、サタンを悲しく気高いアンチ・ヒーローとして描いた。

シェリーの『フランケンシュタイン』の怪物は『失楽園』を読んで、神に追放されたサタンと、望まずして神に造られ、楽園を追放されたアダムに共感し、自分の存在の意味に苦悩する。自分は何のために生まれてきたのか?と。実は、サタンも怪物も、自我に目覚めた近代的主体としての「人間」の象徴として書かれている。

**希望よ、さらば**

ブレイクもまたミルトンにとりつかれた者の一人だった。一八~一九世紀イギリスの詩人・画家のブレイクは、『失楽園』をはじめミルトンのほとんどの作品の挿絵を描いている。一八〇八年には、空から落ちてきたミルトンが「私」の足から体の中に入り込むという神秘経験を描いた詩『ミルトン』を書いている。

フランケンシュタインの怪物が『失楽園』を読んだように、ロイ・バッティはブレイクを読んだのだろう。彼が暗誦した『預言詩アメリカ』は、ウィリアム・ブレイクが一七七六年のアメリカ独立革命に霊感を受けて書いた詩。実はこの詩にはこんな続きがある。

「粉ひき臼《うす》を廻す奴隷《どれい》を野原に走り出させよ（中略）鎖につながれた魂を、立ち上がらせよ」

これは黒人奴隷に蜂起《ほうき》を促した文章で、ブレイクはアメリカの黒人奴隷がリンチで殺される絵も描いている。反乱奴隷であるロイはそこに「共感」したのではないか。

しかし、ロイの願いも空《むな》しく、タイレルは寿命を延ばすことは技術的に不可能だという。「激しく燃えるロウソクほど燃え尽きるのは早いというじゃないか」。タイレルはロイを慰める。絶望したロイはタイレルの両目に親指を突っ込んで殺す。父を殺したオイディプス王が罪を悔いて自分の目玉をくりぬいたように。

「舞い降りた天使」だったロイは造物主タイレルを殺した。『失楽園』の堕天使サタンの叫びが聞こえてくるようだ。

さらば、希望よ！　希望とともに恐怖よ、さらばだ！
さらば、悔恨よ！　すべての善はわたしには失われてしまった。

俺は神を殺した悪魔だ。命も限られている。未来も希望もない。その代わりもう恐怖も迷いもないのだ。

## ブラッドベリー・ビル

警察はタイレルの死体を発見し、ブライアント警部はデッカードにセバスチャンの住処《すみか》の捜索を命じる。この段階でもデッカードはまだ警部の言いなりの人形にすぎない。

セバスチャンの住むビルは、ロサンジェルスのダウンタウンにあるブラッドベリー・ビル（『ブレードランナー』に二回登場するトンネルを抜けた先にある）。一八九三年に建築家ジョージ・H・ワイマンが大富豪ルイス・ブラッドベリーの家として設計したビルで、『ブレードランナー』よりも前に、テレビ『アウターリミッツ』の「ガラスの手を持つ男」（六三年）の撮影に使われている。これは『ターミネーター』にヒントを与えたといわれるエピソードで、未来から転送された男（ロバート・カルプ）がこのビルの中で次々と襲いかかる異星人と戦い続ける。カルプは自分がいったい誰なのかまるで記憶がないが、片手がガラスでできており、異星人を倒して彼らの持つガラスの指を一本装着するたびに少しずつ記憶が蘇《よみがえ》る。そしてすべての記憶を取り戻したとき、自分が人類を異星人の侵略から守るために作られたアンドロイドだったと知る。

室内に入ったデッカードをプリスが迎え撃つ。人形のように顔を白く塗ったプリスはアクロバティックな動きで攻撃してくる。レオンのとき同様、デッカードは肉弾戦では手も足も出ない。そこでゾーラのときのように丸腰のプリスを拳銃《けんじゅう》で射殺する。断末魔のプリスは壊れた機械人形のようにバタバタ痙攣《けいれん》する。とどめの一発を撃ち込んで逃げるデッカード。

ロイはプリスの死体に口づけする。デッカードが撃つ。

「丸腰の者を撃つなんてスポーツマンシップに欠けた奴《やつ》だな」

ロイはあきれたように言う。

「お前はGoodだと思っていたのになあ。お前はThe Good Manじゃなかったのか？」。The Good Manは「有能な男」の意味なのか、The good and the bad（正義漢と悪漢）の「正義漢」の意味なのかわからない。どちらにしてもロイの質問は観客の気持ちを代弁している。

レプリカントたちは泣き、怒り、愛し、憎み、目いっぱいの感情を爆発させる。それに比べて人間のほうは、デッカード、ブライアント警部、セバスチャンと、他者への共感に欠陥がある者ばかりなのに。

最初にブライアント警部はこう言っていた。

「彼らの中に感情が芽生えている」

感情は人間ですら生まれつき持っているわけではない。他者との関係の中で作られていくものだ。

**闘技場**

「見せてくれよ！　デッカード！　What you're made of（お前を形作っているもの＝本質・信条）を！」

ロイの挑発に乗らず、相変わらず銃で撃とうとするデッカード。

「本当にセコい奴だな。少しはプライドを持てよ」

壁を突き破って飛び出したロイの腕がデッカードの拳銃をつかむ。

「これはゾーラの分！」

ロイはデッカードの指をへし折る。

「これはプリスの分！」

激痛に眼をむくデッカード。

「数えているうちに逃げてみろよ。いーち、にーっ、さーん」

かくれんぼのように数え始めるロイ。いつでもデッカードを殺せるのに、あえて何度も逃がす。最初に「スポーツマンシップ」と言ったように、ロイにとってこれはゲームなのだ。

これは『デュエリスト／決闘者』の再現だ。デッカードは、飽くことなく決闘を挑み続けるフェロー中尉《ちゅうい》から逃げ回るデュベール中尉だ。

これは『エイリアン』だ。デッカードはエイリアンに追われて宇宙船の中を逃げ回るリプリーだ。

これは『G. I. ジェーン』だ。デッカードは鬼教官ヴィゴ・モーテンセンと死闘するデミ・ムーアだ。

これは『グラディエーター』だ。デッカードはローマのコロセウムに無理やり引き出された奴隷戦士だ。

これは『ブラックホーク・ダウン』（二〇〇一年）だ。デッカードはソマリアの民兵に囲まれて手も足も出ないアメリカ兵だ。

**ガントレット**

ロイはデッカードを狩り立てる前に、プリスの死体の血を指にとって、自分の唇に紅のように塗り、上半身裸になる。この場面はピープルズの脚本には以下のように書かれている。

「彼は血を自分の顔に塗り始めた。コマンチ族の戦士のように。次に彼は服を脱いで裸になった。部族の儀式だ」

コマンチ族などのアメリカ先住民に限らず、部族社会における戦争は政治的目的とは無縁の、祭りの一種である。だから戦いのときは祭りの衣装として派手な羽根飾りのウォーボンネットを被《かぶ》り、ウォー・ペイントで化粧する。アメリカ先住民の戦士と化したロイ・バッティが嬉々《きき》としてデッカードを狩るシーンは「ガントレット」と呼ばれるアメリカ先住民独特の儀式を模している。

ガントレットとはもともと二列に並んだ処刑人の間を罪人に走らせて左右から鞭打《むち》つヨーロッパの刑罰のことだが、アメリカ先住民のガントレットは捕らえた敵に科せられるゲームで、運良く生き延びた者は放免される（ただし追っ手はトマホークや弓矢で攻撃してくる）。この風習は全米の部族で広く行われていて、生存した何人かの白人たちが記録を残している。それを見ると、二列式でなく、鬼ごっこ形式も多い。たとえば一七八二年、ヴァージニアの入植者の息子ジョナサン・アルダーは九歳のとき、ショウニー族に拉致《らち》された記憶を、後に白人社会に復帰してから出版している。兄は襲撃時に殺されたが、生き残ったジョナサンは鬼ごっこ式のガントレットを強いられた。小枝で作った鞭を持った六人の精鋭の子どもたちに追われたジョナサンは一鞭もかすることなくゴールまで駆け抜けた。その俊足を認められたジョナサンは族長の養子に迎えられた。

また、一八〇六年には猟師のジョン・コルターがワイオミング州で無断でビーバーを狩っていて、その土地の持ち主であるブラックフット族に捕まった。コルターの相棒はその場で殺されたが、コルターは「お前は足が速いか?」と訊かれ、逃がされた。コルターは槍《やり》を持った追っ手を振り切って六マイル先のジェファーソン川まで走り切って生き延びた。コルターは白人社会でも一躍英雄になり、今でも語り伝えられている。一九六六年には、アフリカの象牙《ぞうげ》密猟者に置き換えられて『裸のジャングル』という映画になっている。主人公(監督兼任のコーネル・ワイルド)はゴールである白人の砦《とりで》に到達寸前で力尽きるが、追っ手のリーダーは彼の健闘を讃《たた》え、殺さずに逃がすというラストが感動的だ。

ロイ・バッティを演じるルトガー・ハウアーは金髪碧眼《へきがん》のオランダ人だが、上半身裸で駆け回る姿は蛮族の戦士そのものだ。戦意喪失したデッカードをロイがからかう。

「立てよ!　立てないなら殺さなきゃならないな。死んだら遊べなくなるぞ。遊べないなら……」。デッカードが下水のパイプをつかんで殴りかかる。初めての反撃だ。ロイはそれを避けずに受け、嬉《うれ》しそうに叫ぶ。

「いいぞ！　その意気だ！」

### 蘇る痛み

追いかけっこの間も、ロイの指先はだんだん麻痺していく。死期が近づいているのだ。ロイは釘《くぎ》を手のひらに突き刺し、その痛みで失われていく感覚を取り戻そうとする。そこに、デッカードが折られた指の関節を伸ばすシーンがカットバックする。凄《すさ》まじい痛みに声にならない叫びを上げるデッカード。レオンに半殺しにされても無表情だった彼の顔が苦悶《くもん》に歪《ゆが》む。デッカードにもまた、失われていた感覚が蘇りつつある。

レオンが言ったとおりになった。しかしデッカードはあのときのように無表情ではない。その目は死の恐怖に見開かれている。彼はここで初めて生きようとしている。なぜか？　レイチェルを愛したからか？　待っていてくれる人がいるからか？　いや、そもそも、自分は生きている、生きたい、という感覚は、痛みや恐怖を通じて初めて感じられるのではないか？

『デュエリスト』のフランス陸軍では、決闘は同じ階級同士でしか許されなかったので、デュベールが昇進すると、フェローも必死に出世して追いかける。デッカードも愚かにもビルを上へ上へと逃げていく。当然、屋上でロイに捕まってしまう。ロイと対峙《たいじ》したデッカードは臆病《おくびょう》にも背中を向けて逃げ出す。そのまま隣のビルにジャンプして逃げようとして、届かずにビルの縁からぶら下がってしまう。

「恐怖の中で生きるのはどんな気分だ？」

絶体絶命のデッカードを見下ろして微笑むロイ。とうとうデッカードは力つき、落ちた。その腕をロイがぐっとつかんで引き上げた！

**最も危険な遊戯**

敵に命を救われて（またしても）呆然とするデッカード。この展開は、『デュエリスト／決闘者』を観《み》たことのある観客には意外ではない。

十五年に及ぶ決闘の最後に、デュベールとフェローは単発式の二挺《ちょう》拳銃で撃ち合う。フェローは二発を外した。「お前の勝ちだ。さあ、撃てよ」。観念したフェローを狙《ねら》うデュベール。だが、彼は撃たなかった。

なぜ、彼はフェローを殺さなかったのか？

フェローに銃を向けたデュベールの脳裏に過去の決闘が蘇ったはずだ。こいつのために俺の人生はムチャクチャになった。何度も殺されそうになった。引き金を引けば、それもやっと終わるのだ。だが、もし決闘をしなかったら、俺の人生はどうなっていただろう？　もっと出世していたかもしれない。ナポレオンは決闘を嫌ったからだ。それが中世の騎士道に根差した前近代的な悪習で、しかも国家の発展にとってまるで意味がない遊戯だったからだ。

ナポレオンは近代の夢そのものだった。身分や出自にかかわりなく誰でも平等に教育を受けて市民となり社会に参加できる国家を築こうとした。それをヨーロッパ、いや世界に広げ、国境すらなくそうとした。ドイツのヘーゲルはナポレオンを見て「世界精神」だと言った。彼こそは「世界は理想に向けて進歩し統一する」という物語の主役だと考えたのだ。しかし、ナポレオンの壮大な実験は敗れ去った。大陸軍の栄光は空しい夢と消えた。

でも、デュベールがフェローと決闘したときの恐怖は夢ではない。肉を、骨を切られた痛み、湧《わ》き上がるアドレナリン、一撃を加えた瞬間の、獣のような快楽は本物だった。一対一の決闘の中で俺は間違いなく自分が生きていると感じていたんだ。

最初の決闘の理由が何だったのか、フェローもデュベールももう思い出せなくなっていた。騎兵としての誇りや面子《メンツ》も最初は原因だったのかもしれないが、軍が崩壊した今では無意味なことだ。いつの間にか二人の決闘は、国家の大義や善悪とは無縁の、何の意味も目的もない、ひたすら純粋な遊戯になっていたのだ。原作を書いたコンラッドの『闇の奥』や『ロード・ジム』の主人公は、「西欧人の目に」は野蛮に見えるアジアやアフリカのジャングルで死と隣り合わせの日々を生きる人々に、意味を超えた剝《む》き出しの生を見た。コンラッドが「文化果つるところ」で知った人間の真実を、フェローとデュベールは野蛮な決闘の中で経験したのだろう。原作『決闘』はデュベールの述懐で締めくくられる。

「私はフェローの頭を撃ち抜く権利があった。しかし、やらなかった。彼は私に人生で最高の恍惚《こうこつ》をくれたじゃないか」

## 雨の中の涙

言葉もないデッカードに、微笑みを浮かべてロイが植民惑星での体験を語り始める。

「俺は見てきたんだ。お前たちには信じられないような光景を。オリオン座で燃える宇宙戦艦。タンホイザー・ゲートの闇に輝くCビーム。だが、そんな思い出も消えてしまうんだ……雨の中の涙のように……」

タイレルが言ったようにロイは短い人生を他の人間の何倍も激しく生きた。生きる長さは問題ではない。レプリカントか人間か、そんなことはもうどうでもいい。どちらも命に限りがある無意味な存在としては同じだから。でも、ロイは生きた、最後まで戦った。それは模造記憶でもヴァーチャル・リアリティでもないのだ。

「死ぬときが来た」。ロイはそう言うと動かなくなった。

「雨の中の涙」はルトガー・ハウアーのアドリブだという。人は死ねば、その存在は跡形もなく消えてしまうのか。いや、そんなことはない。ロイの生と死はデッカードに確実に何かを遺《のこ》すだろう。

ボードリヤールは『象徴交換と死』の中でこう書いた。何もかも消費され、何もかもシミュレーションになり、すべての価値観が崩壊していく現代に、最後に残された崇高さは、何の代価も求めずに自分の命を黙って差し出すことしかないと。ロイはまさにそれをデッカードにしたのだ。

「ロイがなぜ、私の命を救ったのかはわからない」。オリジナル公開版ではデッカードが観客に語る。「おそらく、最後の瞬間に彼は生きることを今まで以上に愛したのだろう。彼の命だけじゃなく……誰の命でも……私の命でも。彼が知りたかったのは、私たちが誰でも求めている答えと同じだ。私はどこから来て、どこに行くのか？　いつまで生きられるのか？」

『我々は何処《どこ》から来たのか、我々は何者か、我々は何処にいくのか』。それはフランスの画家ポール・ゴーギャンの代表作のタイトルである。ゴーギャンもコンラッドと同じく未開の人々に魅了され、タヒチに住んだ。しかし絵が一枚も売れず貧困に苦しみ、最愛の娘の死を引き金に自殺を図ったが死にきれなかった。そして描いたのが大作『我々は何処から来たのか～』である。絵の中には、三つの問いの答えとして、赤ん坊と、エデンの園で知恵の実を取るアダムと、老人が描かれている。我々は何者か？知恵を持ったがゆえに神の楽園を追放され、三つの問い、つまり人生の意味に悩み続ける存在だ。しかし皮肉なのは、この絵に描かれているのが半裸のタヒチ人だということ。キリスト教と接触するまで、何のために生きるのかなど考えることもなく日々を生きていた人々だ。ゴーギャンもそこに憧《あこが》れたのではなかったのか。

「私にできることは、ただそこに座ってロイの死を見届けてやることだけだった」

デッカードは、『テルマ&ルイーズ』（九一年）で男性優位社会に勝ち目のない戦いを挑んだテルマとルイーズが雄々《おお》しく散っていくのをただ見ているしかない刑事（ハーヴェイ・カイテル）のような役割だったのだ。

ロイが抱いていた白い鳩《はと》が、夜明けの空に飛び立った。「ルシファー」とは「明けの明星」の意味だという。堕天使サタンはまた光となって天に還《かえ》ったのだ。

**数々のエンディング**

「一人前の仕事をやり遂げたな」

ガフが現れてデッカードに言う。

「彼女もかわいそうに。あの若さで。でも、誰だっていつかは死ぬのさ」

レイチェルのことを言っているのだ！　ガフに殺されたのではと慌《あわ》てたデッカードはアパートに帰るが、レイチェルは無事だった。玄関にはガフがいつも作っていたオリガミがあった。一角獣（ユニコーン）の。ガフはこのアパートに来たのにレイチェルを殺さないで立ち去ったのだ。ガフが最後に言った言葉がデッカードの脳裏に蘇る。

「でも、誰だっていつかは死ぬのさ」

このとき、ユニコーンを握ったデッカードは「わかった」と言うように力強くうなずく。この映画で彼がはっきりと意志を示した最初で最後の瞬間だ。誰でもその命には限りがある。ならば精いっぱい今を生きよう。ロイのように。

デッカードはレイチェルを連れてエレベーターに乗る。ドアが閉まる。

ここで終わるのが「ディレクターズカット／最終版」である。

よく知られているように、この後のエンディングには数種類ある。

①絵コンテ（未撮影）

スコット自身が描いた絵コンテでは、この後、二人は自動車に乗ってロサンジェルスを出て、森の中でユニコーンを見る。あるシナリオでは、二人は、生き物の死に絶えた砂漠に向かって消えていく。『アルファヴィル』によく似たラストシーンだが、資金と日数不足で撮影されなかった。

②ワーク・プリント

一般テスト試写ヴァージョン。「ディレクターズカット／最終版」と同じくエレベーターが閉まった瞬間に終わる。観客から「結末が暗すぎる」との反応を受けた製作側は、急遽《きゆうきよ》ナレーションとエンディングの追加を決定した。

③オリジナル公開版

一九八二年六月二十五日の劇場公開版。エンディングの変更のため、砂漠に消えるシナリオに従って、モアブ砂漠で撮影したが、まだ三月だったので雪が残っており、砂漠らしい風景は撮れなかった。しかたなく、同じワーナー配給の映画『シャイニング』（八〇年）の未使用フィルムが流用された。山間のホテルに向かうジャック・ニコルソンの車を追う空撮ショットだ。これは砂漠どころか緑あふれる風景だったが、他にどうしようもなかった。このヴァージョンは試写でまずまずの反応を得たので、若干の手直しを経て正式に公開された。

このエンディングは「環境は完璧《かんぺき》に破壊されている」という設定に反している。あんな自然が残っているなら、なんでみんな地獄みたいな都会に住んでいるのか。さらにデッカードのこんなナレーションが追加されていた。

「レイチェルは特別だった。彼女の寿命は四年と定められていないのだ」

強引なハッピーエンディングのかいもなく、『ブレードランナー』は製作費二千八百万ドルの半分も回収できない興行成績に終わった。

## ユニコーンの夢

『ブレードランナー』は情報量が多すぎた。通常の映画の何倍ものアイデアを詰め込まれたうえに脚本に数限りない切り貼《ば》りを加えたせいで、一回観ただけでは誰も完全には理解できない映画になっていたのだ。たとえば細部までビッシリ描き込まれたブリューゲルやボッシュの絵を一瞬見ただけで、面白さがわかる人がいるだろうか?

しかし、テレビやビデオで繰り返し人目に触れるうちに、『ブレードランナー』は少しずつファンを増やしていった。そして一九九二年、初公開から十年が経《た》ち、すっかりカルト・ムービーの地位を確立した『ブレードランナー』は、リドリー・スコット自身が再編集した「ディレクターズカット／最終版」として劇場に帰ってきた。ナレーションはすべて削除され、エンディングはエレベーターが閉まるだけに戻っていた。その代わり、今まで観たこともないカットが加えられていた。酔ったデッカードが見るユニコーンの白昼夢である。

「あのユニコーンのショットは最初から撮影されていたが、製作サイドが難解だと言ってカットしたんだ」

リドリー・スコットは初公開時の八二年に発売されたイギリスのＳＦ映画専門誌『スターバースト』十一月号のインタビューでそう言っている。

「ユニコーンの夢は、最後にガフが残すオリガミのユニコーンと繋《つな》がっている。デッカードの個人的な夢であるユニコーンのことをなぜガフが知っている？」

それはデッカードもまたレプリカントだからだ、とリドリー・スコットは言う。つまり、ユニコーンの夢はレイチェルの蜘蛛《くも》の思い出と同じく模造記憶であり、ガフはデッカードに「俺もお前の夢を知っている。お前もレプリカントなんだ」と教えるために置いたものだというのだ。

デッカードはレプリカントか？

ファンの間では、ユニコーンの他にも、デッカードがレプリカントである証拠がいくつか挙げられていた。

◎タイレルが飼っているフクロウや、レイチェルはときどき目が赤く光る。それはレプリカントである証拠らしいが、レイチェルがデッカードに「もし私が逃げたら追って来る？　殺す？」と尋ねるあたりで、デッカードの目が一瞬赤く光っている（目が赤く光るなら試験はいらないはずだが）。

◎最初にブライアントが逃亡レプリカントの数を六人と言うのはデッカードを入れているからだ。

◎ロイが初対面でデッカードを名前で呼ぶのは彼が仲間だったからだ。

◎ロイは落ちるデッカードの手をつかむ瞬間に「Kinship!（血族！）」と叫んでいるように聞こえる。

◎デヴィッド・ピープルズの脚本のラストでデッカードはこう独白する。

「あの屋上で私は知ったのだ。私たちは兄弟だったのだ。ロイ・バッティと私は！　高レベルの戦闘モデルだ。私たちはいまだ誰も夢にも見たことのない戦争を戦ってきた。私たちは新人類だ……ロイと私とレイチェルは！　私たちはこの新世界のために作られた。この世界は我らのものだったのだ!」

当のピープルズは「あれは比喩《ひゆ》的な表現にすぎないよ」と、デッカード=レプリカント説を否定しているが、このセリフを読んだリドリー・スコットは「そうか! デッカードはレプリカントか! そりゃ名案だ!」と大喜びしたのだという。

現場でデッカード=レプリカント説をとっていたのは監督だけのようだ。ハリソン・フォードもルトガー・ハウアーも反対した。『ディテール』誌九二年一〇月号でフォードはこう言っている。

「『ブレードランナー』は好きじゃないんだ。リドリーと馬が合わなくてね。いちばんの問題は結末だった。監督は観客にデッカードがレプリカントだと気づかせたがった。私は拒否したよ。だって観客が共感する相手が必要だからね」

デッカードはレプリカントか? 別にどちらでもかまわない。生物学的に人間であることには意味などないのだから。

レプリカントたちは過去も未来も目的もない存在だが、力いっぱい今を生きた。運命に反抗し、仲間を愛し、痛みを感じ、複製《レプリケーション》でない自分だけの生を生きた。人間が未来への夢を失い、過去に囚《とら》われ、誰かの作ったメディアの快楽に引きこもっている間に。

## 新しき夢を

『ブレードランナー』以降、映画に登場する未来はみんな『ブレードランナー』になってしまった。『未来世紀ブラジル』『ロボコップ』『ターミネーター』『AKIRA／アキラ』『攻殻機動隊』……。その間にサイバーパンクというSF小説のジャンルが生まれ、消えていった。ポストモダンという言葉も流行遅れになった。それでも、『ブレードランナー』のロサンジェルスに代わる未来都市のイメージは生まれていない。

「これから先にあるのは過去のスタイルの組み合わせだけで、まったく新しいものはもう生まれない」。ポストモダニストの学者たちはそう予言した。

未来都市だけでなく、すべてのハリウッド映画がポストモダン建築のように過去の映画の寄せ集めになってしまった。昔の映画の続編やリメイクだらけ。オリジナルのアイデアの映画は本当に少なくなった。しかも、いちおう「オリジナル」の映画も、ほとんどは過去の映画のアイデアのパクリや引用、オマージュ、インスパイア、リスペクト……。技術の発達でビジュアルだけはずっと派手で豪華で、まさにハイパーリアルになったが、今までまったく見たこともないイメージはない。

それは映画に限ったことではなく、音楽、美術、文学、どれもコラージュ、パスティーシュ、サンプリング、シミュレーションばかり。本当に「革新的」で「革命的」

なものは生まれなくなった。あまりにも多くのものがすでに作られてしまった。何をやっても誰かのレプリカになってしまう。メディアからの情報が朝から晩まで頭の中に入り続け、記憶のほとんどはメディアからインプットされたデータで、自分だけの生身の体験はどんどん小さくなる。表現すべき自己などないのに「本当の自分」などと言い続ける私たちはみんな、レイチェルと同じ、自分が人間だと夢見ているだけのレプリカントなのだ。

『アンドロイドは電気羊の夢を見るか？』の冒頭には、アイルランドのロマン派詩人W・B・イエイツの『幸福な羊飼いの歌』が掲げられている。イエイツはその詩で、夢が失われていく時代に夢を求めることの大切さを歌った。

「新しき夢を、新しき夢を」

この先、新しい夢を見られるのはいつだろうか？

# おわりに

本書で取り上げた映画監督のうち、筆者が直接インタビューできたのは、デヴィッド・クローネンバーグ、デヴィッド・リンチ、テリー・ギリアム、オリヴァー・ストーンの四人。会ってみて感じたのは、初めて会ったような気がしないということ。つまり映画の中に彼ら自身をさらけ出してしまっているので、実際に会って話しても意外なことは何もないんです。クローネンバーグは「僕は平凡な家庭人だけど映画の中では、つまり心の中では何百人も殺してきた」と言ってニヤリと笑い、リンチの部屋には誰を撮ったのかわからないが女性の体の一部を接写した写真が散乱し、ギリアムは「今の若い奴《やつ》らはテレビのせいで自分の夢が見られなくなってるんだ！」と叫び、ストーンは「俺の映画を真似《まね》て殺人事件が起こったということは、俺の映画がパワフルだって証拠だ」と胸を張っていました。

でも、彼らのような「映画作家」は、一九八〇年代以降のアメリカ映画界では、アウトサイダーなのです。

八〇年代になって、若いプロデューサーたちが映画作りの主導権を監督からスタジオに奪い返しました。そして映画作家たちのせいで難しく重くなりすぎた映画を再び明るく軽いご家族向けの娯楽に引き戻します。さらにブロックバスター戦略とシネコンの拡大、それにホームビデオの普及で、八〇年代のハリウッドは史上最大の売り上げを実現し、新たな黄金時代を築いたのです。

次々とメガ・ヒットが生まれました。『フラッシュダンス』『ビバリーヒルズ・コップ』『トップガン』『ダイ・ハード』『ランボー／怒りの脱出』……。美男美女のスターたちがMTV風の映像で踊り、筋肉モリモリのヒーローたちがヴェトナム人やアラブ人をマシンガンでバリバリ撃ち殺す「痛快」なエンターテインメント。作ったのは監督ではなく、「プレイヤー」と呼ばれる大物プロデューサーたちで、この体制は現在まで続いています。

また、『素晴らしき哉《かな》、人生！』をベースとした八〇年代の大ヒット作には『バック・トゥ・ザ・フューチャー』があります。この映画も『ランボー／怒りの脱出』などと同じレーガン政権の保守回帰の反映として次の本で取り上げます。

本書は雑誌『映画秘宝』に連載された「イエスタデイ・ワンスモア」を全面的に訂正加筆したものです。連載時の担当編集者、田野辺尚人君、本書の担当の渡邉秀樹君にはいつもながらたいへんな苦労をかけました。柳下毅一郎君、高橋ヨシキ君、パトリック・マシアス君にも資料その他でお世話になりました。

最後に、小学四年生だった僕に『ポセイドン・アドベンチャー』を見せて映画狂に洗脳した父にこの本を捧《ささ》げます。

二〇〇六年一月

町山智浩

追記

三十五年ぶりの続編『ブレードランナー2049』の公開に際し、『〈映画の見方〉がわかる本』の二冊目にあたる本書を先に文庫化しました。文庫化にあたり、少しだけ加筆しました。『ブレードランナー』の事実関係についてのチェックを引き受けてくれた小野里徹さん、十年以上前に文庫化を提案してくれて、あきらめずにずっと待っていてくれた新潮社の大島有美子さんに感謝します。

二〇一七年九月

町山智浩

# 朝日文庫版あとがき

映画『ブレードランナー』が作られた一九八二年から四十年以上経ち、自分がこの『ブレードランナーの未来世紀』を書いた二〇〇五年から約二十年になります。

この本は実は「ポストモダン」、つまり近代の後にやって来る新たな時代を予言した映画を主に論じているのですが、映画や世の中は実際はどう変わったでしょうか。

『ビデオドローム』のデヴィッド・クローネンバーグは『クライムズ・オブ・ザ・フューチャー』で、相変わらず肉体の人工的進化を追求し続けています。現実の遺伝子テクノロジーの進歩は彼の欲望を実現させようとしています。

また、『ビデオドローム』はインターネット時代の現実の奪い合いを予言していました。二〇二〇年のアメリカ大統領選挙ではドナルド・トランプの勝利というネットによるデマを信じる人々が連邦議会を襲撃する事態になりました。

右派メディアと移民の増加によるアメリカ内戦の勃発《ぼっぱつ》というＴＶコメディ『セカンド・インパクト』を一九九七年に作ったこともあるジョー・ダンテは、『グレムリン２』

でテレビのアナキズムによって映画を徹底的に解体しました。現在、そのテレビはメディアの帝王の座をインターネットに奪われて虫の息です。

メディアの牢獄から逃れて自由の夢を追う『未来世紀ブラジル』のテリー・ギリアムは、『ドン・キホーテ』の映画化を二十年間に十回挑戦し、二〇一八年についに完成。夢を追った老ドン・キホーテの敗北と、その夢を継ぐ主人公の物語という、ギリアムらしい映画になりました。

『ターミネーター』でジェームズ・キャメロンが警鐘を鳴らした人工知能による人類支配は、ＡＩの急激な発達によってますます現実味を増しています。しかし、一貫して強い女性たちを崇拝してきたキャメロンが、『アバター2』では突然、家父長制に目覚めて無自覚な男性中心主義を振り回しているのは、どうしたことでしょう。

『プラトーン』のオリヴァー・ストーンにも、どうしたんだ？　と言いたくなります。彼は父親としてのアメリカに反発し続けた挙句、反対側に行きついてしまいました。独裁者の賞賛です。二〇一二年にはキューバのカストロ、二〇一四年にはベネズエラのウーゴ・チャベス、そして二〇一七年、ロシアのプーチン大統領に友好的なインタビューを行い、彼ら独裁者を賞賛しました。そればかりか二〇一六年にはロシアのクリミア併合を正当化するドキュメンタリー『ウクライナ・オン・ファイヤー』を製作、二〇二二年には反原発運動は石油業界の陰謀だとするドキュメンタリー『ニュークリア・ナウ』を監督、能天気に核エネルギーを賞賛して、かつてのファンを裏切りました。

ファンを裏切らないのは『ブルーベルベット』のデヴィッド・リンチです。『ツイン・ピークス』の二十六年ぶりの続編『ツイン・ピークス The Return』（二〇一七年）で、世界初の核実験「トリニティ」をCGで再現し、核兵器こそ悪魔の発明と強調しました。また、クーパー捜査官（カイル・マクラクラン）がいつもテープレコーダーに録音する時に語りかけていた謎の女性「ダイアン」がついに正体を現し、それを『ブルーベルベット』でマクラクランの恋人だったローラ・ダーンに演じさせて、ファンの涙を絞りました。

『ロボコップ』のポール・ヴァーホーヴェンは、宇宙戦争アクション『スターシップ・トゥルーパーズ』（一九九七年）を、ナチスのような軍事独裁国家のプロパガンダ映画として作り、ブラックジョークがわからない人たちを怒らせました。ハリウッドの「良識」が面倒くさくなったヴァーホーヴェンはヨーロッパに帰り、『ブラックブック』『エル』『ベネデッタ』などで、八十五歳を過ぎても元気に良識に中指を立て続けています。

『ブレードランナー』は、二〇一七年に三十五年ぶりの続編『ブレードランナー

2049』が作られましたが、これでもかと情報を詰め込んだ一作目に対して、『2049』のドゥニ・ヴィルヌーヴ監督は細部を削《そ》ぎ落すミニマリズムで挑みました。それはそれで美しいのですが、オリジナルの猥雑《わいざつ》なまでの「やりすぎ」感と比べると、なんとも寂しい気分になります。八〇年代は映画が最も過剰だった時代かもしれません。

『ブレードランナー』のリドリー・スコットは、ヴァーホーヴェンより一つ年上ですが、今も毎年一本のペースでエネルギッシュに超大作を作り続けています。TV番組『町山智浩のアメリカの今を知るTV』で、ロサンジェルスのクラヴマガの道場に体験入門して、二〇代、三〇代の練習生に交じってしごかれてヘロヘロになった時、「僕よりも年寄りの門弟はいないでしょう」と言ったら、「いますよ。映画監督のリドリー・スコットさんです」と言われた。さすがグラディエーター……。

本書を朝日文庫で出し直してくれた長田匡司さん、解説を書いてくれた後藤護さんに感謝します。

二〇二四年四月　カリフォルニアの自宅にて

町山智浩

イメント・ジャパン

ブレードランナー Blade Runner
82年・米香／監督：リドリー・スコット／脚本：ハンプトン・ファンチャー＆デヴィッド・ピープルズ／出演：ハリソン・フォード、ルトガー・ハウアー
Hampton Fancher "Blade Runner" Screenplay, July 24, 1980
Hampton Fancher & David Peoples "Blade Runner" Screenplay, February 23, 1981
James Clarke "Ridley Scott" Virgin Books, 2002
Philip K. Dick "The Shifting Realities of Philip K. Dick" Bedford Hills, 1995（邦訳『フィリップ・K・ディックのすべて』飯田隆昭訳、ジャストシステム、1996年）
Scott Bukatman "Blade Runner" BFI, 1997
ウィリアム・ブレイク『ブレイク全著作』梅津濟美訳、名古屋大学出版会、1995年
ジャン・ボードリヤール『シミュラークルとシミュレーション』竹原あき子訳、法政大学出版局、1984年（原著81年）
ジョン・ミルトン『失楽園（上・下）』平井正穂訳、岩波文庫、1981年
デイヴィッド・ライアン『ポストモダニティ』合庭惇訳、せりか書房、1996年（原著94年）
ハル・フォスター編『反美学　ポストモダンの諸相』室井尚・吉岡洋訳、勁草書房、1987年（原著83年）
フィリップ・K・ディック『アンドロイドは電気羊の夢を見るか？』浅倉久志訳、ハヤカワ文庫、1977年（原著68年）
ポール・M・サモン『メイキング・オブ・ブレードランナー』品川四郎監訳、ソニー・マガジンズ、1997年
"BRmovie. com: The Home of Blade Runner" http://www.brmovie.com/
「ブレードランナー・コレクション」http://www.st.rim.or.jp/~kimu/br/index-j.html

Mississippi, 2001
James Riordan “Stone: The Controversies, Excesses, and Exploits of a Radical Filmmaker” Hyperion, 1995（邦訳『オリバー・ストーン　映画を爆弾に変えた男』遠藤利国訳、小学館、2000年）
Robert Brent Toplin “Oliver Stone's USA:Film, History, and Controversy” University Press of Kansas, 2000
“Platoon Buddies Recall The War 20 Years Later” People, 1986 Jan.
デイル・A・ダイ『プラトーン』井上一夫訳、二見文庫、1987年
Documentary “A Tour of the Inferno: Revisiting ‘Platoon’” Charles Kiselyak & Jeff McQueen, 2001
DVD“Platoon” Special Edition MGM Home Entertainment
監督自身の音声解説（日本版：20世紀フォックス・ホーム・エンターテイメント・ジャパン）

ブルーベルベット Blue Velvet
86年・米／監督&脚本：デヴィッド・リンチ／出演：カイル・マクラクラン、イザベラ・ロッセリーニ
Charles Drazin “Blue Velvet” Bloomsbury Movie Guides, 1999
Chris Rodley “Lynch on Lynch” Faber & Faber, 1997（邦訳『デイヴィッド・リンチ』廣木明子・菊池淳子訳、フィルムアート社、1999年）
David Hughes “The Complete Lynch” Virgin Publishing, 2001
Michael Atkinson “Blue Velvet” BFI, 1997
DVD『ブルーベルベット』20世紀フォックス・ホーム・エンターテイメント・ジャパン
DVD『イレイザーヘッド　完全版』ジェネオン・エンタテインメント

ロボコップ RoboCop
87年・米／監督ポール・ヴァーホーヴェン／脚本：エドワード・ニューマイヤー&マイケル・マイナー／出演：ピーター・ウェラー、ナンシー・アレン
Douglas Keesey “Paul Verhoeven” Taschen, 2005
Jean-Marc Bouineau “Paul Verhoeven: Beyond Flesh and Blood” Le Cinéphage, 2001
Rob Van Scheers “Paul Verhoeven” Faber & Faber, 1997
DVD『ロボコップ　特別編』20世紀フォックス・ホーム・エンターテ

Brian J. Robb “James Cameron” Pocket Essentials, 2002
Christopher Heard “Dreaming Aloud: The Life and Films of James Cameron” Doubleday, 1998（邦訳『ジェームズ・キャメロン　映画と人生：ドリーム・アラウド』比嘉世津子訳、愛育社、1999年）
Marc Shapiro “James Cameron: An Unauthorized Biography of the Filmmaker” Renaissance Books, 2000
Sean French, “The Terminator” BFI, 1996（邦訳『「ターミネーター」解剖』矢口誠訳、扶桑社、2003年）
DVD『ターミネーター』20世紀フォックス・ホーム・エンターテイメント・ジャパン
DVD『ターミネーター２　特別編』ジェネオン・エンタテインメント

未来世紀ブラジル Brazil
85年・英／監督：テリー・ギリアム／脚本：テリー・ギリアム＆トム・ストッパード＆チャールズ・マッケオン／出演：ジョナサン・プライス、キム・グライスト／DVD日本版：ジェネオン・エンタテインメント
Bob McCabe “Dark Knights and Holy Fools: The Art and Films of Terry Gilliam: From Before Python to Beyond Fear and Loathing” Universe,1999（邦訳『テリー・ギリアム映像大全』川口敦子訳、河出書房新社、1999年）
David Sterritt & Lucille Rhodes “Terry Gilliam: Interviews” University Press of Mississippi, 2004
Ian Christie “Gilliam on Gilliam” Faber & Faber, 1999（邦訳『テリー・ギリアム』廣木明子訳、フィルムアート社、1999年）
Jack Mathews “The Battle of Brazil: Terry Gilliam v. Universal Pictures in the Fight to the Final Cut” Random House, 1987（邦訳『バトル・オブ・ブラジル　「未来世紀ブラジル」ハリウッドに戦いを挑む』柴田元幸訳、ダゲレオ出版、1989年）
DVD“Brazil” The Criterion Collection 監督自身の音声解説

プラトーン Platoon
86年・米／監督＆脚本：オリヴァー・ストーン／出演：チャーリー・シーン、トム・ベレンジャー
Oliver Stone “Platoon: The original Shooting Script”
Charles L.P. Silet “Oliver Stone : Interviews” University Press of

# 参考文献・資料一覧

＊本文中のカギカッコ内の引用は、筆者が直接インタビューしたと明記されていない場合は、以下の資料によるものです。

ビデオドローム Videodrome
82年・加／監督＆脚本：デヴィッド・クローネンバーグ／出演：ジェームズ・ウッズ、デボラ・ハリー／DVD日本版：ユニバーサル・ピクチャーズ・ジャパン
Anthony Kaufman "David Cronenberg on 'Spider': Reality Is What You Make Of It" Indiewire.com, 2.28.2003
Chris Rodley "Cronenberg on Cronenberg" Faber & Faber, 1997（邦訳『クローネンバーグ　オン　クローネンバーグ』菊池淳子訳、フィルムアート社、1993年）
David Breskin "Inner Views: Filmmakers in Conversation" Faber & Faber, 1992（邦訳『インナーヴューズ：映画作家は語る』柳下毅一郎訳、大栄出版、1994年）
Academy of Canadian Cinema General Publishing Group "The Shape of Rage: The Films of David Cronenberg", 1983
DVD"Videodrome" The Criterion Collection 監督自身の音声解説

グレムリン Gremlins
84年・米／監督：ジョー・ダンテ／脚本：クリス・コロンバス／出演：ザック・ギャリガン、フィービー・ケイツ
Joshua Klein "Joe Dante Interview" The Onion, 11.29.2000
DVD『グレムリン　特別版』ワーナー・ホーム・ビデオ
DVD『グレムリン２／新・種・誕・生　特別版』ワーナー・ホーム・ビデオ
＊アニメーションに関する記述は、ふこをさんの監修を受けました。

ターミネーター The Terminator
84年・米／監督：ジェームズ・キャメロン／脚本：ジェームズ・キャメロン＆ゲイル・アン・ハード／出演：アーノルド・シュワルツェネッガー、リンダ・ハミルトン

# 解説
## 映画に格助詞「と」を持ちこんだ人
### ――スペシャリストにしてジェネラリストであること

後藤　護

『ブレードランナーの未来世紀』というタイトルとは裏腹にクローネンバーグの『ビデオドローム』論からはじまる、という構成が本書の妙ではあるまいか。つまりこの第一章で、『ビデオドローム』が依拠したとされるマーシャル・マクルーハンの思想が語られている箇所が私には重要に思えてならないのだ。本書で語られたその概要をおさらいすると以下のようになる。中世のヨーロッパ人や非文字文化のアフリカ部族などが属していた四方八方・縦横無尽な聴覚的ユートピアが、ルネサンスの活版印刷誕生で破壊され、線的／父権的な一方向への進行に縛られた「活字人間」を生み出し視覚偏重の文化を生み出す。しかし二〇世紀にはいってテレビに代表される電子メディアの発達が人類を活字から解放して再び「部族化」し、中世の聴覚的ユートピアが蘇って人々は世界村《グローバル・ヴィレッジ》で一つになる、というメディア修辞学者マクルーハン先生のいくぶん楽天的な大風呂敷（?）である。じつに魅力的なこの大風呂敷に依拠して、『ビデオドローム』は中世（オブリビオン博士）vs.ルネサンス（コンヴェックス一派）の構図をとっている、という町山が発掘した驚愕事実に読者はまずドギモを抜かれるのではないか。

なぜこの箇所に注目したかと言えば、一九八八年生まれの私にとって町山智浩はマクルーハン言う所の「人間拡張の原理」の体現者、電脳空間の語り部《デジタル・グリオ》として颯爽《さっそう》と現れたからであり、つまり本書の『ビデオドローム』論のマクルーハンに関する記述が、活字文化圏を越えてのちに電子メディア上のスターとさえなる町山智浩の映画語りのスタイルを予示していた面があると思ったからだ。『21世紀の淀川長治』（キネマ旬報社）で「僕にとって淀川さんは文章よりもテレビやラジオの語りでした」と町山が言うのと同じ意味で、テレビやラジオなどの映像音声メディアを通じて私は町山智浩の映画語りを浴びた。町山の活字に出会うよりも先なのである。町山との初対面はそれこそハイパーメディアクリエイター（?）宇川直宏の主宰するＤＯＭＭＵＮＥでのジョーダン・ピール『ＮＯＰＥ／ノープ』音声解説番組へのゲスト参加であり、（海外住まいだから当たり前だが）そこでも町山はスクリーンの向こう側にいた。生身の町山と接したことのない私にとって、いまだオブリビオン博士のように（!?）電脳空間の人という印象をもっている。

電子メディアを通じた話し言葉の達人、といった印象がより正確か。よき語り部であるには生身の記憶力が重要になる。そうでなければ人の心を打つ語りなど、どうしてできようか。外部記憶に頼らないで個人の映画的記憶の総量を競い合ったら、おそらく町山がチャンピオンだろう。私が映画ライターの滝本誠にインタヴューしたさいの言葉が重要である。「町山さんの映画の知識は自分の千倍はあります。彼がアメリカに行く前、共通の友人の結婚式での映画クイズで彼は百発百中、こちらは一問もわからず、敵わないなと……以来、嫉んでます（笑）」（『エクリヲ8号』滝本誠インタヴューより）。これに加えて、町山は過去作の映画的記憶をたぐり寄せる際に、往々にして「場所」とセットで語る。本書で言えば「一九八四年頃、大学生だった筆者は東京・早稲田通りにあった中古テレビ屋の片隅で『ビデオドローム』と出合った」であり、研究書寄りの本書ではそうしたノスタルジックなトーンは抑え気味だが、先述したDOMMUNEの音声解説番組などでは「どこで見たか」を同世代ゲストと嬉々として語り合う様子が聴ける。この「場所」と「映画的記憶」の関係に関しては、拙文「ミニシアターの両宇宙誌」が解き明かしているので（小難しくて恐縮ながら）引用させていただく。

なぜ人は自宅鑑賞より劇場鑑賞した方がより饒舌《じょうぜつ》に語り、記憶に定着するかというと、これはあるイメージを場所《ロキ》に対応させていく記憶術《アルス・メモリアエ》という、ヨーロッパ古典古代から続く修辞学的伝統を知らず知らずに踏襲しているからである。建築の柱をスピーチの内容に紐づけ、その柱を目で追っていくと自然と雄弁術が可能となるシモニデス理論のごとく、現代観客は劇場までの道中、売店で売っていたもの、座席の位置などをスクリーンに投影される映画内容と対応させることで流暢《りゅうちょう》に語るのだ。「あの映画」というイメージは「これこれの場所で見た」という枕詞が付くことで強烈に記憶に刻まれる。場所記憶術と宗教的瞑想術の類似を指摘したのはマーシャル・マクルーハンであった。聖イグナティウス曰《いわ》く、神の「イメージ」は神が現れる「場所《ロキ》」に対応するようにして、観想力を高めねばならない。この「神」を「映画」と言い換えてしまえば、映画観客は記憶術の徒にして瞑想家と知れよう。(『キネマ旬報』二〇二〇年六月下旬号)

配信サービスで映画を見ることが当たり前になってしまった世代が弱いのがリアルな「場所」と「記憶」の結びつきなのである。本書の『ブレードランナー』論にある

「メディアからの情報が朝から晩まで頭の中に入り続け、記憶のほとんどはメディアからインプットされたデータで、自分だけの生身の体験はどんどん小さくなる」という一節は、映画評であると同時に、映画体験に伴う身体性が欠落した記憶喪失の語り手ばかりが増加する時代に突き刺さるイロニーの矢でもある。

ところで本書には隠れた副読本が存在する、と密かに思っている。町山が編集した『宝島』一九八八年六月号のサイバーパンク特集号である。「漫画家」泉谷しげるの強烈なイラストレーションに彩られたサイバーパンク宣言にはじまり、計10ページにわたってこのSF運動を取り上げているのだが、『ロボコップ』や『ビデオドローム』など本書でも一章を割かれた映画が多く言及されている。ここで当たり前のことながら再確認する必要があるのは、町山が雑誌編集者だったという事実である。私見では雑誌編集者に求められる素質は幅広く物事を知っているジェネラリストであることだ。『悪魔のいる漫画史』という本を刊行した際、町山からインタヴューを受けた私は、天邪鬼《あまのじやく》ゆえ逆インタヴューのようにして町山の読書遍歴など尋ねたのだが、高校生の段階でサド、マンディアルグ、ミシュレ、ボルヘスまで万巻の書物を繙《ひもと》いていたことに素朴に驚いてしまった（「町山智浩の映画特電」）。

そんなジェネラリスト町山は、『〈映画の見方〉がわかる本「二〇〇一年宇宙の旅」

から「未知との遭遇」まで』で映画批評のスペシャリストに転身し、その名を高めた。続編と言える『ブレードランナーの未来世紀』でも監督本人の言葉を中心に実証ベースで一つ一つ謎を解いていく、映画のスペシャリスト然とした仕事になっている……ように見える。しかしよく見て欲しい。（この文庫からは図版がカットされているが）新潮文庫版では映画と絵画を並べた比較考察が随所にみられる。このアプローチに関しては町山自身が滝本誠との対談で以下のように語っている。

今回文庫化した『ブレードランナーの未来世紀』のなかでも、映画を読み解くヒントとして絵画について触れています。たとえば、デヴィッド・リンチとフランシス・ベーコンだとか、ポール・ヴァーホーヴェンとヒエロニムス・ボッシュだとか。『ブレードランナー』でもヤン・ファン・エイクの絵画が使われていましたしね。リドリー・スコットは王立芸術学院出身だし、映画監督ってアートに通じている人が多いから、絵画について知らないと、映画をきちんと解釈できない。そういう映画の見方を、僕は滝本さんに教わったんです。（『〈映画の見方〉がわかる本 ブレードランナーの未来世紀』文庫化記念対談、WEBマガジン「考える人」二〇一八年一月一六日掲載）

のちに町山は『映画と本の意外な関係!』という書物を上梓《じょうし》しているが、この「映画と○○」にある並列・比較の格助詞「と」が大切なのである。町山の映画論は「と」を通じて外部へと開かれている。「映画と」に続く「○○」に入るのは政治かもしれないし、文学かもしれないし、音楽かもしれない。とにかく格助詞「と」が入ることで、「映画はスクリーンに映るものだけを見ていればよい」という蓮實重彦の名高い表層批評やら動体視力やらに目つぶしをすることになる。「と」が付くことでスペシャリストであるだけでは怠慢ということになり、常にジェネラリストとして他領域を意識しなければならなくなる。私が町山智浩を博識《ポリマス》と呼ぶに吝《やぶさ》かでないのは、この「と」があるからである。

町山が蓮實に対して「父殺し」を働いたことはよく知られている。そして象徴的な祖父である淀川と直結した。一九〇九年生まれの淀川長治、一九三六年生まれの蓮實重彦、一九六二年生まれの町山智浩は、年齢的にも上手いこと祖父〜父〜子に対応している。ここで私の大好きな言葉を引用しよう。

郷愁は……老人、父、息子という三世代の継続の劇すなわちホームドラマではなく、老人と未成年の直結であり、思想の隔世遺伝が行なわれるのであって、これを力学的に言えば、老人が過激になれば未成年がひきつぐというヤバい方式がノスタルジー路線なのである。（平岡正明「郷愁のマキャベリズム」、『アングラ機関説』（マガジン・ファイブ）所収）

先述した『悪魔のいる漫画史』インタヴューで、澁澤龍彦や種村季弘のような自分にとって祖父世代にあたる名前をやたら出す私に対して、町山は「なんでそんな古いの知ってるの（笑）」と尋ねた。それはですね町山さん、おじいちゃんの淀長さんと直結した町山さんと同じ孫世代のラディカリズムなんですよ、と最後だけ「さん」付けで答えてみる。

（ごとう　まもる／暗黒綺想家）

〈映画《えいが》の見方《みかた》〉がわかる本《ほん》
ブレードランナーの未来世紀《みらいせいき》
朝日文庫

2024年6月30日　第1刷発行

著　　者　町《まち》山《やま》智《とも》浩《ひろ》

発 行 者　宇都宮健太朗
発 行 所　朝日新聞出版
〒104-8011　東京都中央区築地5-3-2
電話　03-5541-8832（編集）
03-5540-7793（販売）
印刷製本　大日本印刷株式会社


Published in Japan by Asahi Shimbun Publications Inc.
定価はカバーに表示してあります

ISBN978-4-02-265152-5

## 朝日文庫

武田 砂鉄
### わかりやすさの罪
すぐわかる、即身につく、〇回泣ける……。納得と共感に溺れ、わかりやすさの妄信あるいは猛進が止まらない社会への警鐘。《解説・TaiTan》

岩合 光昭
### 日本のねこみち
岩合さんが撮った、選りすぐりの47都道府県の猫たちの写真をオールカラーで多数収録。読み応えたっぷり、ニッポンの猫好き必携の一冊です。

岡本 裕一朗
### いま世界の哲学者が考えていること
世界の〝知の巨人〟の思考をまとめたベストセラーを、大幅加筆し文庫化。学問の最前線で活躍する哲学者が、人類の直面する難題に答えを出す。

内田 樹／白井 聡
### 属国民主主義論
この支配からいつ卒業できるのか
対米従属が加速する日本。「コスパ化」「幼稚化」「歴史観の喪失」をキーワードにこの国の劣化を読み解く。文庫化に新たな対談も大幅追加。

茨木 のり子
### ハングルへの旅
新装版
五〇代で学び始めたハングルは、魅力あふれる言葉だった――。隣国語の面白さを、韓国への旅の思い出を交えて綴った珠玉のエッセイ。

尾崎 世界観
### 尾崎世界観対談集
身のある話と、歯に詰まるワタシ
加藤シゲアキ、神田伯山、最果タヒ、金原ひとみ、尾野真千子、椎木知仁、本谷有希子――リスペクトする作り手を招いて密室で交わした言葉たち。